U0525074

教研相长七书

# 山西区域社会史十五讲

JIAO YAN XIANG ZHANG QI SHU

行龙 ◎ 著

中国社会科学出版社

图书在版编目（CIP）数据

山西区域社会史十五讲/行龙著.—北京：中国社会科学出版社，2018.3
ISBN 978-7-5203-2298-0

Ⅰ.①山… Ⅱ.①行… Ⅲ.①社会史—山西—文集
Ⅳ.①K292.5-53

中国版本图书馆 CIP 数据核字(2018)第 058871 号

| | |
|---|---|
| 出 版 人 | 赵剑英 |
| 责任编辑 | 王莎莎 |
| 责任校对 | 张爱华 |
| 责任印制 | 李寡寡 |

| | |
|---|---|
| 出　　版 | 中国社会科学出版社 |
| 社　　址 | 北京鼓楼西大街甲 158 号 |
| 邮　　编 | 100720 |
| 网　　址 | http://www.csspw.cn |
| 发 行 部 | 010-84083685 |
| 门 市 部 | 010-84029450 |
| 经　　销 | 新华书店及其他书店 |

| | |
|---|---|
| 印　　刷 | 北京君升印刷有限公司 |
| 装　　订 | 廊坊市广阳区广增装订厂 |
| 版　　次 | 2018 年 3 月第 1 版 |
| 印　　次 | 2018 年 3 月第 1 次印刷 |

| | |
|---|---|
| 开　　本 | 710×1000　1/16 |
| 印　　张 | 17.75 |
| 插　　页 | 2 |
| 字　　数 | 278 千字 |
| 定　　价 | 75.00 元 |

凡购买中国社会科学出版社图书，如有质量问题请与本社营销中心联系调换
电话：010-84083683
版权所有　侵权必究

# "教研相长七书"总序

"教学相长",可谓耳熟能详。《礼记·学记》谓:"是故学然后知不足,教然后知困。知不足然后能自反也,知困然后能自强也。故曰:教学相长也。"这里所说的"教研相长",则是强调教学和研究的互相促进,互相提高。教学和研究,两者融为一体,相得益彰,那是一个大学教师应该感到很欣慰的事情。

山西大学中国社会史研究中心成立20多年来,秉持教研相长的优良传统,一直强调在做好科学研究的同时,做好本科和研究生的教学工作。既要把自己的研究成果融入教学实践中,又要把教学实践中的问题引入自己的科学研究中,由"知不足""知困",到"自反""自强",确实朝着"教研相长"的方向不断努力。

2008年5月,在山西大学举行的建校106周年纪念活动中,我在大会上有一个发言,题目叫作"走向田野与社会的史学",初步总结了社会史研究中心成立以来立足前沿、学科融合、关注现实、培养人才、教研相长五个方面所谓的"经验之谈"。其中的"教研相长"如此谈道:

> 教师的天职是教书育人,传道、授业、解惑即为师之本。目前,高校普遍存在的一个令人担忧的现象是重科研而轻教学,它与不合理的各种考核和晋升条件有直接的关联,也与社会风气的影响直接相关。我记得,1985年留校任教后,乔志强先生曾和我有过一次认真的谈话,主题就是讲教学是教师的第一要务,站不稳三尺讲台,就没有立身之本,青年教师要把过好教学关当作工作后的第一关去认真对待,不得丝毫马虎。三十年来,我一直把老师的忠告铭记心间,即使在最近这些年繁重的行政工作压力下,我也尽量给本科生

上课，争取上好每一节课。对自己的学生我也如此要求，尽管可能会累一点，但我们作为一个教师，心里实在有一种良心上的满足感。目前，由我带头的《区域社会史研究导论》课程已成为国家优秀精品课程，团队也获得国家优秀教学团队的荣誉。我们还以精品课程为核心，开展了"校园历史文化节""鉴知精品课程青年教师培训班"两项活动，有关的教材也在积极的编写过程中。事实证明，通过高质量的教学活动，大大促进了科学研究的广度和深度。教研相长绝非空词。

"教研相长"是山西大学中国社会史研究中心成立以来的一个好传统。乔志强先生在世时，不仅开拓性地率先开展社会史的研究，而且带领众弟子编写《中国近代社会史》一书，以此获得了教育部优秀教学成果奖，成为至今许多高校本科生、研究生的必读书和教材。乔先生仙逝后，我们又继承和发扬这一传统，虽然将研究的重心由整体社会史转向区域社会史，但教研相长却一以贯之，努力以赴。围绕10多年前为本科生开设的《区域社会史研究导论》课程，我们组建了"区域社会史"教学团队，获得了国家精品课程、视频公开课、优秀教学团队等荣誉，山西大学历史学科以此成为国家级特色学科，并建立了国家级的校外大学生实践教学基地。2014年，山西大学中国社会史研究中心被人力资源和社会保障部、教育部共同授予"全国教育系统先进单位"的荣誉称号。

毋庸讳言，目前中国高等教育仍然面临着许多挑战和问题，其中重科研轻教学的现象表现比较突出，许多高校的研究机构人员很少甚或没有为本科生上课的教学任务，导致科研与教学的严重脱节。重知识传授轻能力培养，重课堂学习轻研究训练，已经成为普遍诟病的问题。山西大学中国社会史研究中心不足10人，我们既作为研究团队，又作为教学团队，一肩双任，虽苦犹乐，这是因为我们首先是一个大学的老师。在科研和教学的长期实践过程中，我们确实有一份责任感，又有一份快乐感。

"教研相长七书"的一个小小意愿，就是把我们长期以来围绕中国社会史、区域社会史的教学实践公之于世，接受大学生、研究生和社会各界的意见和批评，以便继续深化这方面的工作。

以下就"教研相长七书"分别作以简要的介绍：

一、乔志强主编《中国近代社会史》（人民出版社1992年版）。该书为乔志强先生"和青年教师的集体尝试"，该书分社会构成、社会生活、社会功能三编建构中国近代社会史的知识体系，内容包括人口、家庭、宗族；社区与民族；社层变动；物质生活；精神生活；人际关系；教养功能；控制功能等。有学者称为"乔氏体系，三大板块"。正文之前有乔志强先生撰写的长达35页的"导论"，讨论社会史研究的对象、社会史的知识结构、研究社会史的意义、怎样研究社会史四个问题。这是国内第一本系统的社会史研究著作，有评论认为此书为社会史研究"从理论探讨到实际操作迈出的第一步"，"具有某种划时代的意义"。该书又有台北南天书局1998年6月中文繁体本，已经成为许多大学本科生、研究生的必读教材。

二、行龙主编《区域社会史研究导论》。2004年开始，由我牵头在山西大学历史系开设《区域社会史研究导论》课程，期间，或历史专业选修课，或全校公开课，连续十余年未曾间断。该课程以"集体授课"的形式进行，中国社会史研究中心的8位教师共同担当本课程的授课任务。2007年，该课程被评为国家级精品课程，次年区域社会史教学团队被评为国家级优秀教学团队；2013年，该课程作为教育部精品视频公开课向社会开放。授课的同时，我们就在进行着相关教材的编写，结合授课实际和学生的反映，大家一起讨论，反复修订，课程讲授—田野考察—修订教材，不断地循环往复，终于完成了这本经过10余年努力而成的教材。该书共七章一个绪论，讲授区域社会史研究的趋向、学科定位、区域特性、小地方与大历史、区域社会史研究的理论、方法、资料等内容，意在提供给学生一个怎样研究区域社会史的入门教材。

三、行龙主编《近代山西社会研究——走向田野与社会》（中国社会科学出版社2002年版）。本书为"山西大学百年校庆学术丛书"之一种，"是我和近几届硕士研究生共同完成的"。"本书除前面两篇有关社会史及区域社会史的理论问题（行龙：《中国社会史研究中的几个问题》；乔志强、行龙：《近代华北农村社会变迁论——兼论地域社会史研究的理论与方法》）外，对近代以来山西人口、水资源及水案、灾荒、集市、民教冲突、祁太秧歌等分专题进行了研究。应当说这些问题都是之前很少涉猎或没有研究过的问题，我们试图从社会史的角度对此进行探讨。"时间过得真快，一晃该书已面世14个年头，昔日的硕士生已成长为大学的教授，我感到很是欣慰。又，正是本书当年的责任编辑郭沂纹先生的肯定和支持，才催生了"教研相长七书"，对此要对她道一声感谢！

四、行龙主编《集体化时代的山西农村社会研究》。此书可以看作前书的姊妹篇，也是社会史研究中心硕士生毕业论文修改而成。集体化时代的农村社会研究，是近年来中心的一个主要研究方向，多篇硕士、博士论文围绕此方向展开。该书所涉内容包括两大类：一类为集体化时代的某个村庄问题的研究，典型农村如西沟、张庄，一般农村如赤桥、剪子湾、道备等；另一类为专题研究，如新区土改、医疗卫生、水土保持、农田水利、文化生活等。需要说明的是，正如前书的副标题一样，各篇论文的形成，都实践和体现了"走向田野与社会"的理念。论文"或以资料翔实见长，或以立题新颖取胜，各位都注意到充分利用田野调查和地方文献，下过一番苦功夫"。现经中心诸位教师讨论，从数十篇中选取十篇结集出版，接受读者的指正与批评。

五、行龙主编、郭永平副主编《在田野中发现历史——学生田野调查报告（永济篇）》。走向田野与社会，是我们多年来从事社会史和区域社会史教研工作中的追求与实践。"这里的田野包含两层意思：一是相对于校园和图书馆的田地与原野，也就是基层社会和农村；二是人类学意义上的田野工作，也就是参与观察实地考察的方法；这里的社会也有两层含义：一是现实的社会，我们必须关注现实社会，懂得从现在推延到过去或者由过去推延到现在；二是社会史意义上的社会，这是一个整体的社会，一个'自下而上'的社会。"[①] 田野工作是中心和历史学专业每一届学生的必修课，多年来，我们一直坚持这一做法，学生收获良多。

位于山西省南部的永济，是我们与永济市人民政府共同建立的国家大学生校外实践教学基地，近年来，山西大学社会史研究中心的教师结合《区域社会史研究导论》课程讲授，带领学生在永济进行了多次田野考察，该书收录的学生作品含学术论文、调查报告、田野日记三部分。

---

[①] 行龙：《走向田野与社会》（修订版），生活·读书·新知三联书店2015年版，第19页。

虽显稚嫩，但对我们而言却十分重要，因为这是多年来学生田野工作的一次集中展现。

六、行龙著《山西区域社会史十五讲》。该书从我近年来发表的数十篇有关山西区域社会史的论文中辑出。书分六部分内容，涉及山西区域社会史研究的主要脉络，新的研究领域、田野考察、资料发掘、人物研究及山西大学校史的相关问题。这些论文都是在教学过程中"初次亮相"，进而吸收各方意见成稿，也可以说是本人"教研相长"的成果。

七、胡英泽、张俊峰主编《区域社会史研究读本》。这个"读本"，或可叫做"选本"，也就是一个教学参考书。记得我们读大学的时候，有一门课程是"历史要籍介绍及选读"，很受学生欢迎。区域社会史是一个新兴的研究领域，30年来却有那么多的成果出现，既要选的精当，又要使学生爱读，既要有理论方法的引导意义，又要兼顾具体的实践操作，实在也是一件很难的事情。又，这个读本只收录了部分中国学者的作品，限于篇幅未能收录海外学者的作品（有机会可再编一本《海外读本》），意在使读者减少隔膜感而增进亲近感，这样的初衷或许更符合读者的口味。"学识有限，难免挂一漏万，留遗珠之憾"，并非一句客套话。

"教研相长七书"编订之际，既有一分欣慰，又有一分忐忑。我们在长期从事历史研究的过程中，认真地从事了相关的教学工作，从大家的谈论中，从学生的反映中，我们能够感受到做教师的快乐。另外，"教研相长"又是一个需要长期坚持和努力的过程，在目前这样的环境中也是需要比别人付出更多心血的过程。过程之漫长并不可怕，好在这个过程是快乐的。

时值2016年教师节即将来临，新的学期也将开始，愿以"教研相长七书"以为纪念，期望读者诸位多加指教。

"教研相长七书"整理、编排过程中，马维强同志付出了辛勤的劳动，特以致谢。

行　龙
2016年8月29日
于山西大学中国社会史研究中心

# 目　　录

前言 …………………………………………………………………（1）
再论区域社会史研究的理论与方法 ………………………………（1）
山西何以失去曾经的重要地位 ……………………………………（18）
竹枝词里的三晋社会 ………………………………………………（33）
汾河清　山西盛 ……………………………………………………（58）
晋水流域 36 村水利祭祀系统个案研究 …………………………（70）
明清以来晋水流域的环境与灾害
　　——以"峪水为灾"为中心的田野考察与研究 ………………（91）
秧歌里的世界
　　——兼论晋商与晋中社会 ……………………………………（114）
图像历史：以《晋察冀画报》为中心的视觉解读 ………………（132）
走向田野与社会
　　——开展以历史学为本位的田野社会调查工作 ……………（165）
从社会史角度研究集体化时代的中国农村社会 …………………（175）
追寻集体化
　　——剪子湾村田野调查札记 …………………………………（190）
怀才不遇：内地乡绅刘大鹏的生活轨迹 …………………………（204）
在村庄与国家之间
　　——劳模李顺达的个人生活史 ………………………………（226）
山西大学校史三题 …………………………………………………（249）
抗战中的山西大学 …………………………………………………（260）

# 前　言

《山西区域社会史十五讲》，以我近年来在教学过程中撰写的十五篇论文汇集而成。可以说，它是在课堂讲稿的基础上撰写而成的学术论文，也是长期以来"教研相长"的成果。这些论文的初稿都在山西大学本科生或研究生的相关课程中"初次亮相"，其中也有几篇曾在省内的各种干部学习或学术论坛做过演讲，进而吸收了多方意见，最后修订成文。

自1998年师从戴逸先生取得博士学位回到山西大学以来，我的学术兴趣主要集中在区域社会史，而这个区域就是"生于斯、长于斯"的三晋大地。我在一篇论文中曾经这样写道："'区域'可大可小，只是一个相对的概念。开展区域社会史研究，研究者可以选择自己熟悉的'生于斯、长于斯'的相对区域开展研究。这样既有天时、地利、人和的基本条件，又有切身体会和领悟的实践"（行龙：《再论区域社会史研究的理论与方法——山西明清社会史研究》，载《史学理论研究》2004年第4期）。正是基于这样一种基本的学术认知，自20世纪90年代末以来，我已撰写发表有关山西区域社会史的论文数十篇。这里选出的十五篇，主要是从区域社会史的整体关照"入眼"，同时考虑到大学生和研究生选择这门课程的学术兴趣。

本书十五篇文章分为六部分内容。

第一部分三篇文章。开篇论述区域社会史研究的理论与方法，涉及各家提出的相关理论；在方法上应当注意的三个问题；山西区域社会史研究的四个领域。第二篇实为山西区域社会史的一个概要，当然也有自己的认识融入其中。第三篇是特别从"竹枝词"这种不为人们重视的体裁中，多方面地去看山西社会。概言之，一辑意在从整体上把握山西区域社会史。

第二部分讲山西的水资源问题，算是一个新的研究领域。"山西之长在于煤，山西之短在于水"。资源是区域社会发展的重要因素，人口、资源、环境相互依存又相互作用。本辑三篇论文，一篇讲山西的母亲河——汾河的水资源变迁，两篇讲晋水流域的环境与灾害。以晋水流域为个案，从人口、资源、环境的角度探讨区域社会内部的各种相互关系，对于进一步认识山西历史与现实，都有典型的意义。

第三部分以史料发掘立意，以传统意义上不为史家重视的秧歌剧本和图像为基本资料，解读晋商和抗日根据地社会的方方面面。社会史不仅在理论和方法上对传统史学提出挑战，在史料的利用上也是一个扩展和深入。年鉴学派呼吁社会史研究者来一场"史料革命"，我们也认为"什么都可以成为区域社会史研究的资料"。扩展社会史研究的资料范围，对学生而言也是一种方法论上的启发。

第四部分三篇文章倡导并实践"走向田野与社会"的理念。社会史的研究既要走向田野，也要走向社会。走向田野，直接到那个具体的区域中去体验空间的历史，观察研究对象的日常，感受历史现场的氛围，才能对区域社会的历史有更为深刻的把握。走向社会，就是要关注现实社会，研究区域社会的历史，现实社会是一个重要的参照。四辑三篇文章中，一为倡导开展以历史学为本位的田野社会调查工作；二为倡导开展集体化时代的中国农村社会研究；三是对一个普通村庄进行田野调查的札记。

第五部分是关于两个人物的研究。传统史学叫作"人物传记"，现在时髦的叫法是"个体生命史"，这里突出的是将人物研究融入社会历史发展变迁脉络中，由个体的历史反映整体的历史。刘大鹏是清末民初内地乡村的一位普通文人，也是"新时代里的旧文人"。李顺达是家喻户晓的"劳动模范"，也是一位普通贫苦农民的代表。他们的生活经历和心路历程反映了他们所处的那个特定历史时代。

第六部分是关于山西大学校史的两篇文章。"三题"为：校庆日的考订，译书院及译书考，新共和学会及《新共和》，对山西大学这所百年老校初期的三个问题做了一点小小的考证。另一篇是描述抗日战争中的山西大学，烽火连天中弦歌不辍，那是一个值得怀念的时代。又，校史对学生的教育意义是不言而喻的。

为了适应课堂讲授，本书各篇都进行了一些文字上的修改，各节原来没有小标题者，这次统一增加了小标题，特以说明。

　　坊间流行的"十讲""十五讲"及其他课堂讲录书籍已有不少，其中多有可资借鉴者。"竿木随身，逢场作戏"，适"教研相长七书"出版之际，应各位同仁之雅意，我也辑出这样一本《山西区域社会史十五讲》，希望在校诸生并读者诸君多多指教。

# 再论区域社会史研究的理论与方法

中国社会史研究的深入发展需要理论提升和方法创新。20世纪90年代中期，笔者与乔志强先生曾联名撰文就区域社会史研究的理论与方法问题做过初步探讨。在该文中，我们就区域社会史的概念、范畴、必要性、地域划分标准、具体研究内容，以及方法论方面的问题作了初步阐述。与此同时，国内外学界同行也是见仁见智，纷纷就区域社会史研究的理论和方法各抒己见。近些年来，在我们对山西区域社会史的研究实践中，对开展区域社会史研究的理论与方法问题又有了新体悟。为此，笔者不揣浅陋，愿就此再做申论。

## 一　区域社会史渐成"宠儿"

区域社会史研究已引起国内外中国史学者的广泛重视。以区域社会作为研究对象的论著在绝对数量持续增长的基础上，一批以资料、理论与方法见长、代表学术前沿且具有广泛影响的成果，更为区域社会史研究锦上添花。年鉴派学人重视区域史研究的传统早已为学界熟知，毋庸多论。国内近年来的学术研究亦显示了同样明确的学术追求。在杨念群主编的《空间·记忆·社会转型》新社会史研究论文精选集中，入选的所有文章几无一例是脱离开区域社会进行研究的。实践表明：区域社会史的研究正是顺应了这样一种学术追求而成为时代的"宠儿"。在当前的中国社会史研究中，专注于区域社会史的方向是完全符合学术发展规律的正确选择。

国外著名的汉学家、人类学家、历史学家们在各自对中国社会的研究中也提出了具有较大影响的理论模式。众所周知的施坚雅的"区域系统分析"理论、萧公权的"士绅社会"理论、柯文的"中国中心观"理论、黄宗智的"过密化"理论、哈贝马斯的"市民社会与公共领域"理论、杜赞奇的"权力的文化网络"及乡村基层政权"内卷化"研究、艾尔曼的"文化资本"解释方法等,不但成为国内史学研究者在研究中国社会史时的重要参照,而且成为具有重大学术影响的理论框架。值得注意的是,学者们的上述理论无一不用于区域社会研究。黄宗智的"过密化"理论和杜赞奇的"权力的文化网络"理论均是在研究华北地区乡村社会时提出的;施坚雅的"区域系统分析"理论和罗威廉的"市民社会与公共领域"则是建基于各自有关中国某个中心城市及其市镇的研究。这些都是在区域性研究中经过检验证明的有效理论建构。海外学者构建的这些理论模式受到中国社会史学界青睐的同时,也引起从事实证性研究学者的质疑与辩驳,产生了对上述理论进行修正、批驳的现象。尽管如此,这些被称为"中层理论"的"理论"在目前国内的社会史尤其是区域社会史研究中,仍发挥着主导和积极的作用,成为从事社会史研究的学者应当认真加以审视和讨论的问题。

国内部分中青年学者在区域史研究中,针对上述理论,纷纷建构出各自"本土化"的理论模式或解释体系①,如秦晖的"关中模式"、方慧容的"无事件境"、杨念群的"医疗空间转换模式"以及陈春声对神庙系统与信仰空间互动关系的研究,为我们开展区域社会史研究提供了很好的借鉴和参照。诚如杨念群所概括的"这些文章在运用西方社会理论的程度上有所不同,却大多通过修正与反思的途径,力图设问出个性化的中国式问题,并力图实现其本土化的转换。这些设问有的可能较为成功,有的难免仍有照搬套用的痕迹,不过我们仍会从中看出中国社会史研究迈向本土化的前景之所在"②。在吸收借鉴国内外优秀成果的同时,近年来山西大学中国社会史研究中心也把山西区域社会史作为研究重点,《近代山西社会研究——走向田野与社会》(中国社会科学出版社2002年2

---

① 尽管有些学者并不是将自己的研究限制在区域社会史的范围内,但事实上却体现出了这样一种客观的情形。

② 杨念群:《中层理论:东西方思想会通下的中国史研究》,江西教育出版社2001年版,第231页。

月版),就是我们在此方面努力探索的初步成果。

在国内外有关区域社会史研究理论方法的影响下,国内学界在社会史的纵深研究方面取得了具有创新意义的成就,代表性的研究成果主要集中在以下三个方面,即国家与社会、思想与社会、法律与社会。

以"国家与社会"互动关系的研究而论,不仅出现了大量由社会学学者完成的相关理论著述,如张静的《国家与社会》、邓正来的《国家与市民社会》等,而且在历史学者们进行的区域社会研究中,以个案研究方式寻求国家与社会互动关系作用下的不同地域社会运行变迁模式已引起国内外学界的高度重视。如英国学者科大卫与中山大学刘志伟教授的长期合作中,他们以华南宗族与地方社会为研究对象,讨论了宗族意识形态通过何种渠道向地方社会扩张和渗透,宗族礼仪如何在地方社会推广,把地方认同与国家象征结合起来的过程。① 他们的研究侧重于从民间社会的立场出发,观察国家传统与民间传统的相互作用关系,注重仪式、符号的象征意义和实际效果,体现了社会史研究自下而上的方法论特征,已逐渐取得越来越多社会史研究者的赞同。

在"思想与社会"研究方面,葛兆光反对将思想史变成"思想家的博物馆",旗帜鲜明地提出:"过去的思想史只是思想家的思想史或经典的思想史,可是我们应当注意到在人们生活的实际的世界中,还有一种近乎平均值的知识、思想与信仰,作为底色或基石而存在,这种一般的知识、思想与信仰真正地在人们判断、解释、处理面前世界中起着作用,因此,似乎在精英和经典的思想与普通的社会和生活之间,还有一个'一般知识、思想与信仰的世界'"② 与之相应。罗志田通过对清末至民国年间山西省太原县赤桥村乡绅刘大鹏个人经历和心路历程的分析,探讨了一名内地乡绅眼中的近代社会变迁,为思想与社会关系的研究又提供了一个绝好的例证。③ 两位学者的共同点均在于关注民间、关注地方社会,在尊重和理解大传统的同时,更注重于关怀小传统的形成和影响。

---

① [英]科大卫、刘志伟:《宗族与地方社会的国家认同——明清华南地区宗族发展的意识形态基础》,《历史研究》2000年第3期。
② 葛兆光:《中国思想史》,"导论",复旦大学出版社2001年版,第13页。
③ 罗志田:《科举制的废除与四民社会的解体——一个内地乡绅眼中的近代社会变迁》,台湾《清华学报》(新竹)新25卷4期(1995年12月)。

虽然葛著中也解释说"所谓'一般知识、思想与信仰的历史'描述的并不完全是'小传统'",并希望读者不要用"大传统"与"小传统"这两个二元对立的词语来划分思想史的叙述对象,也不要将所谓的"民间思想"或"民众思想"来等同于他所说的一般知识、思想与信仰。但是,站在区域的立场观察地方社会的发展变迁状况时,重视"小传统"的因素、重视民众思想和民间的风俗文化不失为深化区域社会史研究的重要方法和切入点。

对"法律与社会"问题的关注始自瞿同祖先生。作为一名拓荒者,他在早年撰写的《中国法律与中国社会》著作中,首先提出法律与风俗习惯、伦理道德的密切关系,主张应将法律与社会结合起来进行研究,书中涉及家族、婚姻、巫术及宗教等方面的内容。沿至今日,在国家与社会、大传统与小传统等理论模式的影响下,此一方面的研究又取得了更新进展。如梁治平采取法律社会学视角,依据清代官府档案、民间契约和民国初期的司法调查等一手材料,对不同于国家法的另一种知识传统——清代习惯法进行了系统探究,其研究重点已由国家法转向民间法,从"大传统"转向"小传统"。同样,美国学者黄宗智在清代民事法律制度的研究中,亦抱着同样的问题关怀,提出了"第三领域"的观点,认为应当超越"国家/社会"的二元模式,采用"国家/第三领域/社会"的三元模式。① 虽然其试图超越"国家/社会"的二元模式,仍未跳出该理论模式的桎梏,但此类研究成果说明国家与社会关系这一分析框架对于中国的社会史研究仍然具有强大的理论指导意义。

不难发现,不论是对国家与社会关系的探讨,还是思想史的编撰者考虑在历史过程中实际起主导作用的精英与非精英的思想演进进程,甚至从法律与社会的关系入手对历史上的社会进行重新剖析,均向我们展现了传统民间社会、民众力量、民间文化习俗的基本状况和发展变迁特点,反映了一种突破以往只注重精英、上层、政治,忽略下层民众的学院式研究局限的学术关怀,此种研究不但极大地拓宽了史学研究的领域,而且丰富了史学研究的内容,使"一切历史都是社会史"的观点在当前

---

① 参见黄宗智《民事审判与民间调解:清代的表达与实践》,刘昶、李怀印译,中国社会科学出版社1998年版。

学术发展大背景下变得愈加令人信服。

那么，如何更好地开展区域社会史研究呢？我们认为，今后的区域社会史研究中，在理论方法上更应关注以下两个方面。

第一，应重视"大传统与小传统"关系理论在区域社会史研究中的运用。美国人类学家罗伯特·雷德菲尔德（Robert Redfield）在对墨西哥乡村地区进行研究时，开创性地使用大传统（Great Tradition）与小传统（Little Tradition）的二元分析框架，并于1956年出版了《农民社会与文化》，首次提出大传统与小传统这一对概念，用以说明在复杂社会中存在两个不同层次的文化传统。所谓大传统一般是指一个社会里上层的贵族、士绅、知识分子所代表的主流文化或者社会中的上层精英文化；而所谓的小传统是指一般社会大众，特别是乡民或俗民所代表的生活文化。此外，他还将大小传统分别称为"高文化""低文化"及"学者文化""通俗文化"等。但他的分析过于强调二者的差异性分层，将其置于两个对立的文化层面，认为小传统在文化系统中处于被动地位，使得在文明农村的发展中，不可避免地被城市"吞食"与"同化"。

中国传统乡村社会长期存在并延续的丰富文化现象与大量的"地方性知识"，均可纳入"小传统"的研究范畴。这些"小传统"虽然没有得到国家的正式认可，却已深深扎根于民众心灵深处，成为影响民众行为规范、价值评判、生活方式乃至乡村社会结构与制度变迁的主要因素。区域社会史研究就是要从区域的整体出发，将这些长期以来被忽视的、在广大行政县区、市镇和村落具有明显地域风格与差别的文化习俗、惯例规约和民众信仰等问题加以系统研究。以往学者们经常运用国家与社会分析框架去解释类似复杂的文化现象，尽管颇为有效，却也经常碰到很多该理论解释不清或无法解释的问题。将人类学的大传统与小传统理论引入我们的研究中，恰恰弥补了这方面的缺憾。人类学者庄孔韶提出，在社区研究中运用"反观法"，在宏观国家社会变迁史的框架下对社区及外部力量做历史的探讨，了解大小传统在互动过程中的变异、协调和互补，使以"小地方"论"大社会"的人类学方法体现出优越性[①]，正是

---

① 参阅庄孔韶《银翅——中国的地方社会与文化变迁》，生活·读书·新知三联书店2000年版。

对该理论应用于社会历史研究中的合理性的充分肯定。需要注意的是，必须清楚国家与社会、大传统与小传统两种分析框架的关系——二者并不是简单的对应关系，前者显然融合于后者之中，而后者本身所具备的涵盖面更宽，解释力更强。"大传统与小传统"理论的运用必须置放于中国问题、中国实际、中国资料的框架内才有解释、修正甚至突破的意义。

第二，注意历史学与其他学科的交叉、联姻与转向。强调多学科方法的交叉渗透原本就是社会史的鲜明学科特征之一。近年来，在社会史的研究中，这种多学科交叉的色彩更为浓厚，尤其是人类学、社会学、民俗学等相邻学科的理论与方法在应用于区域社会研究时，作用更为显著。历史人类学、历史社会学、法律社会史、政治社会史等新名词的出现，无不体现了当前学术发展的这一突出特征。以国内历史人类学的兴起为例，在对华南区域社会的研究中，早在20世纪70年代就出现了人类学者与历史学者的合作。美国人类学者萧凤霞教授与中山大学陈春声、刘志伟等人在长期合作中，逐渐认识到对方学科优势所在，在对话的基础上实现了学科间的相互转向。在人类学学者那里，将历史学注重文献、注重考据的风格吸收进去；在历史学学者这里，则将人类学注重结构、空间、意识、符号以及参与观察等方法吸收进来，使双方能够打破学科领域，在各自的研究领域里实现历时性与共时性的研究，使各自的研究都实现了创新和突破。

## 二　三个相关的问题

就开展区域社会史研究的具体方法而言，我们在"近代华北"一文中，已做过具体阐释，指出需要侧重运用三种方法，即比较方法、计量方法和多学科渗透法。从近些年学术发展的基本状况来看，这些方法得到不同程度的应用，且取得了较好的效果。但是，仍然存在很多不足的地方，这说明在方法论的背后还存在可操作性的问题。结合近年来在山西区域社会史研究中的切身感受，我们认为在方法上仍需要注意下述三个方面：

首先，要从整体史的角度出发，加强区域间的比较研究。无论是持"通史说""专史说"还是"范式说"的学者们，在整体性研究上均持肯定态度。尽管基于各自对社会史概念和范畴的不同理解,他们对整体性研究的指称各有不同,但从实际的效果来看,均比较注重研究成果的整体关怀。日本学界在20世纪80年代开始提出的地域社会论,就反映了其对区域社会史研究整体性的理解,"地域社会论从表面上看是从局部着手,其实质是试图从局部推演出广义区域间的共同规律,带有强烈的普遍主义倾向"①。这一点应当成为学者们的共识。

为了实现上述总体史的追求,在研究区域社会时,必须要有总体的宏观把握和全局性眼光。研究者的视野一旦受限,其学术价值也必然降低。同时,还要明白局部的专题性研究不能代替宏观的整体性研究。有学者甚至认为在区域社会史的研究中,大量的专题研究成果相互"叠加"到一起,就会显示出整体性,因而重视专题而忽略整体。这是相当危险的,须知多个专题研究内容的机械叠加与整体的综合研究之间是不能画等号的。"整体大于部分之和",必须妥善处理微观和宏观、局部与整体的关系。乔志强先生很早就提出"重要的是,微观研究应当从整体社会史的角度进行,即把微观研究的对象放在总体社会史中进行考察,在系统社会史的知识体系中明确专题研究的位置。这样,便可以寓宏观于微观之中,在微观中体现宏观,避免'只见树木不见森林'的缺陷"②。

然而在目前区域史研究的学术实践中,整体与个体、宏观与微观的关系却没有得到恰当处理。最常见的问题就是研究者视野狭窄,只盯着自己的小块领域,不顾及整体研究的需要,研究成果互不相连,相互脱节,自谈自论。这便产生了社会史研究中的碎化问题。与西方史学早些年所谈的"碎化"相比,我们今天所谈的碎化问题与之在本质上截然不同。西方史学所谈论的碎化其实是一种深化,看似琐碎的杂乱无章的东西,其实是由一条类似"绳索贯穿钱物"的内在逻辑性所统率,有论者指出:"当代西方史学研究领域越来越宽泛,研究课题日益多样化。随之而来的是研究领域极大拓宽,越来越多的历史内容被纳入了史学研究者

---

① [日]山田贤:《中国明清史研究中的"地域社会论"现状及课题》,《历史评论》1998年8月号。

② 乔志强:《深化中国社会史研究》,《历史研究》1993年第2期。

的视野之中,历史研究趋于细微化和专门化,一系列新的不同层次的分支学科相继诞生。这种被指责为'历史的碎化'现象,实质上是历史学的高度分化,或者换个角度说,是以'历史的碎化'为特征的分化。"①而我们所言的碎化是指当前学术发展中一种专为求新求异而开辟新领域新课题,缺乏总体关照的研究倾向,这种单纯限于个别的、支离破碎的研究严重影响了社会史尤其是区域社会史的健康发展。"要避免社会史的'碎化'现象,关键还是要把握总体史的方向。……从认识论和方法论上确定和把握总体性,始终保持总体化的眼光,才能使社会史走出'碎化'的阴影。"②在区域史的研究中,继续进行更多的个案研究是必要的,但同时要注意处理好微观研究与宏观研究的关系,适时地在小区域研究的基础上进行大区域的整合,在个案研究的基础上进行总体的综合,才能使区域史研究得到健康稳定的发展。在此意义上,区域间的比较研究便成为实现整体性研究目标的一个方向。

近年来,区域社会史研究在理论与方法、文献与田野、资料与成果等方面均已取得明显进展,尤其是一批中青年学者积极倡导、亲身实践,分别在各个不同区域如华北、华南、江南等区域的研究中已初步形成了独具特色的研究方法和观点,为全面理解中国历史的整体变化提供了相当坚实的基础。但长期以来,各个区域研究的学者尚局限于各自局部的研究领域内,在区域理论模式的比较方面仍缺乏足够的对话和交流,为了深化和推动区域社会史研究之间的互动沟通,"比较"其各自的解释方法已成为学术发展之迫切需要。"各个地区在历史发展中形成了各自的特色,研究地区特色及其形成原因,是区域史研究的目的之一。一个地区的特色,往往要通过与其他地区的比较才能显示出来,没有比较,就看不出特色。就一地论一地,将会失于片面、肤浅,选择一些典型地区进行比较研究,能够比较全面地了解中国的国情,也是深化区域史研究的重要课题"③;"比较史观对于中国史研究至为重要。研究一个具体对象,

---

① 赵建群:《论"历史的碎化"》,《史学理论研究》1993年第1期。
② 行龙:《社会史研究中的几个问题》,行龙主编:《近代山西社会研究——走向田野与社会》,中国社会科学出版社2002年版。
③ 万灵:《中国区域史研究理论和方法散论》,《南京师范大学学报》1992年第3期。

总要以另外的对象作为参照物,才能更清楚地发现所研究对象的特点"①。

第二,要重视区域史的分期问题。区域史的分期就是要从区域的角度出发考虑具体的分期问题。它不同于通史的分期,应是一个相对独立的问题。在此需要从三个层面加以把握:其一,要与政治事件相分离,不能单纯以政治事件作为区域分期的标准。长期以来,多数研究者习惯在区域研究中以政治史的分期方法来为区域史的研究设定边界。比如一般意义上的近代史分期是以鸦片战争至五四运动为分界,于是在区域史的研究中便"复制"同样的时段,并不顾及区域自身的完整性与独特性。须知政治事件对区域社会发展变迁的影响表现各异,不仅有大小之别,而且有先后差异,不可一律地以政治事件为准绳,这样做的后果只会人为地割裂区域社会的系统性和延续性。其二,重视地域特点,打破行政区域。在这里,美国学者施坚雅的区域划分方法尤其值得借鉴,施氏"九大区域"的划分主要是以地理和技术两大因素为标准,其中又包含了地貌、自然资源、距离、运输技术等指标。该方法的优点在于同时突出了各个区域之间以及每一区域内部的中心地带与边缘地带之间在空间上与时间上存在的差异。同时考虑了政治事件与不同区域的关系,如灾害、政治决策等因素对不同区域社会诸方面发展的影响。② 而国内学者在划分和选择区域时,"多数史学家出于习惯与方便,感到不把中国划分为省或县是相当困难的。我们所研究的中国人自己就习惯于这样想问题,而且研究涉及的资料(如地方志)也往往是按照行政区域的划分加以组织"③。不可否认,传统的行政区划对地域,尤其是对农村社会发展所起的作用不可忽略,理应作为我们在划分区域时的一个参考系数。但是,纯粹的行政区划对于区域史研究来说是非常不利的。例如,现在有很多跨区域的研究中,如果仍然沿用行政分区的标准,便无法展现研究对象内部诸要素之间的相互共存性、同一性。其三,要赋予区域新的时空概念。任何一个区域内都有对本区域社会发展产生重大影响的事件。比如

---

① 李伯重:《相看两不厌——王国斌〈转变的中国:历史变迁及欧洲经验的局限〉评介》,《史学理论研究》2000年第2期。

② [美]柯文:《在中国发现历史——中国中心观在美国的兴起》,中华书局2002年版,第181页。

③ 同上书,第182页。

光绪三年的"丁戊奇荒",就是山西社会历史上的一个重大转折。灾荒前的山西人口总数已达到 1640 余万,而灾后人口锐减,不足 1000 万。灾荒对近代山西社会发展的影响超出了其他政治事件,因而在考虑分期问题时这一因素理当作为主要依据。"我们可以在平面的地图上按照我们的需要划分区域,我们可以在立体的历史时空里根据文献划分区域,但必须时加警惕的是,研究对象脑海中的区域观念,并非一定和我们作为研究者划分的区域范围叠合。"① 小心谨慎地处理区域分期问题,是开展好区域社会史研究的一个基础。

需要指出的是,区域分期问题与区域划分问题是紧密结合在一起的。有关区域划分标准问题我们在"近代华北"一文中已有详述,兹不赘言。在此想要强调的是:研究者在进行区域研究时必须慎重考虑这两个方面的问题,只有对区域社会进行时间和空间维度的正确划分,才能够保证进一步研究的科学性和有效性。

第三,要加强地方文献的收集整理,提倡史学工作者走出"象牙塔",走向田野与社会。社会史研究使史学研究可资利用的资料范围大大拓宽,勒高夫所呼吁的"资料革命"即是此意。总结田野调查中积累的经验,我们认为在区域社会史研究中进行田野调查时需要注意以下几个方面的问题。首先,必须明确调查目的。在我看来,进行田野调查的目的有三:一是获得来自田野与社会的切身感受,力求站在研究客体的立场来观察和理解社会,增强历史感和写作灵感。这种感受也许是从事田野工作的学者们的共识:郭松义在谈到田野调查时认为"可说每次有心得,每次有新的实物收获"②;赵世瑜认为通过田野调查"由此寻找人们头脑中观念的滞留与变迁"③;陈春声提出在田野调查中"努力从乡民的情感和立场出发去理解所见所闻的种种事件和现象,常常会有一种只可意会的文化体验,而这种体验又往往能带来新的学术思想的灵感。这种意境是未曾做过类似工作的人所难以理解的"④。二是广泛收集各类文字

---

① 杨念群:《中层理论:东西方思想会通下的中国史研究》,江西教育出版社 2001 年版,第 216 页。
② 郭松义:《中国社会史研究 50 年》,《中国史研究》1999 年第 4 期。
③ 赵世瑜:《田野工作与文献工作》,《民俗研究》1996 年第 1 期。
④ 陈春声:《社会史研究笔谈》,《历史研究》1993 年第 2 期。

资料，包括两个方面：一类是现有的地方文史资料、村志、镇志（很多村镇志属内部发行，数量很小，不易看到）；另一类是诸如碑刻、族谱、契约文书、文人笔记日记、村规民约等属于民间文献的材料，这类资料一般比较分散，只有在田野工作中依据当地人提供的线索方能找到。三是进行口述资料的收集与整理工作。各地几乎无一例外地存在对当地社会历史文化颇为熟悉的乡土"文人"，与他们交流并合作，对田野调查工作获得成功具有很大帮助。其次，在充分掌握相关线索的基础上，需要有针对性地对调查对象和村落进行实地考察。人类学家在此方面的理论模式和成功经验，是从事社会史研究的历史学者需要虚心接纳和借鉴的。

经过学者们多年的学术实践，尤其是在很多中外学者共同从事的合作研究中，田野调查起了很大作用。这种示范作用已逐渐改变了大家的看法，对田野调查方法的大力提倡已成为当前国内学术界的一股潮流。"田野调查在社会史方法中应当大力提倡。在某些社会史课题中，尤其是在小社区研究中，通过实地调查可以增加对社区内部的各种社会关系和各种社会联系的了解，增加对当地宗教、宗族、风俗、基层组织和生活方式的直接感受，收集到极为丰富的民间文献，例如族谱、碑刻、书信、账本、契约、民间唱本、宗教书籍、日记、笔记等，并且可以听到大量关于族谱、村源、村际关系、区内关系和其他方面的种种故事或传说，从而有助于站在社区传统的本来立场上达到对它的文化理解。"① 田野调查方法是一种值得研究者高度重视的新方法，必将在区域社会史研究中发挥其应有的作用。

## 三　以山西为例

"区域"可大可小，只是一个相对概念。开展中国区域社会史研究，研究者可以选择自己熟悉的生于斯、长于斯的相对区域开展研究。这样既有天时、地利、人和的基本条件，又有切身体会和领悟。近些年来，山西大学中国社会史研究中心即以山西为中心开展区域社会史研究，期望在吸收国内外优秀成果的基础上，进一步推动区域社会史的研究。

---

① 蔡少卿、李良玉：《50年来的中国近代社会史研究》，《近代史研究》1999年第5期。

山西是中华民族的发祥地之一，在中国历史发展的长河中占有重要地位。我们之所以将明清以来的山西区域社会史作为目前的研究重点，主要基于两方面考虑：一是从学术研究的意义上而言，明清之际是中国历史发展的一个新阶段，国外学者或有直接称"近代"或"近世"者。尤其是近些年来，此种历史时限的划分已越来越多地为学界接受。从社会史的角度出发，山西区域社会史亦应如是。二是从现实而言，明清以来的历史是当代中国社会发展的直接基础，认真探讨明清以来山西区域社会发展的历史，总结其带有普遍性和特殊性的发展规律，对于当今山西社会经济的可持续发展当会有重要的借鉴意义。结合山西社会自身的特点和研究现状，我们认为明清以来山西区域社会史研究应着力从以下四个方面入手。

第一，明清以来山西人口、资源、环境与社会变迁研究。人口问题是社会史研究的起点，明清以来随着山西人口的急剧膨胀，影响农业生产力发展的基本要素的比例发生重大变化，人口、资源与环境三者之间的关系由良性互动劣化为恶性循环。就山西人口总数的演变来看，自班固《汉书·地理志》出现最早的该区人口数字，直到清代乾隆年间，除去辖区盈缩、重大灾害、战乱因素外，山西人口总数一直在200万至800万之间起伏，其中明代以后人口总数稳步增长。乾隆中期，人口总数突破1000万，光绪初年自然灾害发生前达到1600余万，是新中国成立前人口总数的最高水平。1969年突破2000万，90年代初期突破3000万。整体来看，与全国人口总数的演变一样，越到后来人口增长的速度越快。但山西人口发展也有其本身的特点，比如：经过元末明初十余年的战乱，全国人口总数有所下降，中原地区人口亡失最为严重，而山西此时少受战乱、灾害侵袭，人口一直保持较快的增长态势，这正是明初大规模"洪洞移民"的基础。进入近代，经过19世纪五六十年代的太平天国战争，全国人口尤其是人口最为稠密的东南诸省损失惨重，直至新中国成立初期的1953年人口普查，东南数省人口总数仍不及19世纪50年代初期太平天国战争前的水平。而山西人口在整个近代仍然是一个持续增长的趋势，其间最明显的下降不是出现在战乱期间，而是光绪初年发生自然灾害时。而此次"两百年未遇之天灾"与生态环境的恶化不无关系。另外，历代山西人口的外迁，周边地区人口向山西的迁移（尤其是具有一定规模的人口迁移），与当时的资源与环境状况都有联系。从人口结构来看，明清以来商业人口明显增多，近代以来男多于女的高性别比例，也都与自然资源、生态环境有直接或间接关系。明清以来形成的外出经商浪潮，"土狭人稠"就是一个重要原因。

山西的煤、矿资源在全国属于丰盈之区，但其他自然资源，尤其是对农业生产具有举足轻重作用的土地和水资源却相对匮乏。土地资源的匮乏直接影响到社会经济的发展，甚至影响到人们维持起码的生计。同全国其他省区相比，山西人均占有耕地在全国属于中下等水平，并且山西的耕地位于平均海拔在千米以上的黄土高地，80%以上的土地属丘陵和山区，土地素质不仅不能与江南及沿海各省相比，就同邻省也有一定差距。光绪年间，巡抚曾国荃曾这样讲过："查山西一省，山多地少，本非五谷蕃衍之所，雁门以北地多斥卤，岁仅一收。太行迤东则冈峦带土，颇鲜平原。其共推神皋奥区者，亦只太、汾、平、蒲、绛、解数郡，土地平旷，天气稍为温煦，而所属州邑仍有界在山陲，号称硗确者。"① 在传统农业社会，此种土地资源严重影响着农业生产和农村经济的发展。

水资源匮乏也是长期困扰山西社会发展的严重问题。山西境内河流数量有限，历史时期具有灌溉能力的仅有汾河中下游及少数支流。山区和丘陵地带虽有一些地下泉水和山涧流水，但随气候的变化而无固定源泉。"十年九旱"是相当长的历史时期内影响山西社会经济发展的重要因素，至今少数山区仍有人畜饮水困难的问题。水资源日趋紧张不仅与人口数量增长、农地面积增加直接有关，而且与自然灾害，尤其是旱灾的频发，以及整个生态环境的恶化有着明显的因果关联。

明清以来山西生态环境恶化的最突出表现是水土流失。山西境内有太行、太岳、管涔、吕梁、中条、五台和恒山七大山脉，丘陵和山地占80%以上，仅汾河中下游有少数小平原，大部分地区为黄土覆盖。明清以来，随着人口总数的增加，土地的开垦速度明显加快，毁林开荒、围湖造田，甚至焚烧森林以取得肥地成为南北各地的普遍现象。研究表明，隋唐时期，太行山森林覆盖率为50%；元明已由30%降至15%以下；清

---

① 曾国荃：《致各府、厅、州公函》，《曾忠襄公书札》卷14。

代由15%降至5%左右；民国已降至5%以下。① 森林面积的减少，尤其是汾河上游山地森林的砍伐，引起了土地资源的大面积破坏，土壤肥力降低，水土流失成为严重问题。水土流失不仅引发了土地的大面积沙化，而且使汾河流域的含沙量急剧增加。河道、渠道的变更，森林减少引起的气候环境变化，又加剧了旱灾及争夺水资源的各类"水案"的频发，这种生态环境的恶性循环一直是困扰山西农村社会经济发展的主要因素。另外，近现代以来，随着煤、铁等矿产资源的开采，以及造纸，印染等行业的发展，环境的污染也日益成为山西地区严重的社会问题，且有愈演愈烈之势。

正是人口、资源与环境三者关系的日益恶化，使明清以来山西社会的方方面面都发生了巨大变化。以探讨明清以来山西人口、资源与环境的关系为切入点，运用"长时段"理论，从总体史的角度开展山西区域社会研究，不仅可以拓宽研究领域，丰富研究内容，而且提供了进行区域研究的一种新视角。

第二，晋商与山西地方社会研究。明清晋商的兴起和不断发展壮大，正是在山西人口、资源与环境关系日益紧张条件下逐步形成的。晋商称雄商界五百余年，足迹遍及海内外，势力足与徽商相抗衡。晋商对明清时期的中国社会尤其是商品经济的发展所起的推动作用毋庸讳言。对晋商的发源地山西地方社会来说，其影响更为深远。二者的关系可以说是交叉互动。明清以来山西尤其是中南部地区乡村社会浓厚的"经商"意识和商业氛围，是孕育晋商的重要条件。清雍正二年（1724），山西学政刘于义上奏称："山右积习，重商之念，甚于重名。子弟之俊秀者，多入贸易途，其次宁为胥吏。至中材以下，方使之读书应试，故以士风卑靡。"雍正朱批道："山右大约商贾居首，其次者犹肯力农，再次者谋入营伍，最下者方令读书。"② 另一方面，商业的发达也对山西社会政治、经济、文化、习俗等各个方面、各个层次产生了推动和影响。以往对晋商的研究中，多侧重于晋商兴亡原因、经营之道、商业大家族等方面，且多从经济史、经济学的角度切入，就商言商，一定程度上限制了晋商

---

① 翟旺：《太行山系森林与生态简史》，山西高校联合出版社1994年版，第60页。
② 《雍正朱批谕旨》第四十七册，雍正二年五月初九日、五月十二日。

研究的范围和深度，很多有价值的史料和研究方法没有得到有效利用。该专题的研究内容应该说是相当丰富。单从社会史角度来看，对晋商发达之后的资金投向、商人的婚姻家庭状况、商人妇的际遇和心理、中小商人的生存状态、商业文化与习俗、商人与地方建设等方面的研究尚属空白，在此基础上回答晋商与商品经济发展的关系、晋商与资本主义萌芽的关系等长期争论不休的问题也许会显得更为扎实、可信。

第三，三晋文化与民俗研究。"山西是社会史研究的宝库。"因地理条件和半干旱气候条件，山西古代的众多历史文物和文化遗迹得以保存。三晋大地上现存的地上历史文化遗迹在全国来说也是首屈一指的。另一方面，山西各地还保存了大量珍贵的地方文献和金石资料。以我们目前的研究为例，在晋商研究中，利用田野调查中得来的流行于明清时期晋中地区的祁太秧歌剧本。[①] 祁太秧歌是山西省晋中盆地农村艺人自演自乐的一种乡土小戏，是以小曲、杂说、歌舞、戏曲为主的综合艺术，是历代农村生活、家庭故事、传闻逸事、社会习俗的真实写照，蕴含了丰富的社会史内容。除包含有大量可用于晋商研究的资料外，还有更多内容可用于剖析不同历史时期乡村民众心态、生活习俗、交往方式、价值取向等方面。又如我们搜集整理的《退想斋日记》。[②] 该日记由清末民国时期太原文人刘大鹏所作，其史料价值已得到学界的普遍认可。此外，刘氏所著之《晋祠志》《晋水志》等也具有很大的史料价值，是认识和理解太原地方社会变迁的重要资料。

除文献资料的收集外，通过调查进行口述史的收集和整理也是一项重要内容。田野工作的意义在于不仅可以使一些文献上不易理解的内容更容易理解，使一些不为人知的东西得到揭示和澄清，且可与文字史料互证。同时，通过调查访问，还可以得到更多研究线索，便于专题研究的展开和深入。山西乡村社会中存在着大量乡土色彩浓厚的民间歌谣、神话故事与传说，以及具有悠久历史文化传统的民间祭祀和民间工艺等，凡此种种，均可划入文化范畴。它们既是历史的见

---

① 行龙、毕苑：《秧歌里的世界——兼论民俗文献与中国社会史研究》，《民俗研究》2001年第3期。

② 刘大鹏：《退想斋日记》，乔志强点校，山西人民出版社1990年版。

证，又是社会发展水平和发展状况的重要标志，运用文化人类学、民俗学、社会学和民族学等多学科的理论与研究方法对这些存在或曾经存在过的历史加以解析，乃是一项非常重要和迫切需要开展的科研工作。

第四，山西抗日根据地社会研究。山西是革命老区，太行、太岳、晋绥、晋察冀等抗日根据地都是在战争年代对中国革命产生过重要影响、发挥过重大作用的区域，山西抗日根据地正处于这些区域当中，具备开展根据地历史研究的条件和优势：一方面，各根据地现存有大量抗战时期的档案和其他文献资料；另一方面，亲历过战争年代洗礼，对根据地历史保有深刻记忆的老人尚多健在，利用地域优势进行口述史的收集比较方便。从社会史角度开展根据地史研究，可以改变过去根据地史研究过于"干扁"的状况，赋予其鲜活的历史内容，生动地揭示处于动荡变革状态中的山西社会的发展变迁。由于根据地事实上处于由传统社会向近代社会转型的时期，社会变革及其多方面的调整相当剧烈，因而可资研究的内容相当丰富，如根据地的基层政权、民主制度、民众动员、民众心态、乡村教育、妇女问题、婚姻风俗等。但是就目前研究现状来看，还远不能令人满意。一是研究专题过于分散，各说各论，专题研究的背后缺乏整体史关怀，出现了前述之"碎化"问题；二是研究中运用的档案材料自身有很大缺陷，很多材料多是以单一的阶级分析方法进行记载，意识形态印迹明显，资料记录者的主观评判过多，对研究者造成相当大的妨碍和困惑，可以弥补这种缺憾的方法就是开展田野调查，进行口述史的收集和整理，积累一手资料。在这里，研究者要注意慎重区分和运用有意识史料与无意识史料，认真分析史料讲述者的阐述方式和记录者的书写方式，挖掘出史料背后隐含的丰富社会内容，这样才有利于将问题引向深入。

明清以来山西区域社会史其实是对这一时空社会变迁全面而系统的研究，它包罗的内容十分丰富，但具体的研究不得不一个一个地展开。也可以说，研究总会有侧重点。结合明清以来山西社会变迁的实际和特点，从区域社会史发展的趋向把握，我们觉得首先应当对上述四个方面展开研究。其实，这四个方面也是一个相对有机的整体，具备时间上的连续性和空间上的共存性，体现了历时性研究与共时性研究相结合的特点。面对山西区域社会史研究中如此丰富的研究课题，我们能够感受到"青史有待垦天荒"的愉悦与重压，也对区域社会史和中国社会史的发展前途充满信心。

# 山西何以失去曾经的重要地位

如果说"近代中国何以落伍"这样一个"李约瑟之谜"已成为中外学界见仁见智的问题,那么,山西何以失去曾经的重要地位也是我们应当关注和回答的问题。

"山西何以失去曾经的重要地位?"这是一个历史的命题。历史的命题需要以历史的眼光和历史的方法来回答。

## 一 古代山西的重要战略地位

在中国古代漫长的历史长河中,山西地区不仅是中华民族重要的发祥地之一,而且以其重要的战略地位历来为中原王朝瞩目。

迄今为止的考古发掘已足以证明,山西自远古时代就是中华民族重要的发祥地之一。旧石器时代的文化遗址不仅遍布山西南北各地,而且从绝对数量上来看,全国各地无出其右。传说时代的三位圣王唐尧、虞舜、夏禹,其首都均在今天山西的南部地区。尧都平阳(今临汾)、舜都蒲坂(今永济)、禹都安邑(今夏县),至今这些地区的历史遗迹和美丽传说仍然很多。

夏、商、周三代,山西是中华民族重要的活动区域。西周初年周成王分封其弟唐叔虞在山西,晋国日渐成为黄河流域最强大的国家之一。至晋文公重耳时期,厉行改革,奖励垦殖,发展生产,繁荣经济,选贤任能,终成一代晋国霸业。公元前632年发生的晋楚城濮(今山东鄄城西南)大战,强盛的晋国以少胜多地打败了同样强盛的楚国,从此晋代楚而成为"侯伯",以王命而讨伐诸侯,大大小小各路诸侯"三岁而聘,五岁而朝，有事而会，不协而盟"①，俨然挟天子以令诸侯。

齐、楚、燕、韩、赵、魏、秦，是为战国七雄，山西占其三。公元前458年，晋国的智伯与韩、赵、魏四卿瓜分中行、范氏全部领地，进而智伯又索地韩、赵、魏。韩、魏惧怕，唯赵襄子不肯割地给智伯，于是，智伯又联合韩、魏攻赵。赵襄子走保晋阳，三家围晋阳，岁余而不下。公元前453年智伯引晋水围灌晋阳城，赵襄子派人潜出与韩、魏媾和，陈说"唇亡齿寒"之利害，于是韩、魏倒戈与赵结盟，智伯被杀，晋阳解围，三家三分智氏领地，是为"三家分晋"。"三家分晋"是中国历史上具有划时代意义的事件，它不仅意味着晋国公室领地几乎尽归三家，公室反倒成为附庸，而且意味着春秋以来长时间诸侯争霸局面的终结，七雄兼并的战国时代从此拉开了新的一幕。

秦汉时代，首都建在长安（今西安），晋西南属于河东郡，而三河地区即河东、河南、河内为"天下之中"，经济文化相当发达。《史记》讲到，此地"土地小狭，民人众"，人口密度相对较高。牛耕、楼种、铁农具、代田法均引领农业技术之先；水利、冶铜、制铁、盐业等相当活跃；临汾、洪洞的商人已经"西贾秦、翟，北贾种、代"，山西对匈奴的商业贸易在北中国也占有重要分量。

魏晋南北朝时期是中国历史上持续时间最长、波及范围最广的动荡时期。匈奴、鲜卑、羯、氐、羌等北方少数民族一茬接一茬地持刀挥戈进入中原，三国（魏、蜀、吴）、两晋（西、东）、三秦（前、后、西）、四燕（前、后、南、北）、五凉（前、后、南、北、西）等32个政权群雄逐鹿轮番更替，好一个"城头变幻大王旗"的混乱场面。山西在这一分裂、聚合、统一的历史进程中扮演了核心地带角色。先是，304年匈奴酋长刘渊起兵离石建汉国，不久迁都平阳（今临汾），继则其子刘聪打下长安灭西晋，由此开始了一百多年的所谓"五胡乱华"。398年，拓跋鲜卑迁都平城（今大同），取并州，灭后燕。接着南北讨伐，四处征战，东到辽宁，西至河西走廊，南到华北平原的北燕、南燕、西秦、后秦、西凉、北凉、南凉、后凉等政权先后被征服直至灭亡，一百多年来的五胡十六国分裂割据局面由此结束，黄河流域重归统一。再后来，北魏宫廷

---

① 《左传》昭公三年。

政变，高欢建东魏共16年，其子高洋建北齐共27年，晋阳（今太原）都是北中国实际的政治中心。那时，高欢以丞相身份住居晋阳，并在晋阳兴建大丞相府，留下亲信在首都洛阳治理朝政。北齐在晋阳设有行宫和六府，作为中央政府的分设机构，北齐朝六个皇帝中，有五个或即位或崩亡于晋阳城。实际上，晋阳就是"别都"，军事上的重要性远在"上都"洛阳之上。

魏晋南北朝大动荡之后是隋唐的大统一。隋命短促，前后仅38年。在隋末各地起事和防御突厥的过程中，后来奠定大唐基业的太原留守李渊趁机起兵太原，南下龙门渡河，灭隋建唐。隋唐两代，太原以北地区一直是突厥南进和隋唐防御的交战地，其中高祖（李渊）、太宗（李世民）时期的战事最多。除此以外，汾河漕运、农田水利、制铜冶铁、木构建筑均为山西值得称道之处。值得一提的是，并州治所晋阳在隋唐时期又有了进一步的发展。隋代晋阳是黄河流域仅次于长安、洛阳的第三大政治中心，隋文帝置河北道于晋阳，最高长官尚书令就是后来的隋炀帝。晋阳又是唐朝的发祥地，武则天时期曾定晋阳为北都，这一时期晋阳城由都城、东城与汾河之上的中城三部分组成，商业贸易繁盛可见。

"安史之乱"后，唐朝走向衰落，历史进入五代十国时期，又是一个分裂割据的混乱时代，又是一个少数民族沙陀族进入山西。895年，沙陀首领李克用占领山西大部分地区后，以太原为中心晋爵为晋王，建立了春秋时代后的又一个晋国。907年，朱温篡唐建梁，开启五代混乱历史。五代时期的五个朝代中，有三个由沙陀人建立的小朝廷（后唐、后晋、后汉）以太原为根据地，进而夺取黄河流域大部分地区。951年，刘崇又在太原建立北汉，这个北汉正是北宋统一全国过程中最后被征服的割据势力。鉴于唐末五代以来，割据势力往往以晋阳为根据地，渐次坐大而争夺天下的事实。980年，宋太宗亲率大军进攻北汉，火烧水灌晋阳城，千年古城毁于一旦。从这个时候开始，太原府又改为并州，治所也由河西移置到河东，新的晋阳城就在现太原迎泽区、杏花岭区一带。

北宋统一全国后，山西不再是割据中心。虽然在抵御契丹、抗辽抗金、反元起义中曾发挥过一定作用，但比较战火弥漫、烽火连天的中原地区而言，山西还是一个受战争创伤较轻的地区，也是一个经济文化较为发达的地区。已故著名历史地理学家谭其骧先生在《山西在国史上的地位》中曾列举山西人口密度、印刷、科举、商税、戏剧诸方面的事实和成就，认为"金元时代，山西高原的经济文化反而要比邻近的河北、关中平原地区发达"。

从古代山西历史的发展脉络中，我们可以发现这样一个基本事实，那就是每逢中国历史的分裂割据时代，山西的战略地位就会发光凸显、为人注目，而统一稳定之时，也是山西经济文化相对发达之时。谭其骧先生探究其原因总结道：

> 这是因为，山西处于黄土高原的东部，它对河南、河北、陕西的关中地区而言，都是居高临下的，这在过去一刀一枪打仗时，是很占优势的地势。又因为盘踞山西的割据势力大都是强悍的少数民族，他们的武力很强，因而能攻则取之，退则守之，长期割据称雄。①

我在这里还要补充的是，分裂割据时代，不仅是生灵涂炭、经济凋敝的时代，同时又是民族冲突与民族交融的时代。一部中国古代历史就是汉族与少数民族不断冲突和交融的历史。从这个意义上来讲，山西地处汉族与北方少数民族的交接带，这样的战略地位对中国古代历史的发展也是有贡献的。

金元以降是明清，山西历史开始了新的进程。

## 二 明清以来西方资本主义势力的侵入

按照通行的中国历史分期标准，1840年的鸦片战争是古代与近代的分界点，但从区域而言，明初却是山西历史发展的重要界标。区域社会史的研究需要根据区域发展的实际和特性来划分必要的历史阶段，依样画葫芦地将中国"大历史"的分期套用搬用到具体的区域历史研究中，

---

① 谭其骧：《山西在国史上的地位——应山西史学会之邀在山西大学所作报告的记录》，《晋阳学刊》1981年第5期。

往往难免隔靴搔痒。

之所以将明初作为山西历史的重要界标，我以为有两个历史现象特别应该值得注意。一是明初山西地区人口数量膨胀进而导致的"洪洞大槐树移民"。正是由于金元以来尤其是元末明初山西地区所受战争创伤较小，此时山西已成为华北地区经济发达，人口稠密的地区。明初，山西人口总数403万余，相当于河南、河北两省的总和。在这样"人稠地狭"的情况下，才有朱元璋移山西人口以实中原的大移民，才有"问我祖先来何处，山西洪洞大槐树"这句世代相传、延绵神州的民谣。可以说，明初大槐树移民是山西人口膨胀的明显信号。之后，山西人口除明末清初短暂的起伏外一路直升，光绪初年大灾前全省人口总数达到1640万余的历史高点，这个数字比1953年第一次全国人口普查时所得1431万余还要多出200万。我们知道，在生产技术水平比较有限的近代社会，对山西这样一个"山多地少"的内陆省份而言，一定数量的人力是最重要的生产力要素，而人口数量的不断增长，又会带来沉重的人口压力与一系列的社会问题。

明初山西人口膨胀还引发了另外一个值得注意的历史现象，那就是我们津津乐道的晋商的崛起。学界一般认为，山西商人的崛起得益于开中法，而开中法正是在明初正式实施。所谓开中法就是商人运输粮食供给边塞军士食用，朝廷付商人以盐引，商人再凭盐引到指定的盐场和地区贩盐。盐在明代属于专利品，大同、太原又是"九边"重镇，山西商人得天时地利，便捷足先登而发达。我们应当承认，开中法对晋商的崛起具有极大的推动作用，但明初山西各地普遍的经商风气实为晋商崛起的社会基础。事实上，除了盐类，北方的"茶马互市"、金银铜铁、绸缎布匹、皮货药材等都是那时晋商大规模经营的行当，而这种勃然兴起的经商风气之根源，就是"人稠地狭"的社会现实，所谓"晋省以商贾为重，非弃本而逐末，土狭人稠，田不足耕也"①。商业活跃的太谷县也是"以田少民多之故，商于外者甚多，中下之家除少数薄有田产者得以耕凿外，余皆恃行商为生"②。需要指出的是，明清两代大批晋商驰骋南北设

---

① 光绪《五台新志》卷二，"生计"。
② 民国《太谷县志》卷四，"生业、商会"。

号建业，不仅在全中国范围内留下了他们的深痕足迹，而且在外蒙古、俄罗斯、日本、新加坡等地建立了"国际贸易"，其诚信立业、开拓进取的精神足令朝野上下钦羡叹服。然而，世业常是不敌世运。明清以降，随着跨海而来的西方资本主义势力自东向西的步步渗入，东南沿海地区首先成为中西交冲的前哨，同时也就成为军事、外交、经济、商业、文化的中心，之前朝野注目的北部边患狼烟转化成为沿海的"坚船利炮"，晋商在这一"数千年未有之变局"中斟酌应对，山西在这一变局中已经退位。

尽管晋商是明清山西社会最可称道的历史现象，但那个时代，山西毕竟还是一个自然经济占主导地位的农业社会。在土狭人稠、田不足耕的生产力条件下，农业劳动生产率的提高空间十分有限，民人终岁耕耘劳作，能够满足基本的生产生活所需已属不易，更何况天灾人祸，尤其是频繁的旱灾简直就是雪上加霜。光绪三年（1877），山西突遭"二百年未遇"之大旱，卖妻鬻子，人相蚕食，鼠狼横行，尸骨遍野，真正的惨不忍睹。灾后全省人口亡失至少三分之一，大面积土地荒芜，商业停滞，文化凋敝，地方财政难以维持，时任巡抚曾国荃惊呼："二十年以后元气可以稍复乎？"

也就是在曾国荃赈灾的废墟上，从太行山之东走来了一拨黄头发、蓝眼睛的西方人。以李提摩太为首的基督教传教士不仅带来了数万两赈银，同时带来了"四海之内皆兄弟"的基督精神。传教士们有组织地深入灾区发放救济金，在晋南地区一些县甚至超过了官府发放的银钱数量，三晋大地上第一次有规模地出现了外国人的身影，老百姓就是在这样嗷嗷待哺、命悬一线的生死线上感受到西方势力的影响。灾后，激动的灾民以中国传统的方式立碑铭记传教士们提供的帮助，甚至到"洋大人"李提摩太的住处索要他的大照片准备供奉在神庙里。① 李提摩太是当时在朝廷中最具影响力的外国人士，赈灾前后，他还利用自己的身份向山西当局提出了修造铁路、开发矿产、发展教育、开办工厂和制造厂等建议，地处内陆、风气闭塞的山西开始感受到了欧风美雨的浸润。其实，虽然

---

① ［英］李提摩太：《亲历晚清四十五年——李提摩太在华回忆录》，李宪堂、侯林莉译，天津人民出版社2005年版，第124—125页。

1840年的鸦片战争已经轰开了中国的大门，但直到1860年签订的《北京条约》规定天津开埠后，山西才开始了与西方势力的直接接触。李提摩太的建议在后任巡抚张之洞、胡聘之手上渐次推行开来。19世纪的最后十年，山西开始出现了机器局、火柴局、工艺局、纺织厂等近代工业，由筹借外资开发晋东南矿产而引发的全省各界收回矿权运动直把山西历史带入20世纪的最初十年。1902年中西合璧的山西大学堂在太原成立，1907年山西境内第一条铁路——正太铁路通车，这是近代山西社会经过中西交冲不断磨难结成的正果。

近代资本主义势力进入山西后，一方面新生产力的代表带来了先进的生产方式和科学技术，另一方面它又以侵略者的面目带来了邪恶与血腥。《天津条约》签订后，西方传教士开始以合法身份进入内地，他们修建教堂和住宅，兴办医院学校和孤儿院，他们禁拜神灵，侵占民田，袒护教民，欺压乡里，中西文化的冲突最终演化成世纪之交最为惨烈的血腥冲突。1900年义和团兴起于山东，转而京津地区成为主要活动区域，而地处内陆的山西却以烧杀洋人之惨重闻名于世人，以致中外人士皆惊呼"晋案为最大"。1901年清政府"庚子赔款"外，"山西另议"赔款近480万两，超出了全省全年的财政收入。巡抚毓贤及众多义和团民被杀，读书人世代借以晋升的科举取士制度被戛然停止，地方官绅民众被迫为死去的传教士修墓立碑，种种件件，撕肝裂肺。这是一个双重的悲剧，也是一个时代的悲剧。

至于明清以来就闻名于世的晋商，它在中西交锋的格局中也渐渐褪去了昔日的光彩。学界对晋商衰败的原因已有很多探讨，无论是从政治、经济、军事、文化的角度，还是运用经济学、社会学、地理学、民俗学的方法，晋商衰败的原因都应该从外部的历史条件和内部的发展机制中去寻求答案，也就是要把晋商的活动放在当时中国乃至世界历史发展的总趋势下进行把握。从外部条件来讲，晋商的衰败实与清朝的衰败同步而行。康雍乾三朝是清代历史的全盛时期，也是晋商最为辉煌耀眼的时期。鸦片战争之后，西方资本主义势力步步侵入，国内民族矛盾日益突出，清政府陷入内外交困、气运衰微的历史阶段。太平天国起义、第二次鸦片战争、中法战争、中日战争、义和团运动、辛亥革命直将清朝从繁盛推向灭亡，晋商在历次内外战争中同样遍体鳞伤、江河日下。曾在平遥蔚丰厚票号做事达半个世纪的李宏龄讲道：

> 前清同治至宣统间，驻京理事，迭遭甲午、庚子、辛亥之乱。事起仓猝，为国家未有之难，亦为商界未有之奇变。方事之殷也，区区商号如一叶扁舟，浮沉于惊涛骇浪之中，稍一不慎倾覆随之。①

战争不仅阻断了国内长江南北商业贸易的线路，而且废弃了晋商起家的恰克图、外蒙古、俄罗斯"中路贸易"通道。韩毓海先生认为，这种"国际长途贸易的衰落"是晋商和山西票号衰落的重要原因。② 与之相应的是，随着物美价廉的外国商品如洋布、洋沙、百货、日用、化妆、五金、文具、食品的大量倾销，山西商人经营的传统铁业、皮毛、茶叶、土产等纷纷失去市场而一蹶不振。"方今时局，日新一日，情形迥非昔比"，李宏龄斯言堪为切中肯綮。

就晋商内部的机制而言，这个群体已经失去了创业初期那种寸积铢累、开拓进取的精气神。如果说，像"学徒制""股份制"这样的内部机制曾经对晋商的崛起和发展起到过很大促进作用的话，那么，到后期这样的制度已渐次蜕化甚而演变为钩心斗角。最典型的事例就是日升昌经理雷履泰和副经理毛鸿翙因权、利之争产生的相互倾轧，两人矛盾激化后毛氏退出日升昌另起炉灶，互相间的仇恨更加升级。雷氏为儿子起名叫雷鸿翙，毛氏也以牙还牙地为孙子起名叫毛履泰，不是你当我的儿子就是他当我的孙子，真叫人辈分难分、哭笑不得。事实上，后期晋商发财致富后，大多携带资金返回故里，他们建宅置地，窖藏货币，成为不折不扣的土财主，而没有将更多的资金用于发展当地的近代工商业。所以，晋商虽有钱，但山西没发展。所以，我们今天走进昔日富可敌国的祁、太、平地区，能够感受到的只是高墙窄弄、夸富斗强、极尽考究的票商旧宅。黄鹤一去不复返，白云千载空悠悠。如此也就是一场繁华旧梦。

还有可痛的是，在新式银行蜂拥兴建的竞争局面下，老迈的晋商先

---

① （清）李宏龄：《同舟忠告·自叙》，（清）李燧、李宏龄著，黄鉴晖校注：《晋游日记·同舟忠告·山西票商成败记》，山西经济出版社2003年版，第95页。

② 韩毓海：《五百年来谁著史》，九州出版社2009年版，第157页。

生们已经不能因时变通、锐意改良,后来的弟子辈也是"饱暖思淫欲"地浑然不知天地人间,待到辛亥革命到来,晋商与清王朝一样同时走向衰败与衰亡。还是那位李宏龄曾以协同庆票庄为例痛心疾首地写道:

> 厥后继起者,大率按部就班,绝非应变之材。故不逾十稔,一误于连号之牵制,再误于庚子之铺张。轰轰烈烈之事业,竟一落千丈矣!履霜坚冰,其来者渐,岂待辛亥革命全体糜烂,而始一蹶不振哉![1]

辛亥革命是晋商走向彻底衰败的一个关节点,也是山西近代历史的一个关节点。在晋商作为群体日渐退出历史舞台的同时,从文山沱水走出来一位日后叱咤风云的阎锡山。

## 三 阎锡山统治山西的三十八年

从1911年的辛亥革命到1949年中华人民共和国成立前的38年,是阎锡山统治山西的38年。

辛亥革命一举推翻清朝,建立中华民国,中国历史由此进入民国时代。民国时代又是一个军阀割据战火延绵的时代。军阀割据与民国相始终,阎锡山与民国山西相始终。在南北各地无数大小军阀争斗火并、旋生旋灭的大浪淘沙过程中,唯独阎锡山一以贯之地统治山西三十八年而成"不倒翁",山西也曾成为全国关注的"模范省",这个模范就模范在它在一个混乱的年代里建立了一种秩序,革命党人在全国没有做到的事情,阎锡山在山西做到了。

青年时代的阎锡山走过了一条与孙中山等革命党人一样的革命道路。18岁以前,阎锡山在家乡读私塾、当伙计,也曾有过无业流浪的生涯。1900年到太原,次年考入山西武备学堂。1904年被选派赴日公费留学,同批的同学还有后来辛亥太原起义的黄国梁、姚以价、张瑜等二十人。

---

[1] (清)李宏龄:《同舟忠告·自叙》,(清)李燧、李宏龄著,黄鉴晖校注:《晋游日记·同舟忠告·山西票商成败记》,山西经济出版社2003年版,第222页。

1905年在日本加入同盟会，随后加入革命党的军事中坚组织"铁血丈夫团"。1909年于日本陆军士官学校第六期毕业，结束留学生活回到山西，通过为留学生准备的选拔考试晋升第86标标统（团长）。1911年10月10日武昌首义告捷，12月29日太原起义爆发，阎锡山被推为山西都督。次年9月，孙中山来晋视察称"去岁武昌起义，不半载竟告成功，此实山西之力，阎君百川之功"①。这就是青年阎锡山由"土娃"到都督的成长线路，也是一代先进青年立志救国从事革命的道路。

辛亥革命之后的中国社会是一个军阀混战四分五裂的社会。与直系、奉系等军阀投靠外国势力以图扩张的做法不同，阎锡山充分利用山西山河环绕易守难攻的地理优势，以"保境安民"相号召，专心苦心地经营山西。与那个时代多数先进的中国人一样，阎锡山也有着强烈的民族主义情结，不同的是他把民族主义情结内化为自己的地方主义。传统的地方主义在中央政府分崩离析尾大不掉的难局中获得了重要的政治意义。他从河边、五台走进太原和山西，在他的眼里，首先是山西而后才有国家，中国人的家国观念同样融入他的血液里。"保境安民"，也就是不参加内战，为山西人民创造一个良好的生活环境，使山西人民过上好生活。揣度历史，在一个军阀割据土匪猖獗的混乱时代，"保境安民"既为无奈亦为苦心。

直到1930年代日本帝国主义的铁蹄踏入中国后，阎锡山在日本、蒋介石、共产党三种势力面前折中斡旋，用薄一波的话说"在三个鸡蛋中间跳舞"，进而提出"守土抗战"的口号，同样也能风靡全省、流行全国。所谓"守土抗战"，用阎锡山的话来说就是"能守住就能存在，我们就当在守上努力"，"只要这块土上有一个人，也该守土抗战"。无论我们过去和现在如何评论阎锡山在抗日战争中的表现，事实上，他同中国共产党建立民族统一战线，扶植"牺牲救国同盟会"，在山西战场共同抗击了日本帝国主义的疯狂侵略。1943年，刘少奇在一份报告中讲道：

> 我们在帮助阎锡山抗战的过程中，使山西的抗战坚持了，使山

---

① 《孙中山全集》第二卷，中华书局1982年版，第470页。

西的革命前进了，也使我们前进了。①

阎锡山又是孙中山民生主义的实践者，他所提出并力行的"用民政治"既是基于山西患贫积弱的现实，又是出于"生长斯邦，见闻较切，惕心怵目"的切身感受。"六政三事"：水利、种树、蚕桑、禁烟、剪发、天足及种棉、造林、畜牧，适应了辛亥革命之后社会变动的潮流，在兴利除弊发展生产方面取得的成就都不可以一概抹杀。从"欲决胜于疆场，必先决胜于学校"，"国民教育为人群之生命"为出发点，阎锡山也十分重视山西的教育，普通小学、高等小学、专门学校、职业学校、高等学校、白话课本、注音字母等等在山西均着力推进、有声有色。1919年10月，鉴于山西在教育方面的成就，全国教育联合会第五届年会在太原举行，美国教育家孟禄博士在同阎的谈话中称："贵省教育发达，久已声闻海外，今日得亲至贵省观光，实为荣幸之至。"② 20世纪20年代阎锡山在山西推行的"村本政治"，包括整理村范、村民会议、村禁约、村息讼会等措施，在那个强盗横行土匪猖獗的世道都是为人瞩目的事情。民国土匪多，唯独山西少，也是时人比较一致的看法。正是在这个意义上，山西曾被北京政府列为"模范省"。山重水复疑无路，辛亥之后一代知识分子在苦闷彷徨中积极探索改造中国的道路，各色人等、不同方案纷纷登台亮相，阎锡山在山西的实践也应该被看作为这一社会潮流中的一种大胆尝试。

武装和地盘是军阀最基本的条件，在大多军阀拥兵自重、抢占地盘的厮杀火并中，阎锡山是一位重建设者，或者说他是一面占地盘，一面搞建设。1930年中原大战前，阎锡山陆续创办山西陆军修械所、山西军人工艺实习厂、太原兵工厂、山西火药厂等军事机构，山西军事工业的生产规模、技术水平、产品数量均在全国占有一席。中原大战后，在"建设救国""自强救国"的口号下，重点又转向民用工业，1933年正式成立的西北实业公司，在短短几年内迅速崛起，发展成为包括钢铁、燃

---

① 《刘少奇选集》上卷，山西人民出版社1981年版，第262页。
② 阎伯川先生纪念会编：《民国阎伯川先生锡山年谱长编初稿》（一），台湾商务印书馆1988年版，第406页。

料、电力、机械、化学、建材、纺织、兵工、造纸、卷烟、火柴、皮革、面粉等多种行业的经济实体，奠定了山西工业的基础。清代末年就开始筹建而搁置的同蒲铁路在阎锡山的手上得以全面贯通。面对历史，阎锡山时代真正迈出了山西工业的步伐；面对现实，阎锡山时代的历史遗痕依然可寻。历史也真是有趣，阎锡山在山西的经营起始于军事工业，落脚于民用工业，目的也不外乎"强兵富国"，此与洋务运动何其相似乃尔，而此时历史已走过了半个世纪。

自从有了阎锡山，民国山西才成为一个真正意义上的区域社会。在中央政权分崩离析、地方势力四分五裂的混乱民国，阎锡山却在娘子关内自行一套治晋治民，大小军阀无法做到的阎锡山做到了，这就是一个时代和一个人物的历史辩证。抗战后期，《新民报》总编赵超构访问山西，对所见所闻感慨良多：

> 山西现在正试验一套新政策，这些政策对于现社会的变动颇大。假如没有阎先生的地位，假如没有他在山西一贯领导的历史，这些办法在任何地方都将归于泡影。但是山西居然顺利实施了，这不是制度问题，老实说，还是"阎锡山"三个字的力量居多。①

这就是历史，我们应当面对这段历史。

抗日战争进入相持阶段后，阎锡山由联共抗日向防共妥协转向，向历史潮流的反向一步步滑动，直到太原城被攻破才结束其在山西的38年统治。20世纪40年代初，在阎锡山困守晋西一隅之时，中国共产党人却把山西当作抗日的前哨。八路军一二〇师、一二九师、一一五师先后挺进敌后，在太行吕梁的崇山峻岭里建立了晋绥、晋察冀、晋冀鲁豫抗日根据地。山西抗日根据地不仅成为陕甘宁边区东部的牢固屏障，而且成为连接各地抗日根据地的桥梁和纽带。中共中央华北抗战的指挥中枢始终转战于三晋大地，山西成为华北抗战的脊梁和持久抗战最坚强的堡垒。抗日的烽火与全国解放的号角相连，山西人民英勇献身支持革命的牺牲

---

① 赵超构：《延安一月·山西新姿》，《民国丛书》第五编，南京新民报馆1946年版，第33页。

精神感天动地。在民族战争和人民战争的殊死搏斗中，山西人民积聚了最大的人力、物力、财力全力支援战争，直到迎来中国革命的最后胜利。

## 四 历史的延续

世事别来一番新。1949年中华人民共和国成立后，山西历史也进入了一个崭新的阶段。六十年一甲子，旧貌换新颜。六十年一甲子，历史仍在延续。

新中国成立伊始，建设成为工作重点，农业社会主义改造和建设优先而起、先鞭而行。1950年召开的全国战斗英雄代表会议和全国工农兵劳动模范代表会议上，早在根据地时代就已闻名的平顺县西沟村劳动模范李顺达激动地受到开国领袖毛泽东的接见。毛主席对李顺达讲道："中国山区地方很多，你们山西就有太行山、吕梁山。你住在山区，要好好建设山区，绿化山区，把穷山沟建成社会主义新农村。"① 山西山多田少，这是大自然的禀赋，也是"地利"之限。恰是在七沟八梁一面坡的自然环境状态下，艰苦奋斗的精神成就了山西农业的发展，敢为人先的劲头造就了一代劳动模范。从根据地时代李顺达的互助组，到解放初期山西率先在全国试办初级农业生产合作社，从"模范党支部书记"陈永贵到全国农业学大寨，从西沟、大寨到杨谈、大泉山，山西可谓模范辈出，一路领先。艰苦奋斗的精神与太行精神一脉相承，它在技术进步物质相对丰富的当今社会尤为珍贵，也应该是我们建设新农村的宝贵历史财富。

1949年以来，山西在国民经济的总体框架中一直被定位为重工业基地。重工业基地、能源基地、能源重化工基地、新型能源产业基地，定位随着时代而变化，不变的还是山西的煤炭资源。像任何自然资源一样，煤炭的价值和开发利用也经历了一个发现认识的历史过程。古代社会对煤炭只是一种简单的利用，民用烧火做饭大概是它最大的功能。山西煤炭大量发现和开发是伴随着西方资本主义势力的侵入而来的，代表先进生产力的西方侵略者首先发现了山西煤炭这个富矿，代表正义的山西人却天生地拥有它的所有权，由此而引发的争端注定是一场带有掠夺和血

---

① 李福娥：《毛主席三次接见我父亲李顺达》，《党史文汇》1998年第8期。

腥的搏斗。从19世纪后期李希霍芬等外国人到山西进行地质调查大为惊讶地发现，到20世纪之交山西各界人士以蹈海、请愿、集股的方式发起收回矿权运动，再到阎锡山时代的晋矿归公和晋矿官办，外人、民人、官方对煤炭资源的争夺愈演愈烈，煤炭的经济政治社会价值在山西越来越高。1949年以后，尤其是1980年代以来，随着社会经济的迅速发展，煤炭不仅成为山西的支柱产业，而且在全省乃至全国经济发展中的分量越来越重。统计显示，1949年到2008年间，山西累计生产煤炭占全国总量的23%，累计出省外运煤炭占同期国内省际煤炭交易量的70%以上。黑色的煤炭不仅支撑着经济的发展，而且在关键时刻起到了缓解社会政治危机的作用。2008年冬春南方地区雨雪冰冻灾害之时，举国上下再一次将期待的目光移注山西，期待着山西，期待着煤炭，期待着电。

　　社会经济的发展与自然资源的消耗成正比例，未来一个相当长的历史阶段中，煤炭注定还是重要的能源。三晋大地上丰富的煤炭储量，是大自然赋予三晋人民的巨大财富，也是三晋人民的命脉所在，如何在世界经济一体化快速发展瞬息万变的当今社会，合理地兴利除弊，可持续地而不是短视地开发利用煤炭资源，是摆在三晋人民面前的一道历史难题，也是一道未来必须回答的难题。

　　山西之长在于煤，山西之短在于水。借用经济学上的"木桶原理"来说，煤之于山西就是那个木桶的长板，而水却是那个短板，这个木桶最大的容量不取决于长板，而恰恰取决于那个短板，短板是一个限制因素，一定程度上也是一个决定因素。其实，历史时期山西并不太缺水，许多地区甚至是雨量充沛水草丰茂。境内最大的河流汾河水量甚大，汉武帝坐楼船泛舟而行，唐王朝利用汾河水输送山西粮食以实关中，宋太宗引汾水灌晋阳城，都是历史上三晋大地上发生过的事情。明清以降，随着人口数量的不断增长，垦荒增田不断扩大，森林植被不断摧残，汾河的水量也在不断减少。新中国成立以后，汾河的水量虽然比历史时期已大量减少，但仍有"汾河流水哗啦啦"的景象可见。20世纪80年代以来，随着经济发展和城市化步伐的加快，汾河沿岸生产生活用水急剧加大，特别是大批化工、水泥、焦化、造纸、冶金等企业的上马，不仅使汾河流量迅速减少甚至长年断流，而且增加了河水污染的严重问题。氰化物、硫化物、氟化物、氨、氮、酚等人们还分不清子丑寅卯的现代污染物，已经严重地影响着工农业生产，甚至影响到人们的健康。

水是生命之源，也是生活之源，在一个社会经济和人民生活日益快速增长的时代，在山西这样严重缺水的内陆省份，水资源短缺与社会发展的矛盾仍是一个短期内难以彻底解决的问题，如何进一步合理地开发和利用有限的水资源是我们需要面对的严峻问题。"煤与水是山西社会发展的两大巨轮，不能只顾挖煤，忽略治水。只有煤和水两大巨轮取长补短，才能加速发展，协调发展。"① 我想，这也是山西科学发展、可持续发展议题中的应有之义。

毛泽东曾经讲过，世间一切事物中，人是最可宝贵的。同样，资源在社会发展过程中也是最可宝贵的。历史不仅是人与社会的历史，还有人与自然的历史。在历史变迁的长河中，政权、制度、军事、战争、外交、交通等都在新陈代谢的过程中快速嬗递演进，相对不变或者缓慢变迁的是大自然赋予的天然资源。现代社会，资源的合理开发利用对人类社会的发展至关重要，同样对山西社会的发展至关重要。

兴废由人事，山川空地形。曾几何时，山西以其表里河山，地形"最为完固"的地理优势，成就了晋国霸业，演绎了民族融合，见证了分裂割据，甚至阎锡山也利用这种"地利"做出了一番事业。然而，山中方十日，世上已千年，在一日千里飞速前进的现代社会，地理环境的优势也可瞬即转化为劣势，古代与现代毕竟不可同日而语。封闭被开放取代，守旧为革新让路，这是历史的潮流，也是时代的潮流。

我们尽可以从多种角度去解释"山西何以失去曾经的重要地位"，我们也可以为曾经的重要地位发一点幽思，但我们必须面对历史、面对现实。

---

① 行龙：《汾河清　山西盛》，《山西日报》2008年5月20日。

# 竹枝词里的三晋社会

"巴人夜唱竹枝后，肠断晓猿声渐稀。"① 竹枝词本是巴渝一带渔樵农父所吟唱的民歌，因其在演唱时手持竹枝，载歌载舞故而得名（从任半塘《唐声诗》之说）。自唐贞元中刘禹锡"以俚歌鄙陋，乃依骚人九歌作竹枝新词"②，将其移植至文人笔下后，竹枝词便以其通俗浅易的语言、清新活泼的格调受到历代文人墨客的青睐，以至传唱千年而不衰。诚如顾炳权先生所言："竹枝胎胚六朝，形成于唐，流衍两宋，再起于元明，入清而大盛。既波及全国，几乎有井水处无不歌之。"③

竹枝词作为中国诗苑的一朵奇葩，其文学审美价值向来为人所称道。而"知变风之自焉"的创作旨归，也使其兼具极高的史料价值。唐圭璋先生即言："（竹枝词）内容则以咏风土为主，无论通都大邑或穷乡僻壤，举凡山川胜迹、人物风流、百业民情、岁时风俗，皆可抒写。非仅诗境得以开拓，且保存丰富之社会史料。"④

本文即以《三晋竹枝词》⑤作为研究文本，参证以相关的史书、方志、笔记等文献资料，以诗证史，以诗论事，举凡经济、政治、文教、民俗诸方面，力求窥测其中所折射出的三晋社会风貌。

---

① 顾况：《竹枝曲》，《全唐诗》卷二八，中华书局1979年版，第395页。
② （宋）郭茂倩：《乐府诗集》卷八十一。
③ 顾炳权：《上海洋场竹枝词》，上海书店出版社1996年版，第6页。
④ 唐圭璋：《竹枝词纪事诗序》，丘良任：《竹枝词纪事诗》，暨南大学出版社1994年版，第2页。
⑤ 《三晋竹枝词》由山西大学图书馆张梅秀同志与作者多年来辑得，尚未正式出版。

## 一 "商贾农工毕岁忙"——民生的关注

古往今来,无数默默无闻的劳动者日复一日忙碌劳作,维持着生计的同时也在构筑着历史。然而,汗牛充栋的史籍对于他们的记录却总是惜墨如金,以致我们对历史上普通民众的日常生活竟无从知晓。就此而言,记录了"商贾农工毕岁忙"(彭湘《晋风》之一)的竹枝词,对于我们研究普通民众的生产生活无疑具有宝贵的史料价值。

作为"唐尧播谷稷神山"的故土,传统的粮食耕作在三晋大地始终居于主导地位:"自幼生为田舍郎,终年日日事农桑"(白如骥《竹枝词》之五),"助获辛勤赴野畴,今年米谷幸丰收";"瑞麦如云遍地黄,丁男子妇共登场"(徐清澜《郊游杂咏》)……竹枝词中此类吟咏稼穑之作比比皆是。

但是,所谓的"田家之乐无与俦"(行建业《四时田家乐词》之六),不过是诗人笔下浪漫的田园牧歌。事实上,由于土地贫瘠、气候恶劣,单纯依靠粮食作物很难维持生活。正如彭湘《晋风》所概括:"地少平原每辍耕,立秋霜早谷难成。终年那解膏粱味,黍粟齑盐过一生。"(之二十七)因此,农民不得不增种其他经济作物以贴补收入,正所谓"农家别有谋生计"(张赤帜《仿唐风百首》之六五)。《剑桥中国晚清史》指出"在华北……种植作物类型有了变化,这部分是人与地之比日趋不利所致,部分是对国外市场新出现的机会的反映"①。其中最为普及的当数棉麻种植:"棉花开际更张皇,采撷拼教十指忙。衣履合家全仗此,闺中心事费思量。"(黄元善《农家妇女忙》之三)当然,此时的棉花生产已不仅仅是自给自足,更多的则用于商品贸易:"瘠田千顷种棉匀,盼到收花易饼银。家国正供相倚赖,非惟冬袄出君身"(彭湘《晋风》之六十三,其下注云:平陆田硗瘠,广植棉,以花易银为正供所出);"村农收得棉花好,多售金钱亦富翁"(张赤帜《仿唐风百首》之五七)。史料记载:"彼时民智闭塞,交通不便,收获不多,只供日常生活所需,并无余额外销……此时适当欧战,棉花需要特巨,市价极昂,

---

① 费正清主编:《剑桥中国晚清史》下卷,中国社会科学出版社1985年版,第10页。

农民植棉颇可获利，棉田面积复增至五十余万亩。"① 同时，适应各地不同的自然环境，还形成了各种专门作物生产区域：如榆次的西瓜："三郝村边晓日黄，瓜名三白摘盈筐"（彭湘《晋风》之五）；"榆次庄农更可夸，年年进贡郝村瓜"（张赤帜《仿唐风百首》之十五）。而家庭养殖业也成为家庭收入的又一重要来源："绿豆高粱输出境，赚钱还是卖牛羊"；"汾城近办养鸡园，茅屋蓬庐生息蕃"；"神池土脉长莜荞，多蓄牛羊亦富饶"（张赤帜《仿唐风百首》之十二、四一、七一）。

以上诗作或许可以佐证：晚清以降，农作物类型有所改变，农产品商品化程度大为提高，"男耕女织土风淳"（彭湘《晋风》之三十九）的自然经济在一定程度上开始瓦解。

另一方面，手工业收入也占了家庭收入的相当比重。最明显的当数家庭纺织业："机声扎扎出闺中，棉布驰名仗女工"（范迎吉《万泉竹枝词五首》之四）；"东乡专擅女红名，横水机头布匹成。添织闻巾充杂佩，双纱黑白间分明"（彭湘《晋风》之六十七）；"村男村女都纺织，乘闲说笑到邻家"（张赤帜《仿唐风百首》之五十二）。而华北地区随处可见的柳条麦秸则为编织业提供了便利："更有手工编草帽，又精又细作营生"（张赤帜《仿唐风百首》之三十六）；"清水一渠团柏里，不多生计柳条筐"（彭湘《晋风》）；"苇簟精工蒜瓣匀，灯前共作约乡邻"（杨深秀《闻邑竹枝词》之十）。土法造纸也颇普遍："东西相向土墙深，酿草人来晋水浔。一样造成千幅纸，飘茵堕溷有深沉"；"沤麻造纸饶生计，趵突泠泠万斛泉"（彭湘《晋风》之三、一一〇）；"制成蒲纸销天下，画出农家无逸图"（张赤帜《仿唐风百首》之六七）。此外，蚕桑、酿造、制陶、制皮等工艺在竹枝词中也屡被提及。

当然，这些家庭手工业多为粗加工，如纺织："不知世上罗纨贵，耐久人称大布衣"（彭湘《晋风》之五十四），生产规模亦有限，市场大部分不出本县、本省或本地区。因而面对资本主义的经济侵略不堪一击："外布输入渐广，向所谓贩之四方，旁给西方诸州县之榆次大布，遂以绝迹。"（民国《榆次县志·生计考》）

山西矿藏丰富，素称"煤铁之乡"。采掘矿产也成为乡民谋生的手

---

① 实业部国际贸易局编：《中国实业志·山西省》（1937 年）41 编，第 7 章。

段:"平定山高水亦清,大宗煤铁厚民生";"牛力挖煤辛苦甚,开窑美利助农田"(张赤帜《仿唐风百首》之二十二、四十九)。彭湘《晋风》之十五更详尽地介绍了运煤的过程:"煤产深山路远何,人家且喜近汾河。冰床推转冬三月,比似骡车省力多。"其下注曰:"灵石地多煤窑,冬月临汾河一带,用冰床载煤颇便。"

尽管"终岁耕忙不敢嬉",百姓的生活状况却每况愈下:"户有重粮多露处,家无隔宿忍朝饥"(杜如锟《寰州即事·贫瘠》)。山西"山多地少,本非五谷蕃衍之所",① 而到封建末世,由于人口急剧膨胀,土地兼并加剧,官吏腐化堕落,人地之间的矛盾空前尖锐。面对"民贫地瘠城垣小"(彭湘《晋风》之四十三)的困窘,原本"贩贵居奇生性拙"(彭湘《晋风》之九十二)的乡民,不得不"为觅蝇头欲到天,直探星宿尽祁连"(王锡畴《远服贾》之一),远赴异乡另谋出路。光绪《五台新志·生计卷》载:"晋省以商贾为重,非弃本而逐末,土狭人满,田不足耕也。"王锡畴《远服贾》即是这种艰险商旅的生动写照,其序言写道:"乡人有贸易于新疆者,往路必须半载,归期辄待十年。自阳关一出,即是黄沙白雪之天,况阴碛频经,更莫非鬼难风灾之地。有时而历险逾艰,知穷边之路僻,无处不惊心怵目,因绝域以人稀。"

外出谋生的商贾"适北移南岁月多",留给家人的则是无尽的思念与挂牵。杨深秀《闻邑竹枝词》之十五:"千花绣服蝶衣香,百叶裁裙鸳带长。赢得周身穿着好,一生魂梦系瞿唐"。其下注曰:"邑多服贾蜀中者,以道远故,五年始一归省。夫妇一生不数觏也。"民国《闻喜县志》烈女卷记载着这样的实例:"薛宗善妻张氏,年及笄,宗善会岁歉就食于外,十余年不返,氏守贞待之,其父求宗善归,始合卺,氏已二十有七矣。"清人纪晓岚曾言:"山西人多商于外……俟蓄积有资,始归纳妇。纳妇后,仍出营利,率二三年一归省,其常例也。或命途蹇剥,或事故萦牵,一二十载不得归,甚或金尽裘敝,耻还乡里,萍飘蓬转,不通音问者,亦往往有之。"② 一曲缠绵悱恻的"走西口"唱出了空守深闺中商妇的几

---

① 曾国荃:《曾忠襄公书札卷十四·致各府厅州公函》,续修四库全书本1555,上海古籍出版社据清光绪二十九年《曾忠襄公文集》影印,第188页。

② 纪昀:《阅微草堂笔记》卷二十三,《滦阳续录》五,巴蜀书社1995年版,第503页。

多辛酸与无奈。

虽然我们很难从这些竹枝词中尽览当时民众的生活全貌，但它却为我们全面了解当时山西民众的生产生活提供了大量线索与参考。透过竹枝词的字里行间回望历史，先人们在这片黄土地上日出而作、日落而息的身影渐渐清晰。他们的姓名与生平已无从稽考，但他们田畴间的辛勤耕耘、商路中的奔波劳累，为我们展示了一幅生动的社会生活画面。

## 二 "百首新词纪土风"——民俗的描绘

"百首新词纪土风，风光写尽一年中"（袁枚《随园题词》），三晋竹枝词以生动翔实的笔触对近代山西各地的民俗风情作了全景式的描绘，以下仅撷取其中几个片段以为举隅：

### 岁时节令

春种秋收，夏耕冬藏。传统农业社会里，人们恪守四时更替、寒暑推移的岁时惯制安排着自己的生产生活，并在此基础形成了种种岁时风俗仪式。其中最隆重的自然当数年节。

传统过年，持续时间很长，民间有"过了腊八就是年"的说法。腊八节源于上古时代的蜡祭。《礼记·郊特牲》记载："蜡也者，索也，岁十二月，合祭万物而索乡之也。"这一天，人们要用小米、玉米、绿豆、红枣、核桃等八种主料八种辅料熬制成腊八粥，宫林钟《竹枝词》之十一："纷纷枣米豆成汤，此粥调和异味香。留得佳名传腊八，残膏给与众花尝。"在晋北、晋东南熬粥的水多由下河取冰溶化而成："腊八敲冰岁又阑，堆阶片片冻痕攒。朝来煮就长生粥，共食团圞大团圆。"（刘如兰《竹枝词》之十三，注云：腊八日取冰列阶除，煮长生粥共食。）

腊月二十三，各地流行祭灶，祈求灶王爷"上天言好事，回宫降吉祥"。而过了这天，老百姓认为诸神上天，百无禁忌。婚嫁迎娶不用择日子，称为赶乱婚。因此直至年底，举行婚礼的特别多。刘如兰《竹枝词》即云："岁晏乡村嫁娶忙，宜春帖子逗春光。灯前姊妹私相语，守岁今年是洞房"。其下注："过二十三嫁娶谓之闯乱年，取其少避忌也。"魏守经《南亭竹枝词》亦写道："赶乱成婚趁岁除，新年景色萃青芦。阴阳无忌百无忌，底用拘拘时宪书。"

"才尝除夕庆家宴,比户抽穿压岁钱。爆竹一声齐带笑,定知来日是新年"(宫林钟《竹枝词》之十二)。除夕之夜普天同庆,和全国其他地方一样,山西各地家家户户欢聚一堂、通宵守岁,包饺子、放鞭炮、祭祖先、给晚辈压岁钱……同时,也有很多独具地方特色的风俗:山西民间认为除夕夜天地诸神要降临人间,与民同乐。于是在院内摆设香案,供奉"供献",四周悬以彩幡,以迎接"天地爷"下凡;而在灶王爷神位前,则要虔诚地供上用面粉镶嵌红枣蒸成的"枣山馍"。唐廷诏《中阳竹枝词》中对此有着细致的描绘:"彩幡户户写尧天,今岁春光胜去年。供上枣糕山几座,衣裳整肃拜神前。"

正月初一,吕梁地区人们外出郊游,称为迎喜节,亦称游喜神。刘如兰《竹枝词》:"黏户红笺墨色新,衣冠揖让蔼然亲。香灯提出明如海,都向村前接喜神。"晋北地区则将接喜神的日子选择在春节后的戊日或癸日。《石楼县志》记载:"遇首吉,出门携酒肴、香、炮,罗拜坐次,谓之'迎喜神'。"

正月初五,旧称送穷节,即民间所说的"破五"。关于送穷的来历,据《天中记》卷四引《岁时记》:"高阳氏子瘦约,好衣弊食糜,正月晦日巷死。世作糜,弃破衣,是日祀于巷,曰送穷鬼。"唐代诗人韩愈《送穷文》开篇即云"三揖穷鬼而告之",可见人们对贫困的厌恶由来已久。这一天,山西大部分地区的人家要打扫庭院,有的地方还要剪五个纸人,送到门外,焚香、放炮而还,称为"扫五鬼"。竹枝词即言:"才过新年五日中,纸裁人样剪刀工。扫除舍榻无多土,直向街前去送穷。"(宫林钟《竹枝词》之五)寿阳等地讲究这天清早从外面担水,彭湘《晋风》之二六注云:"寿阳新正五日黎明担水入瓮谓填穷。"晋南一些地方则在初六将门神双眼剜掉,恐其作祟。彭湘《晋风》之三九写道:"豕孽鸡妖备不虞,偏教剜眼累神荼。世间多少司阍辈,屑把金针遍剔无。"

旧俗初一为鸡日,初二为狗日,初三为猪日,排到初七恰为人日。这一天和顺等地人们要上坟扫墓,祭拜祖先。所谓"展墓向传人七日,逃符影里拜松楸"(彭湘《晋风》之一〇五)。初八则为谷日,民间要祭祀谷神,保佑来年五谷丰登。初十忌动石器,称为石头节,又称十指节。民间流传这天是老鼠娶亲的日子。

"正月天天都是节",经过上文所述各个节日,到了正月十五这天,

"人语丛杂沸雨风，光华绚烂彻遥空"（贾华平《元夕曲》之六），节日气氛达到高潮。民间遂有"正月十五闹红火"之说，一个"闹"字，生动概括出人们的欢快与喜庆。

正月十五被称为灯节，山西各地自然家家户户张灯结彩：解县"山桥看罢灯如海，争向神前乞白莲"（彭湘《晋风》之五七）；太原"半夜游人争过市，春联一片化红灯"（阎若璩《踏灯歌》之五）；蔚州"灯月掩映光如昼，联袂相携问锦绣"（贾华平《元夕曲》之五）；平阳"后土祠前百尺楼，灯轮旋转照神州。明明一道银河水，冲动星辰向地流"（孔尚任《平阳竹枝词》之二十五）……晋南气候转暖，河流解冻，人们则将各色彩灯置于河中："山影俯城城俯溪，人家多住水云西。春灯一夜排岩试，全放星河入户低。"（杨笃《山灯词》之一）而最具风情则是"九曲黄河灯"。魏守经《南亭竹枝词》记载："以灯三百六十盏，分行布列如游卦形，而界为九曲方，其中者曰黄河。"诗中描绘："上元芦席结神棚，烟火连宵气色增。游遍黄河三百六，沿途五色纸糊灯。"彭湘《晋风》之二十五也记载："归时扶醉街头过，一曲黄河一曲灯。"并注："定襄币月元夕搭灯市，象黄河九曲。"

与流光溢彩的灯饰交相辉映的是烈焰熊熊的旺火："节值元宵贺太平，当街爆竹听声声。几层火塔烟痕外，白纸灯悬柏一棚。"（唐廷诏《中阳竹枝词》之二）据考证，旺火起源于远古"燔柴"的宗教祭祀仪式。山西煤炭丰富，于是人们就地取材，将其应用于春节的庆典。《大同府志》载："元旦，垒炽炭于门，如浮屠状，名曰旺火。……元夕前日起城市张灯结彩，垒旺火，郡城四大街尤盛。"曾尚增《平定杂诗》亦载："州俗上元各于门前围石炭焚之，名曰塔火"，其诗咏："上元塔火俗相仍，天雨青荧得未曾。"

载歌载舞的秧歌同样是一道亮丽的风景："秧歌队队演村农，花鼓班衣一路逢。东社穿来西社去，入门先唱喜重重"（刘如兰《竹枝词》之三，其下注："新春田家多扮秧歌，互相为乐。"）；"满城锣鼓响喧阗，队队秧歌声彻天。共说某村装扮好，老渔撑出美人船"（唐廷诏《中阳竹枝词》之三）。其中最负盛名的当数以祁县、太谷为代表的晋中秧歌，清初《祁县志》即载："十五日为上元节祭天地，设鳌山，悬花灯，放烟火，聚欢弦歌，有太平景象。"阎若璩《踢灯歌》也描绘了表演的盛况："秧歌来往动欢声,花面班衣踏地轻。不怕金吾还禁夜,五坊飞骑也随行"(之三)。

背棍、铁棍则将"地秧歌"移到了空中:"天半飞来唱一声,万人围着似街平。凌凌小步无尘土,踏上双肩任意行";"一双红袖舞纷纷,软似花枝乱似云。自是擎身无妙手,肩头掌上有何分"(孔尚任《平阳竹枝词》之三十、三一)。这种"斜阳天畔凌云舞"(王锡纶《三晋竹枝词》之十一)的表演是由壮汉背负铁棍步伐起伏,其顶端绑缚着的小姑娘随之翩翩起舞。所谓"红粉娇娃不胜情,却凭村汉顶来行"(崔缉熙《二峰山天圣宫竹枝词》之八)。晋南的"抬阁"与此类似,杨深秀《闻邑竹枝词》之十二:"选好女子缚铁杆上,扮小说杂剧诸故事。四人舁以游街,名曰台阁。有时扮吕洞宾、牡丹精。"其诗曰:"往岁郎看台阁否,儿身扮作牡丹仙。"

民谚有云"受了一年,就盼过年","终岁耕忙不敢嬉"(白星炜《汾俗竹枝词》之九)的人们借着年节的欢乐放松身心,祈愿福瑞,为新一轮的生活蓄积力量。民俗的重要价值就在于此,"它们告诉人们在什么情况下怎样正确地做事,赋予生活以规律。如果没有民俗提供的程式解放了人们的大脑,人是不能承受的"①。

**婚丧嫁娶**

民俗的另一重要价值,还在于沟通与协调个人与社会的关系。人是社会的人,一个人一生要以不同的身份、角色被社会所接纳,就必须经过出生礼、成人礼、婚嫁礼、寿诞礼、丧葬礼等一系列人生礼仪。正像梁漱溟在《人心与人生》中所言:"礼的要义,礼的真意,就是在社会人生各种节目上要沉着郑重、认真其事,而莫轻浮随便苟且出之。"② 下面,就让我们透过一场传统婚礼来体味这种"礼的要义"。

中国古代的嫁娶程序,形成于周礼,包括纳彩、问名、纳吉、纳征、请期、亲迎六礼。它对男女婚姻之事起着规范的作用,所谓"六礼备,谓之聘;六礼不备,谓之奔"(《礼记·昏义》)。六礼之制,历代数有变

---

① 高丙中:《民俗文化与民俗生活》,中国社会科学出版社1994年版,第155页。
② 梁漱溟:《人心与人生》,《梁漱溟文选》上册,中国文联出版公司1996年版,第521页。

迁，明、清时期加以简化，遵循《朱子家礼》即以纳彩、纳吉（纳币）、亲迎三礼为主。山西各地婚礼，基本以此为蓝本，又略有差异。

议婚。议婚是婚事酝酿阶段，相当于古礼的"纳彩"。传统婚姻恪守父母之命，媒妁之言："但凭片语订朱陈，两不相逢便结亲。别样繁文都不用，一条长揖重媒人"（魏守经《南亭竹枝词》之九，并注："结姻者媒人至门，一揖即为成礼。俗以婚名作揖"）。不过也有开通的，彭湘《晋风》之九十三注："（汾阳）议姻男女有先期相见之礼。"诗曰："朱陈新喜订绸缪，风俗先期仿相攸。郎面羞赧同妾面，一时相见也低头。"

订婚。允婚后男女两家互送庚帖合婚，择吉下聘，进行正式缔结婚姻关系，即"纳币"。男方给女方一定的财物，如首饰、绸缎、衣物等，一般要凑足十件，象征"十全十美"。女方也回赠些简单的礼物，如食盐、面人、谷麸等，寓意喜结良缘、多子多福。彭湘《晋风》："纳币筐承帛与缣，近增浮费岂相嫌。盈门百两须臾事，家计先烦料米盐。"（之七十二，下注："纳币时富者兼送油面豆谷食盐。"）

亲迎。是婚姻过程中最为隆重也最为繁缛琐细的仪节，并因地域、风俗的不同而形成五花八门的程序。杨深秀《亲迎杂诗》对这一仪式进行了全程记录：结婚当天，新郎带着花轿、乐队，在亲朋好友的陪同下一路吹吹打打前往岳父家迎娶新娘。而女家送亲的队伍同样浩浩荡荡，杨深秀《闻邑竹枝词》之十三写道："翠绕珠围助结褵，靓妆同醉婿家卮。旁人只道家门盛，哪晓虚姑与假姨。"其下解释："俗送亲者往往数十百人，且女子居十之六七，故里俗厌之云是虚姑姑假姨姨也。"迎娶过程往往颇费周折，女方亲友竭尽所能难为迎亲者。榆次等地更为有趣，衣冠楚楚的新郎居然还得偷偷摸摸在岳父家"行窃"："烧兰擘锦喜筵开，满院笙歌沸若雷。为有门楣求富贵，拼教羽化盗银杯。"（彭湘《晋风》之六，注曰："婿亲迎至妇家，于席间私窃薄饼及盃箸，谓之得富贵。"）一番喧闹下来，已是傍晚时分，暗合古代"婚礼必用昏，以其阳往而阴来也"（段成式《酉阳杂俎》）的规矩。而新娘上轿时，照例要号啕大哭，所谓"哭嫁"，民谚有"媳妇哭，娘家富"之说。这些似乎都可视为民初时期抢婚制的遗风。

迎娶队伍回到男家，婚礼正式开始。新娘凤冠霞帔、红盖遮头，由两位"全福人"搀扶下轿。新郎长袍马褂，披红插花，用红绸牵引着新娘。此时，有人用红毡铺地，前后传递，让新娘在上面走过，谓之"铺名障"，俗名"铺践子"。诗曰："夹路桃花何预汝，红摊步障迟香轮。"（杨深秀《亲迎杂诗》之一）同时，亲友们口诵祝词，不时将五谷杂粮抛撒在新娘身上："散花手重恐难胜，吉语同祈五谷登。疑是今朝天雨粟，谁知红豆撒三升。"（杨深秀《亲迎杂诗》之二）。伴娘则执瓷瓶、草把等吉物相随而行，寓意平平安安、早生贵子："官窑瓷式两相同，腹插花枝耳挂红。侍者双双齐抱入，日躔应值宝瓶宫"；"两束黄禾簌簌新，侍儿提掇总随身。聊将刘楚迎之子，敢道纯茅况玉人"（杨深秀《亲迎杂诗》之三、之四）。

"帖子题词小阁春，斜铺拜毯待新人"（杨深秀《亲迎杂诗》之五），甫至吉时举行大典，男前女后在神位前行三跪九叩大礼，俗称"拜天地"。新郎新娘手绾红丝步入洞房："岂是双行赋锦缠，赤绳系足彩披肩。刚从帐里徐徐曳，齐唱姻缘一线牵。"（杨深秀《亲迎杂诗》之六）而后，"交斝绿醑溢陶陶，斜背银灯解粉包"（杨深秀《亲迎杂诗》之七），二人饮交杯酒，行"合卺礼"。晋南一些地方还流行"踩四角"的习俗，以祈祷送子娘娘早赐恩典：夫妻二人手拉手绕炕转一周，旁人齐声诵赞："踩、踩、踩四角，四角娘娘保护着。儿多着，女少着，婆夫两个常好着……"随即，新郎暂退，新娘上炕面对墙角盘坐，称为"坐帐"，花烛之夜，热闹非凡。俗语说"新婚三日无大小"，宾客、亲朋会聚新房百般戏闹新郎、新娘，主家不以为忤。民间认为，闹新房不仅增添新婚的喜庆气氛，更能驱邪避恶，保佑夫妻兴旺发达。所谓"不闹不发，越闹越发"。

婚后翌日，新娘要拜谒公婆、族亲，俗称"见大小"，以确认其在夫家的身份。古县、安泽一带，亲友至男家贺喜，还要竞相索取新娘所做的果饼。彭湘《晋风》之四十二载："对镜晨妆画阁新，舅姑未拜意逡巡。纤纤妙试羹汤手，先散干粮到六亲。"其下注："娶妇之次日，贺者索新妇果饼，曰讨干粮。"

"回门"，即新婚夫妇回妻家省亲的习俗，也流行于山西各地，只是时间略有差异。有在婚后第二、三天的，也有在婚后第六、七、九、十以至十二天的。彭湘《晋风》之八十八下注即云："（长治）新婚后婿及女住外家凡九日，曰对九。"回门已毕，一场繁复冗长的人生大礼才算最终落下帷幕。

此外，竹枝词对于衣食住行、娱乐游艺、宗教结社、信仰禁忌等风俗内容，也都有详尽的描摹。囿于篇幅，兹不赘述。但归根结底，这些风俗大都能追溯到古代的礼制、礼律。对此，柳诒徵、费孝通二位先生早在半个多世纪前就分别从历史学和社会学的调查中得出近似结论，认为中国社会"礼俗之界，至难划分"。然而，若从另一角度而言，礼与俗毕竟有着不同的文化属性："礼"乃颁布于庙堂的典章制度，具备固定性和导向性；"俗"却是植根于生活的民众行为，带有适应性与灵活性。当民众的实际欲求与"礼制"的条条框框发生冲突时，僭礼逾制之举自然在所难免。如清代《礼律·仪制》严禁居丧演戏饮博，但在竹枝词中却记载："丧服三年白到头，貌虽衔恤实忘忧。梨园歌管初听罢，不脱齐衰上酒楼"。（李毓芸《竹枝词》之三）这些背离了正统礼制的民俗，正如郑振铎所言："表现着另一个社会，另一种人生，另一方面的中国……只有在这里，才能看出真正的中国人民的发展、生活和情绪。"①

## 三 "陋俗于斯更惨伤"——民风的喟叹

民俗作为历史的遗留物，受着时代、社会等的局限。其中不免积淀某些愚昧、落后的陈渣。对于此类愚昧落后的弊习陋俗，竹枝词亦多有指摘：

### 烟毒蔓延

"鸦片烟毒，祸晋久矣！"嘉庆末年，吸食之风已遍及全省。道光元年（1821）上谕即指出："山西太谷、介休等处竟有富商大贾贩此牟利者，著成格饬属严查，将贩卖之人拿获，按律惩治，勿令渐染成风，有害民俗。"咸丰朝鸦片弛禁，有人更提出："山西田土瘠薄，如种米麦杂粮，则国课之外，无以自给。罂粟利饶，必种此，民方有余资，藉得温饱。"② 受此谬论蛊惑，罂粟开始在山西大面积栽种。光绪《广陵县补志政令卷》记载："自洋药弛禁以来，小民无知，因见栽种罂粟之利，较五

---

① 郑振铎：《中国俗文学史》，商务印书馆2005年版，第14页。
② 许珏：《复庵先生集》卷3，文海出版社1986年版，第16页。

谷稍厚，遂视为利薮，始而山坡水湄偶尔栽种，近则沃土肥田种植日广……"早期祁太秧歌中也唱道："咸丰登基十一年，口里口外种洋烟。"迨至光绪初年，全省各州县平均种植面积达到总耕地面积的百分之三十，有的地方几乎与粮田面积对等。① 无怪彭湘在《大同竹枝词》中感慨："香成瀚海艳如霞，足抵中人产十家。地气也随风气改，不宜种谷种烟花。"（其下注曰："俗嗜吸鸦片，田间多种罂粟，呼为烟花。"）

晋土植毒又大大刺激了民众的鸦片消费需求。光绪五年（1879），曾国荃《申明栽种罂粟旧禁疏》即指出："先，吸烟者不过游手无赖及殷实有力之家。……今则业已种之，因而吸之，家家效尤。"而随着烟毒的横行无忌，其引发的社会问题也逐步凸显出来。张之洞的《请禁罂粟片》就忧心忡忡地陈奏："晋省吸烟之癖，官吏士民，弁兵胥役，以及妇人女子，虽皆沾染，大率乡僻居其十之六，城市居其十之八，人人尪羸，家家晏起，怠情颓靡，毫无朝气，在官者不修其职，食力者不勤其业，循此不已，贫者益贫，弱者益弱。"许珏《复庵先生集》则更为翔实地记述了其老婢一家如何由种烟而致吸烟，继而家破人亡的惨变。② 恰如当地民谣所哀唱的："昔日个金银满箱，今是个家业全飘荡。"（温洗马《劝戒鸦片谣》）

烟毒导致的民生凋敝迫使清政府不得不有所行动。山西几任巡抚阿勒清阿、鲍源深、曾国荃等都曾数次上奏朝廷，请求禁烟。张之洞更是力陈："（烟毒）耗民元气，各省患之，晋为尤甚，欲振中国之贫弱，必以此为大端。今欲革历年锢习，非痛加拔除不可。"基于这种认识，他于抚晋期间，雷厉风行禁烟戒毒：开设戒烟局。"延医购药，以冀广起沉疴"；严令禁种罂粟，"毋徒遏之于播种之先，毁之于扬华以后"。此外，考虑到种烟之民的生计，他还晓谕各属，视其地宜，"教之种桑、种棉、种麻、种兰、种蓣、种菜籽、种花生，以敌其利"（以上所引俱见《陈明禁种莺粟情形折》）。张赤帜《仿唐风百首》之十也写道："拔去烟苗多种麦，偷闲还喜老羊皮。"遗憾的是，此次大张旗鼓的禁烟运动并未如张之洞所预想的那样"大吏有司同心协力，持之不变，三年之后种植和吸

---

① 数据参见光绪二十四年（1898）九月《农学报》卷48，《晋省鸦片》。
② 许珏：《复庵先生集》卷3，文海出版社1986年版，第15页。

食之害就可永除"①，而是在其调任两广后人去政息，鸦片烟毒死灰复燃，愈演愈烈。深陷其中的三晋黎庶就这样在吞云吐雾中，一步步被罂粟这朵"香成瀚海艳如霞"的"恶之花"所侵蚀。

### 赌风猖獗

"天下之恶，莫过于赌。"（尤侗《戒赌文》）赌博对于个人、家庭、社会造成了极其严重的危害。许多人沉溺其中，无法自拔，以至"荒弃本业，荡费家资，品行日即于卑污，心术日趋于贪诈……"（《清世宗实录》卷八十二）有的赌徒甚至因此倾家荡产，典妻卖子："男不耕耘皆废土，女无纺绩少腰裙。刚才卖得儿钱去，持向街头赌几文。"（杜如锟《寰州即事》之三）

正是深感赌博之弊，许多士绅富家都在家训门规中严令子孙不得嗜赌。②甚至妇女在祈子时也要提防："但到香山休乞子，此山儿子博徒多。"（杨深秀《闻邑竹枝词》之四）

既然民众对此深恶痛绝，山西赌风为何仍炽盛不已？窃以为原因有三：首先，晚清社会大环境的左右。清末之季"上自公卿大夫，下至编氓徒隶，以及绣房闺阁之人，莫不好赌"（钱泳《履园丛话》），甚至连咸丰皇帝的孝钦皇后也乐此不疲："每发牌，孝钦辄有中发白诸对……输若干，亦必叩头求孝钦赏收。"（徐珂《清稗类钞》）这股嗜赌之风，有如肆虐的瘟疫，甫一滋生，便会贻害四方。素来以民风淳朴著称的山西也难免受其毒害。

其次，崇商重利思想的影响。伴随着近代山西商业的兴盛，以往"重义轻利"的传统思想逐渐被"崇商重利"的观念所取代。刘大鹏在《退想斋日记》中就抱怨："吾乡近来风气大坏，视读书甚轻，视为商甚重。"③商业的目的，乃是追求利益的最大化。而赌博自然由此被某些人视为了不劳而获、攫取暴利的生财之道。

最后，社会闲散人员的参与。山西山多地少，土地贫瘠，许多人沦

---

① 张之洞：《张文襄公书札卷二·与张幼樵书》，续修四库全书本1561，上海古籍出版社据民国十七年刻《张文襄公全集》影印，第445页。
② 穆雯瑛：《晋商史料研究》，山西人民出版社2001年版。
③ 刘大鹏遗著，乔志强标注：《退想斋日记》，山西人民出版社1987年版，第17页。

为无业游民，于是以赌博来消磨时光，谋求生计。"闲人三五乐朝朝，辛蒜烧刀任赌嫖"（佚名《永俗俭陋诗十首》之九），正是这种颓废生活的真实写照。

**溺女流弊**

"弱息呱呱隉下坠"（李毓芸《竹枝词》之四），溺女亦是旧时山西相当泛滥的恶俗。"往往初生一女，犹货冀其存留，连产两胎，不肯容其长大，甫离母腹，即坐冤盆，未试啼声，已登鬼箓"①。《禁民溺女歌》中亦哀唱："太原民风大不良，家家溺女弃路旁。一索一索心已厌，三索得女必杀伤。堕地才闻呱呱泣，置之盆内灌以汤。"如此一来，被溺女婴数量令人瞠目："杀婴在贫困的中国家庭是非常普遍的……几乎无法找到一个没有杀过孩子的家庭，有的甚至杀死了四五个自己的孩子。"② 面对如此灭绝人性的陋习，今天善良的读者不免会发出与当时西洋传教士相同的质问："究竟是什么原因，使得这些乡民如同魔鬼般对自己的亲生骨肉施以毒手？"

男尊女卑的性别歧视无疑是溺女风行的根本原因。刘大鹏《退想斋日记》毫不讳言："……多女尤多虑也。男则不事他人，令其读书求道，大焕家尚，女则出嫁于人……反累父母。"③ 所谓"嫁出去的闺女泼出去的水"，女儿不仅无法奢求"读书求道"的平等待遇，就连在日常劳作中也要深受厌弃："休令女子偷看见，教女何殊教外人"（杨深秀《闻邑竹枝词》之十，下注云：织席编蒜之技，教儿教妇不教女，恐女嫁他处夺其利也）。更有甚者，居然相信溺头胎女婴可利生男！④ "喜得头生儿子好，与君同谢石娘娘"（杨深秀《闻邑竹枝词》之三），"头生儿子"固然要酬神还愿，以庆弄璋之喜；而那些贱如瓦釜的可怜女婴，则在呱呱坠地之时便被惨无人道地扼杀在襁褓之中。

家庭贫困、无力抚养也是女婴被溺的主要原因。政府的苛捐杂税，官吏的压榨盘剥，再加上连年的灾荒兵燹，使得原本就饥寒交迫的劳苦

---

① 光绪《晋政辑要》卷十八，《户制·恤政三》。

② ［英］吉伯特·威尔士、亨利·诺曼：《龙旗下的臣民——近代中国礼俗与社会》，光明日报出版社2000年版，第325页。

③ 刘大鹏遗著，乔志强标注：《退想斋日记》，山西人民出版社1987年版，第126页。

④ 袁啸波：《民间劝善书》，上海古籍出版社1995年版，第347页。

大众愈加生计维艰。面对"子妇嗷嗷奈若何"（赵时可《拟岳民谣八章》之七）的困窘，他们也只能迫不得已地采取溺婴的野蛮方式来减少人口。而女性由于其在农业生产中的弱势，往往首先成为这种野蛮方式的牺牲品。

婚嫁奢财则是引发溺女陋俗又一诱因。李毓芸《竹枝词》之四直言："也知生女勿悲伤，争奈他年作嫁妆。"近世山西，婚嫁奢财，妆奁昂贵，可谓"户户养女先论价，家家提壶不计贫"（王省山《晋祠杂诗》之五）。刘大鹏《退想斋日记》记述："妇家于去日已将妆奁送来，约值千余金。论者犹以为薄，谓妇家曹姓富甲于晋阳一川，而送此区区之奁，乌足以厌人心……"缙绅之家，尚且为此捉襟见肘，贫寒小户就更不堪重负。与其破财遣嫁，不如索性将其提前溺毙。于是，正如《皇朝经世文续编·户政卷》所刊载："乡俗嫁赀日倍厚，恒自罄产，不厚则为夫家厌薄，且有因之而弃妇者，妇人之见，以为异日使其女不见重于夫家，不若即死坠地之初为尤得也，坐是相习成风……"

溺女恶俗所导致的直接后果便是男女比例严重失衡。据统计，宣统年间山西人口性别比例高达 135.5：100。而这则进一步加剧了婚嫁奢财的恶性循环："近习婚姻但重财，同宗分申结为媒"（佚名《永俗俭陋诗》之六）；"可怜耗尽贫儿力，赢得金钗压鬓斜"（王省山《晋祠杂诗》之八）。因婚嫁倾家荡产或因无力婚嫁而失时，在各地方志中屡有载列。如民国《新绛县志》："近年以来，习俗浇漓，女子适人，其父母惟视钱财多寡为断，聘金有大洋五六百元者，贫家甚至破家倾产不足供娶一妻之用。"原本"待雀成桥喜满腔"（彭湘《晋风》之一二五）的美满之事，居然蜕变为"罄产营婚不厌奢，明珠几斛买娇娃"（王省山《晋祠杂诗》之七）的交易。

同时，早婚早育之风亦由此盛行："男子十一女十周，团团结发赋河洲。"（《永俗俭陋诗》之七）民国《虞乡县志》载："今俗迫不及待，尽有十三四岁即行嫁娶者。"这种早婚行为，大大降低了婚嫁成本：男方抱养童养媳不用彩礼，等到正式结婚，花费要比大娶便宜得多；而女家也无须陪嫁，少了破家嫁女之忧。某种程度而言，可以视为两家所采取的一种经济互助行为。但这给当事男女双方的身心带来了极大的痛苦。自身还是孩子，如何能承担起养儿育女的责任？于是，便出现了如此荒唐

的场面:"帘栊晓日上东隅,十五盈盈已有夫,见说织缣犹未惯,养儿预备锦绷无?"(彭湘《晋风》之一二〇)

尽管对于这些弊习陋俗,时人多有"最是寰州俗可嗔"(杜如锠《寰州即事八律》之三);"陋俗于斯最惨伤"(佚名《永俗俭陋诗十首》之十)的诘责。但毋庸讳言,直至今日,其中有些陋俗仍是我们社会的痼疾。诚如诗人所言:"俭陋之俗三晋皆然……采风者不敢诮,亦不敢谅,诮则失真,讳则愈陋"(佚名《永俗俭陋诗十首》序言)。唯有以客观的态度正确对待、因势利导,才能将陋俗流弊彻底根除,从而营造出"民心就日见淳风"(彭湘《晋风》之五三)的和谐社会。

## 四 "循吏亲民自古难"——民望的祈愿

"循吏亲民自古难,课耕课织免饥寒。谁知麻麦芃芃处,一带从前是碱滩。"(彭湘《晋风》之一一三)这是颂扬乾隆中期天镇知县黎中辅的一首竹枝词。所谓循吏,按照《史记·太史公自序》的说法,指的是"奉法循理之吏",即俗称的"清官"。此诗注云:"天镇邑多碱滩,知县黎中辅疏沟引水,变其土性,地尽可耕。又训妇女纺绩。"看来,这位黎知县颇为治下子民办了些好事,以致百余年后仍备受称赞。

对于这样的"循吏""清官",民众从来不吝溢美之词:"嗷嗷鸿雁叫斜阳,哀此矜人为解囊。多少飞章达民瘼,应余谏草在南床"(曾尚增《平定杂诗·乔都御史祠》[①]);"尚书廉正动边城,黄发承恩冠两京。淮上至今歌孺子,水清何似使君清"(《平定杂诗·耿九畴》[②])……真可谓:"循良异代仰高风,惠泽沾濡讴思中。"(《平定杂诗·李英公祠》)

然而,值得我们反思的是:为何"循良"只能"异代仰高风"?那些同代的、身边的"循吏""清官"为何总是寥若晨星?有作家评论:"吏治败坏的时候,清官出现。清官的所作所为实在出人意料,中国人的清官情绪,乃是对意外的憧憬。"对于清官的期盼越是强烈,越是体现出统

---

[①] 乔应甲,临猗人,明天启都察院右都御史。屡上疏建议惩治贪官、重整纲纪。

[②] 耿九畴,平定人,明永乐末进士,历任陕西巡抚,南京刑部尚书。为政清廉,孺子歌有"水清不如使君清"之语。

治的黑暗与吏治的腐朽。就在百姓念念不忘黎知县清名的光绪年间,山西吏治却日益腐败,巡抚张之洞在写给好友的信中也深感:"山西官场乱极,见闻陋极,文武两等人才乏极,吏事、民事、兵事应急之事多极,竟非清静无为之地。"① 山西前藩司葆亨侵挪国家库款,以接受馈送的方式诛求属吏,盘剥人民,在任上"一日之中放银六十余万";继任王定安代理藩司不过十天,也"一日中放银三十余万";候补知府、知州及其他"在事之司道、首府"等,也纷纷"合谋弊混"……而此时,灾情惨重的"丁戊奇荒"才刚刚结束,"晋民喘未苏,中外汲汲边备,而晋省各衙门张灯演剧、豪宴无度,弥月不休;供帐苞苴较前益盛。"(以上所引俱见张之洞《特参贻误善后各员片》)灾后余生的百姓面对雪上加霜的苛政只能长歌当哭,借竹枝词来抒写心头的悲愁:"白发龙钟无脱卸,黄童鹄立恁支持。可怜户绝余孱弱,犹似从前按籍推"(杜如锟《寰州即事·丁粮》);"岂无薄田漳水滨,夫耕妇馌儿锄耘。官租输罢无余粟,辛苦年年自食贫"(王省山《采豆叶》之三);"五月郊原尚未耕,乡村依旧欲开征。可怜卖得儿和女,半为完粮半救生"(曹润堂《太谷竹枝词》)。

上梁不正下梁歪,地方大员贪墨如此,属下胥吏自然纷起效尤,光绪八年(1882)六月,张之洞上奏:"晋省历年以来,公私困穷……上官政出多门,属吏慭不畏法……军纪日即荡弛,吏胥敢于为奸。"山西当时官场积弊、吏治颓坏,可谓自上而下已腐化到无以复加的地步。南阳晴岚氏《孝义竹枝词》写道:"班列东西站两隅,该通该引礼含糊。一人包揽全终始,多事还亏有老吴(廪生吴宗伯)"(之三);"学稼教书总不知,终年百两最为奇。问他端的称饶裕,画虎人人羡讼师"(之八);"状侩称师最是难,相逢问我却欢欣。门徒嗣后须加倍,品级虽卑管辖宽"(之十)。对此,清末谴责小说家李伯元在《活地狱》中做了更为真切详实的记述:大同府阳高县,知县贪赃枉法,鱼肉百姓;讼棍为虎作伥,挑拨离间;衙役刑讯逼供,敲诈勒索;仵作伪造证据,诬陷无辜……凡此种种,令人发指。② 黔首草民们所容身的,实在不啻一座鬼蜮作祟,魑

---

① 张之洞:《张文襄公书札卷二·与张幼樵书》,续修四库全书本 1561,上海古籍出版社据民国十七年刻《张文襄公全集》影印,第 442 页。

② 详见李伯元《活地狱》第一回至第十回,上海古籍出版社 1997 年版。

魅横行的人间地狱！

　　有鉴于此，统治阶级愈发推崇"循吏""清官"，试图通过彰显清官的公正廉洁"画出太平真景象"（彭湘《晋风》之四十），以便维护其统治。而无奈的百姓，也只能将渺茫的希望寄托于"幸蒙大宪抚人民"（李钟英《悯荒吟》之十）。正如马克思所指出的："他们不能以自己的名义来保护自己的利益，他们不能自己代表自己，一定要别人代表他们。他们的代表一定要同时是他们的主宰，是高高地站在他们之上的权威，是不受任何限制的政府权力。"① 彭湘《晋风》之三十二注中便记载："保德腊月取鲜鲤，蘸水结冰粗如椽，渔户承应州署，分馈各大宪。"诗中渔民们在哀怨"河流阔处下寒罾，渔课年年腊月征"的同时，仍天真的期冀："但愿此鱼经馈后，上官清节并如冰"。然而颇具讽刺意味的是，饱餐"鱼肉"后的上官们"鱼肉百姓"的手段却总是变本加厉，摆在他们面前的，依旧是"国课愁看无计补，东邻赔尽又西邻"（赵时可《拟岳民谣八章之无》）的窘况。而他们唯一能做的，便是在"腊前冠盖一番新，过市招摇例报春"的迎神闹剧中，自欺欺人地安慰自己："赖是假官能避得，不教鱼肉到斯民。"（彭湘《晋风》之四十，其下注云：翼城立春前一日，乐户扮春官一、春吏一，入绅户家报春。市贩悉走避，否则攫物无给值者）

　　值得一提的是，那些两袖清风的"循吏""清官"未必就能令百姓"沾濡惠泽"。道光年间吉州知州吴聘九在其《竹枝词》序中津津乐道于这样一事："署内东院前任竖一高杆，夜间悬灯。余闻城耆云：'向来吉地命案甚希，近来竟有数起者，实自立此杆始也。'余即命除之。有谓命案虽多，而前任马公现升监掣府，似不可除。余笑曰：'利于官而不利于民，焉用此杆？'遂除之。果自道光十三至十四年未有命案。"为此，这位吴知州还自以为是地吟道："一灯孤干最高高，杀气冲霄厉似刀。我为苍生除大害，焉知休咎系吾曹。"身为一州之长，不思忖如何捕盗捉贼、剪除命案，反倒笃信堪舆之说，扬扬自得地将荒唐可笑的蠢行自诩成为民请命的义举。这是何等的愚妄与昏聩。对此，刘鹗在《老残游记》一针见血地指出"赃官可恨，人人知之，清官尤可恨，人多不知。盖赃官

---

① 《马克思恩格斯全集》第八卷，人民出版社1974年版，第217页。

自知有病，不敢公然为非；清官则自以为我不要钱，何所不可。刚愎自用，小则杀人，大则误国。吾人亲目所睹，不知凡几矣。"而其书中"清官"玉贤的原型毓贤在山西巡抚任上，因仇视教民，"呼七十余人者至，令自承悔教。教民不肯承，乃悉率出斩之，妇孺就死，呼号声不忍闻。"①——掩盖在"清廉"光环之下的戕害与荼毒，丝毫不逊于那些贪官的压榨与欺凌。

归根结底，清官情结作为积淀深厚的民族文化心理特征，是建立在"有治人，无治法"的封建专制基础之上的。清官的伴生物，永远是皇权，是愚民，是千倍万倍的贪官，是无法摆脱的盘剥与凌辱。所谓的"青天"，不过是暗无天日的封建官场中一丝微弱荧光。那一曲曲呼唤"清官""循吏"的竹枝词吟唱，最终也只能化作封建社会腐败官僚体制的声声挽歌。

## 五 "满眼田园尽是芜"——民瘼的疾呼

清光绪三、四年（1877、1878），一场"古所未见"的"大祲奇灾"裹挟着死神的淫威肆虐于华北大地。这场被称为"丁戊奇荒"的大灾祸（光绪三、四年旧历属丁丑、戊寅），实际上历时长达三年之久，灾情席卷晋、豫、陕、甘、鲁等九省，其中尤以山西、河南受灾最为严重，故又称"晋豫大饥"。

对于这场灾荒，时任山西巡抚的曾国荃在光绪三年九月间的奏议中上报："半年灾区既广，为日又长。全省灾区粮缺，不特无树皮草根可挖，抑且无粮可购。哀鸿遍野，待哺嗷嗷，道殣相望，惨不可言。"② 而身临其境、亲历亲闻的下层文士，付诸笔端的文字则更为触目惊心。据清人王锡纶《怡青堂文集》记录："光绪丁丑，山西无处不旱……被灾极重者八十余区，饥口入册者不下四五百万……而饿死者十五六，有尽村无遗者。小孩弃于道，或父母亲提而掷之沟中者。死者脔而食之，或肢割以取肉，或大脔如宰猪羊者；或悬饿死之人于富室之门，或竞争竞割

---

① 《清史稿》卷四百六十五，中华书局1977年版，第12757页。
② 《山西通志》卷八十二《荒政记》，中华书局1990年版，第5626页。

其首掷之内以索诈者；层见叠出，骇人听闻。"①

"劳者歌其事，饥者歌其食"，许多文人亦通过竹枝词翔实地描绘了这幕"哀鸿遍野，惨不可言"的饥馑惨剧。文水人李钟英在《悯荒吟》中自述："丁丑戊寅之荒，为二百余年所未有。诚有目击心伤不得已于悲歌者。兹于二十首中选刊十五首，以备采风之选。语语纪实，不失竹枝遗意。"其四写道："农民屡次苦无年，罗掘难将岁月延。戚友乡邻无可告，家家同病不相怜。"其六："道上生人似饿鸥，手中夺食急奔驰。可怜依旧填沟壑，纵饱饥肠到几时。"朱连珍《吟荒年绝句》之七："谁云画饼可充饥，连值荒年力不支。一路横斜伤死魄，几村零落惨生离。"时任马邑知县杜如锟《寰州即事·志荒》亦有实情的描述，诗云："向道奇荒荒不如，可怜赤地草无茹。米珠那见盘中粒，薪桂徒劳爨下余。"

事实上，这场灾荒并非毫无征兆的"飞来横祸"。此前的光绪元年（1875），华北地区旱象已初露端倪：临汾、汾西、虞乡、夏县、襄陵、榆社等地或有"大旱"，或有"夏秋薄收"者。但这并未引起当政者的足够重视，十月初三（10月31日）的上谕只是轻描淡写地提及："山西太原及右玉等处粮价昂贵。"（《清德宗实录》卷19）地方官员非但没有增加任何粮食储备，反而为了多征二十倍的田赋，允许农户弃耕种植鸦片："地气也随风气改，不宜种谷种烟花"（彭湘《大同竹枝词》）。这种"夺民食之需，空仓廪之藏"（郭嵩焘语）的短视之举无疑为其后的灾荒埋下了隐患。另一方面，广大民众亦缺乏必要的灾患意识。李钟英《悯荒吟》自述中坦言："晋民素鲜盖藏，不知积粟。"杜如锟《寰州即事·风俗》亦云："丰时岂但惟膏食，俭岁犹然只酒醺。"无怪山西巡抚曾国荃灾后反思："此次晋省荒歉，虽曰天灾，实由人事。自境内广种罂粟以来，民间蓄积渐耗，几无半岁之种，猝遇凶荒，遂至可无措乎。"②

光绪二年（1876），灾情进一步加剧：晋南、晋中、晋东南等地二十余州县普遍出现严重旱情。严重者如祁县"寸草不收"，临汾甚至出现"人食树皮者"。但是，许多地方官却"以歉为丰"，隐匿瞒报，以图照旧

---

① 李文治：《中国近代农业史资料》第1辑，上海三联书店1957年版，第742页。
② 同上书，第462—463页。

催科，中饱私囊。杜如锟《寰州即事·丁粮》记载："最苦丁粮民力疲，丁粮说起泪堪垂。家无以次多重役，户不盈千倍数追。"御史张观准亦奏称："山西太原等府，本年夏间亢旱，秋禾收成歉薄，而汾州府属之介休县、平遥县为尤甚。……该地方官并不详报，贫民糊口维艰。"为此，清政府特令山西巡抚曾国荃"查明具奏"（《清德宗实录》卷44）。是年十二月二十六日（1877年2月8日），清廷发布谕旨："蠲缓山西阳曲、永和、介休、蒲、太原、隰、临汾、萨拉齐等八厅州县被灾歉收地方额赋钱粮米豆有差。"（《清德宗实录》卷45）然而为时已晚，一场"大祲奇灾"终于不可遏止地在三晋大地爆发。

"向道奇荒荒不如，可怜赤地草无茹"（杜如锟《寰州即事·志荒》），这场灾祸对于山西社会、经济、生活造成了几乎毁灭性的打击：

1. 人口亡失极其惨重。"冻馁迫时人待毙"（李钟英《悯荒吟》之十二），长达三年的灾荒，使得山西人口锐减。光绪《山西通志·户口》卷65载："晋省户口，素称蕃盛，逮乎丁戊大祲，顿至耗减。"李钟英诗中的景象则更惨不忍睹："年终剩得几家存，免贺新春各闭门。柏叶桃符无瑞彩，满街尘土一荒村"；"四郊殣瘗花含泪，千里人稀月自明。独伴孤灯村寂寂，通宵鸡犬不闻声"（《悯荒吟》之十四、十五）。据考证，山西省区在此次大灾中人口平均亡失率约在50%—60%，亡失人口高达800万—1000万。① 一连串血淋淋的数字，无疑为以上诗作做了最为触目惊心的注解。

2. 经济秩序极度混乱。"满眼田园尽是芜，薪如丹桂米如珠"（朱连珍《吟荒年绝句》之八），灾荒发生后，山西粮价激增。史料记载："粮价奇昂……省城每银一两，仅易钱一千三四百文，而斗米须二千四五百文。省南地方，纹银一两易钱一千一百多文，元丝银则止易钱九百余文，斗米须银二两有零。"② 广大灾民为了充饥活命，不惜一切代价变卖家资。李钟英《悯荒吟》中慨叹："此番饥馑莫言贫，高屋肥田亦等伦。典卖无人承手去，死时还是绮罗身"（之二），"竟日慵工数十钱，哪堪斗米值三

---

① 数据参见郝平《山西"丁戊奇荒"的人口亡失情况》，《山西大学学报》2001年第6期。

② 光绪《山西通志》卷八十二，《荒政记》，中华书局1990年版，第5625—5626页。

千。惰勤一样无生路,只有前途是黄泉"(之九)。朱连珍《吟荒年绝句》亦云:"典尽衣裳不避寒,算来仅足一朝餐。晚炊又是燃眉急,剜肉医疮也费难。"夏县水头镇方牛庄村《丁丑大荒记》碑文镌记:"房屋器用,凡属木器每件卖钱一文,余物虽至贱无售;每地一亩,换面几两、馍几个,家产尽费,即悬磬之室亦无,尚莫能保其残生。"

3. 生产力大幅度倒退。"连值荒年力不支"(朱连珍《吟荒年绝句》之六),数年灾荒迫使劳动者与土地分离,大量人口的死亡和外逃,造成了灾区耕地大面积的荒芜。光绪四年曾国荃奏报中称:山西各地"率皆黄沙白草,一望弥漫,考察地利,断难招复承种"①。正所谓"满眼田园尽是芜"(朱连珍《吟荒年绝句》之八)。而被视为农民半份家当的牛马也被宰食殆尽:"宰得犬羊聊果腹,可怜六畜亦遭灾"(朱连珍《吟荒年绝句》之五),以至于"牛种耕具,百无一存"。这些都严重制约了山西农业生产的恢复和发展,灾后继任山西巡抚的张煦在追述此次大灾时也惊呼:"旷田畴及十年而未尽辟。"②

4. 文化伦理严重瓦解。"鹄面鸠形似倒悬,困人境遇志难坚"(朱连珍《吟荒年绝句》之二),灾祸同时还引发了山西社会动荡、文化破坏等一系列"马太效应"。面对生存的危机,任何伦理纲常与礼义廉耻都不堪一击:"亲生儿女甘抛弃,只为多分一口餐"(李钟英《悯荒吟》之五);"空留老稚凭谁顾,夜半泣声不忍闻"(朱连珍《吟荒年绝句》之六)。《丁丑大荒记》碑文同样记载:"人死或食其肉,又有货之者;甚至有父子相食、母女相食,较之易子而食、析骸以爨为尤酷。"苦苦挣扎于死亡线上的饥民为了生存,不得不沦为乞丐、娼妓:"只因枵腹无生计,也学乞余顾眼前"(朱连珍《吟荒年绝句》之二);"饿死从来说事小,更多玉骨委轻尘"(李钟英《悯荒吟》之十)。有的甚至铤而走险:"劫衣夺食全无忌,几个安贫守故丘。"(朱连珍《吟荒年绝句》之八)清廷派往山西稽查赈务的前工部侍郎阎敬铭也哀叹:"古称易子而食,析骸而焚,今日晋省灾荒,或父子而相食,或骨肉以析骸,所在皆有。岂非人伦之大变哉。"③ 在这种状况下,文

---

① 李文治:《中国近代农业史资料》第 1 辑,上海三联书店 1957 年版,第 937 页。
② 光绪《山西通志》卷八十二,《荒政记》,第 5641 页。
③ 同上书,第 5633 页。

教事业更是无从谈起。李钟英《悯荒吟》:"图书名迹尽前贤,祖父搜罗费万钱。尽被拾荒收拾去,换得一饱也欣然"(之三);"到得饔时不继食,学生个个尽流离。寒毡独坐萧斋里,满腹文章饿不支"(之七)。历经此次大灾,山西的文教事业也同经济发展一样严重受挫,一蹶不振。

灾情发生后,清政府为维护自身统治,减轻灾害造成的严重后果,多方筹措,采取了赈粮赈款、蠲免赋税、严惩赈灾不力官员等一系列措施。而在政府救灾同时,各界人士也积极配合,采取多种形式赈灾。例如在灾情初期,山西巡抚鲍源深就要求地方官"捐廉抚恤",马邑县令杜如锟《寰州即事·志荒》注中记载:"各宪捐俸分行赈济,民赖以食。"其诗云:"犹幸巡行来召信,可知发粟有长孺。余因设法留仓粟,暂济贫民数月需。"据统计"晋省各官捐赈共计银5169两,钱1950千文,米400石,谷2100石"。① 这些举措,在一定程度上起到了缓解灾情、安抚民心的作用。李钟英《悯荒吟》便感激涕零地称颂:"眼看赤地真千里,蠲赈频施感圣明"(之一);"幸蒙大宪抚人民,乞籴分金遍省邻"(之十)。然而事实上,由于财政拮据、交通不便等原因,赈济效果极其有限。只能达到"饥民可望延活,不致即于死亡"的程度而已。② 况且吏治腐败政令难以通行,地方官僚欺上瞒下中饱私囊,严重阻碍了赈济作用的充分发挥:"拯救不过十之二三。"③ 诗人所企盼的"疏奏九重颁圣典,万民千里庆回春"(李钟英《悯荒吟》之十)只不过是一厢情愿的幻梦,笼罩着广大灾民的,依然是"四郊殣瘗花含泪,千里人稀月自明"(李钟英《悯荒吟》之十五)的漫漫寒夜。

## 六 "鄙人敢学巴渝唱,为少崔诗在上头"
### ——兼作结语

"人民,只有人民,才是创造历史的动力",然而对于这历史的创造

---

① 沈云龙:《近代中国史料丛刊》第44辑,文海出版社1966年版,第1121—1122页。
② 光绪《山西通志》卷八十二,《荒政记》,第5629页。
③ 薛福成:《庸庵文编卷三·代李伯相重瘗筹济序》,续修四库全书本1562,上海古籍出版社据清光绪刻《庸庵全集》影印,第5629页。

者，历代标榜"穷探治乱之迹，上助圣明之鉴"① 的御用史官们却总是不屑一顾。浩如烟海的史书典籍中长篇累牍记录着的，无不是帝王的政绩训令、文治武功；将相的纵横捭阖、仕宦沉浮。以至百多年前，梁启超即愤然指斥："二十四史非史也，二十四姓之家谱而已！"②

固然，史书为帝王家谱的论断只是激愤之说，但不可否认，中国传统史学的视角往往聚焦于上层，它只注重对重大事件与精英人物的记述，而忽略了更为广泛的普通大众与民间生活。"劝君莫唱长恨歌，人间亦自有银河。石壕村里夫妻别，泪比长生殿上多。"（袁枚《马嵬驿》）真正的历史不应只是精英们"你方唱罢我登场"的舞台，引车卖浆者的世俗生活与下里巴人们的悲欢离合理所当然也应拥有自己的一席之地。

新时期以来蓬勃发展的社会史研究，正是将研究的视角投向了这方天地，"将眼光从上层精英移到下层民众，从单个的政治事件到中长段、长时段历史的剖析。这是对传统历史的背离，却是对真实历史的回归"。③

然而，这条回归之路却并非如砥坦途，欧洲社会史学家 R. 塞缪尔指出，社会史的研究对象应是"真正生活的历史，而不是抽象的概念；着眼于普通老百姓，而不是权贵名流；侧重于日常事务，而不是耸人听闻的重大事件"。但遗憾的是，中国传统治史的狭隘与偏颇不免使得此类史料相当匮乏。从正史寥寥无几的片言只语中我们很难窥测其时普通民众的生存状态：那些贩夫走卒、佣工小吏如何生息劳作？那些黔首百姓、市井小民有着怎样的喜怒哀乐？

留传至今的大量竹枝词或许在一定程度上弥补了这种缺憾。以诗证史，素为学界传统，陈寅恪先生即言："唐代诗歌则保留了大量历史记录，唐史的复杂性与接触面广这些特点，都在唐诗中有反映，成为最原始的实录。文章合为时而作，所以唐诗中也反映了当时社会的现象。"④情同此理，通过竹枝词来考察当时社会的种种景象，也应该是一条切实

---

① 司马光：《传家集卷十七·谢赐通鉴序表》，四库全书本 1094，上海古籍出版社 1987 年版，第 177 页。
② 梁启超：《新史学》，《饮冰室合集·文集之九》，中华书局 1942 年版，第 3 页。
③ 行龙、毕苑：《秧歌里的世界——兼论民俗与社会史研究》，《民俗研究》2001 年第 3 期。
④ 陆健东：《陈寅恪的最后二十年》，生活·读书·新知三联书店 1995 年版，第 186 页。

可行的研究途径。正如康熙朝安泽知县赵时可《拟岳民谣·自序》所云："用拟岳民谣代绘郑图，冀采风君子或一听闻，未必于穷荟无补益云。"尤其近代以降，新事物、新思潮强烈冲击着传统的社会生活，造成几千年未有之历史巨变。将这些富有新鲜感的风情事物写入诗中，旧体格律诗显然已力不从心，最适宜运用的体裁无疑只有"其事既易知，其言亦易入"（明邝庭瑞语）的《竹枝词》。例如佚名所作之《太原掌故竹枝词》，上自督府衙门、军政机关，下逮瓦舍坊市、寺观教堂，以及节令风俗之繁复，传闻掌故之流传，仕女伎乐之嬉游，方技卜筮之诞幻……凡此种种，无不详备，实为研究近代太原社会风俗的重要参考。

诚然，诗歌不能完全等同于历史实录，但诗人在抒情言志的同时，往往不能脱离现实加诸个人情志的影响。何况是以"补益穷荟"为旨归的竹枝词。三晋竹枝词的作者多为生长于斯的乡贤及游宦来晋之文士，诗作内容均是诗人"习见习闻"或"得之故老传闻"，比较真实客观地映现了史实，对于我们考察近代山西社会，确实具有极为重要的参考价值。

对于竹枝词的这种宝贵史料价值，不少学者均予以了相当程度的学术审视。但较之卷帙浩繁的竹枝巨制，关注者不免仍显寂寥。故而笔者不揣浅陋，试图透过《三晋竹枝词》对近代山西社会加以考索，庶几有补于区域社会史之研究。正所谓："鄙人敢学巴渝唱，为少崔诗在上头。"（魏守经《南亭竹枝词》之一）

# 汾河清　山西盛

如果说黄河是中华民族的母亲河,那么,汾河就是三晋人民的母亲河。

中国的地图像一只雄鸡,山西的地图像一片桑叶。这片桑叶是立体的而不是平面的。你看,东西两边分别是突起的太行山脉和吕梁山脉,中间是贯穿南北的汾河盆地。汾河就像桑叶中间的叶柄,晋水、潇河、文峪河、昌源河、胜水(洪山)、霍泉、古碓泉、浍河等河流与泉水就像桑叶的支柄,抽取了这个叶柄,这片桑叶就会散落一片,不成形状。或者可以说,汾河就像大运高速公路、同蒲铁路一样是山西的大动脉,山西的兴衰起落,与这条大动脉的跃动节奏密切相关。

汾河发源于晋西北宁武县管涔山。流域包括忻州、太原、晋中、吕梁、临汾、运城6个市41个县,全长700多公里,流域面积占全省总面积的四分之一,流域内人口占全省总人口的41%。这样一条重要的河流对山西的发展至关重要。

中国有句古语叫"黄河清,圣人出",说的是黄河安澜,必有伟人出世;反过来说,是伟人必然治理黄河。我把这句话套用在山西,叫作"汾河清,山西盛"。

这里就是要谈汾河与山西历史和社会发展的关系。

## 一　唐宋以前汾水大而清　三晋强而盛

人类历史的发展表明,大河流域往往是文明的发祥地。我们常说,黄河中下游地区是中华民族的发祥地之一,汾河中下游地区则是三晋文明重要的发祥地,大量的考古发现可以证明这一点。石器时代山西最有名的考古发现是距今16万—20万年的丁村文化。丁村就坐落在襄汾县汾河左岸，从这里发现的大量动物尤其是鱼类动物可以作出判断，那个时候汾河的水流量要比现在大得多，是一个雨量充沛、温暖湿润的草原森林环境，大致与今天的汉水流域自然环境相似。

传说黄帝是中华民族的祖先，黄帝之后有一个重要的人物叫台骀，台骀就是一位疏导汾水，治理水患的英雄，后来人们称他为汾水之神，至今晋祠、汾阳、侯马等地仍有台骀庙，各地也有许多有关台骀的传说。

之后是三位递相禅让的圣王尧、舜、禹，尧都平阳（今临汾）、舜都蒲坂（今永济）、禹都安邑（今夏县）。尧、舜、禹三代活动的范围以山西为中心，他们最大的功绩就是对洪水包括对汾水的治理，都与治水有不解之缘，至今历史的遗迹和传说仍然很多。

公元前21世纪，禹的儿子启，建立了中国历史上第一个奴隶社会——夏朝。之后的夏、商、周三代是中国的奴隶社会，山西是很重要的活动区域。

春秋战国时期，山西境内的晋国突起。此时诸侯纷争，合纵连横，纷纷扰扰，但也有通过外交手段和婚姻关系结下的一段"秦晋之好"。公元前647年，晋国发生饥荒，晋惠公向一河之隔的秦国求援，秦穆公发动"泛舟之役"，派运送粮食的船队经渭河、汾河直抵晋国首都。

公元前454年，智伯与韩、赵、魏瓜分了范氏、中行氏的全部领地，进而智伯又索地韩、赵、魏。韩、魏惧怕，唯赵襄子不肯割地给智伯，于是，智伯又联合韩、魏攻赵。赵襄子走保晋阳，三家围晋阳，岁余而不下。次年（前453年），智氏引汾水、晋水灌晋阳（周长5里），城中"悬釜而炊，易子而食"[①]，赵襄子派人潜出与韩、魏媾和，韩、魏发动政变杀死智氏解晋阳之围，三家三分智氏领地，是为"三家分晋"。

秦汉时期，首都建在长安（今西安），晋西南地区属于河东郡。当时，三河地区即河东、河南、河内为"天下之中" "土地小狭，民人众"[②]，是经济文化最发达的地区。公元前113年，汉武帝刘彻率领群臣到河东郡汾阴县（万荣）祭祀后土，途中传来南征将士的捷报，即把当

---

① 《史记·赵世家》。

② 《史记·货殖列传》。

地改名为闻喜,沿用至今。时值秋季,秋风送爽,鸿雁南归,汉武帝坐楼船泛舟汾河,触景生情,感慨万千,写下了千古绝调《秋风辞》。

汉武帝坐的"楼船",应该至少是两层的大船,从渭河溯汾河而上到汾阴县的后土祠(今万荣县荣河镇庙前村)祭祀,据载一共有八次。"泛楼船""扬素波",说明当年汾水是大而清的。

隋唐大统一时期,山西一直是全国仅次于长安、洛阳的第三政治军事中心。隋文帝置河北道于晋阳,最高长官尚书令就是后来的隋炀帝。唐开国皇帝李渊起兵并州,太原是唐朝的发祥地,也是唐朝的北都(西都长安、东都洛阳)。隋唐时代,汾河的发源地水量很大,风景秀丽。隋大业四年(608),隋炀帝杨广北游,在汾源天池边修建宏伟华丽的汾阳宫,大业十一年(615)第二次再来避暑游猎,随从内史侍郎薛道衡即兴赋诗,有《随驾天池应诏》曰:"曲浦腾烟雾,深浪骇惊蛎(蚝,牡蛎)",是一派烟雾缭绕,水深浪大的景色。

唐代汾河水量很大。唐玄宗开元二十二年(734),为解决首都长安粮食转运问题,玄宗接受主管漕运大臣裴耀卿"兼河槽,变陆为水,沿河设仓,水通即运,水细便止"的建议,大批粮食"自太原仓浮于渭,以实关中,谓之北运"。德宗建中四年(783),河东节度使马燧决汾河水环绕晋阳东城,并在沿岸修建许多池沼,植柳树加固堤防。后来,宋代陈佐尧做并州知州,又在汾河岸边引汾水潴湖泊,沿河环湖种植柳树数万,海棠、梨树布满沿岸,时人叫作"柳溪",元代有诗"翠岩亭下问棠梨,上客同舟过柳溪"。20世纪80年代,太原市将附近一条街道命名为"柳溪街",并修建了"柳溪公园"(今旱西关新建北路西侧)。那时汾河两岸的风景不会比今天差,真是"风景这边独好"。

唐"安史之乱"后,唐帝国衰落,历史进入五代十国时期,又是一个分裂割据的混乱时代。五代三个由沙陀人建立的小朝廷(后唐、后晋、后汉)均以太原府为根据地,进而夺取黄河流域的大部分。晋阳城在这个时期占有举足轻重的地位。

宋王朝在完成统一的事业中,晋阳是最后一个割据势力——北汉的城堡。太祖开宝二年(969),宋军在太原城下打败北汉军队,征集附近数县几万壮丁在汾河筑长堤堵水,又决晋水注入汾河灌晋阳城。太宗太平兴国五年(980),皇帝亲率大军进攻北汉,再一次堵塞汾水和晋水灌古晋阳城，北汉主刘继元出城投降，晋阳城再次被毁坏。这是春秋战国时代智伯引汾水、晋水灌晋阳城后，时隔一千多年后的再灌晋阳城。从此，旧晋阳城失而新晋阳城出，新晋阳城就是我们现在的太原城迎泽区、杏花岭区一带。

宋代以后，中国政治经济的中心南移，山西不再是割据中心，它在全国的地位显然不能与之前同日而语。巧合的是，山西的中心首府旧晋阳城也在宋统一的过程中彻底毁坏。还有一个巧合就是，之前能够航行楼船和运送粮食船只的汾河水量开始明显减少，而且是每况愈下。这是一个历史的转折！

## 二 明清以来汾水浊而小 沿线争水激烈

宋以后是金元时代。这个时期，山西是华北地区经济发达、人口稠密的地区，加上元末明初风调雨顺，没有受到很大的战乱影响，而中原地区战后一派萧条，人口亡失严重。所以到明初山西出现了一个影响全国的事件——大槐树移民浪潮。

元末明初是山西历史发展的一个关节点，也是人口发展的关节点。明初，山西人口总数403万余，相等于河南、河北两省的总和。正是在这种情况下，才有朱元璋移山西人口以实中原的大移民，才有"问我祖先来何处，山西洪洞大槐树"这句数百年世代相传，延绵神州的民谣。可以说，"大槐树移民"是山西人口膨胀的明显信号。之后，清代、民国一路起伏上升，光绪初年大灾前全省人口达到1640余万（现全省约3400万），是近代山西人口增长的最高峰，这个数字比1953年第一次人口普查所得1431余万还要多出200多万。

大量人口的繁衍滋生，需要必要的生活资料。这样，土地的开发，先是河谷平原，继而山地丘陵，再进发到人烟稀少的林区边地，成千上万成群结队的民众为了维持生计而垦荒造田，成为一种不能遏止的移民浪潮。

明初是山西历史上土地大开发时期，也是森林遭到最为剧烈破坏的时期。为了抵御北部蒙古族的侵袭，明代开国皇帝朱元璋实行"九边屯垦"，民屯、军屯、商屯一起上。而且，有明一代，自"蒙古入居套内

（河套以南，原在阴山以北），其后边患频仍"，军事斗争一直没有停下来。明朝采取防御战略，不断加固长城，不断修筑城堡；长城是越修越长，城堡是越筑越多；对森林的破坏也就越来越大。汾河发源地管涔山地处边地，正是军事斗争最剧烈的地方。当时，宁武曾作为外三关镇（偏头、宁武、雁门）总兵的所在地，附近设有许多卫所，粗略估计常年驻军，加上家属在5万人以上。5万多军民在此生活、打仗200多年，他们要吃、要住、要烧、要砍，而且有"不法之徒"伐木致富，这是管涔山森林毁坏最严重的时期。大量史料可以说明这一点，时任山西都御史马文升讲道：

> 自成化（1465）年来，京内俗奢侈，官民之家争起宅第，木值价贵。所以大同、宣府视利之徒、官员之家，专贩伐木。往往雇彼处军民，纠众入山，将应禁树木任意砍伐。中间镇守、分守等官员，或徼富而起淫祠，或贿后而起宅第，或馈送亲戚势要，动辄私役军户，入山砍木，牛拖人拽……其本处取用者不知几何，贩运至京师者，一年之间，岂止百十余万。①

清代的情况并不比明代好。清初统一全国后，出现了人口猛增的态势。管涔山所属区域五方杂处，放火烧山，乱砍滥伐，毫无停歇。对山西森林很有研究的翟旺先生的研究表明，管涔山地区森林覆盖面积在宋代大约在60%；元末是40%；明末一下降到15%；清末降到10%。明代确实是一个关节点。

汾河分为三段，上游自管涔山发源地到太原；自太原北郊上兰村烈石口出山直到灵石口（谚有"打开灵石口，空出晋阳湖"）为中游；灵石口以下为下游。管涔山上游地区如此，我们再看看中游的太原地区。其实和上游是大同小异，趋势是一样的。这里只以太原西山而论。

西山就是太原西面的山，晋祠背后大大小小的山峰，各山之间叫作"峪"，太原历来有"西山九峪"的说法。其实，这一带是西山的前山区，后山区就是古交、娄烦一带的山区。我们就说前山区。翟先生的研究说，

---

① 马文升：《为禁伐边山林木以资保障疏》，《明经世文编》卷六十三。

北宋初年，晋祠一带西山仍有大片基本相连的森林；明末除个别风景名胜区有少许杂林或散生树木外，基本被摧毁净尽；清末，森林消亡，灌草残败。

事实确实如此。明初，朱元璋封他的24个儿子为亲王，第三子被封为晋王在太原，晋祠一带成为明初军屯和晋王府的中心地带。现在，当地还有"九营十八寨"的说法，古城营、五府营、小站营、马圈屯、古寨、西寨等都与军屯直接相关。按明代军队编制，太原驻军屯田数和军户都在两万以上，两万人比当时太原人口的三分之一还多。另外，明初大槐树移民，也有大量人口从晋南移居晋祠一带，现在的王家庄、南堰村、吴家堡村、三家村、闫家峪、圪塔村、大元、田村传说最早的居民都来自大槐树移民。这么多人几乎在同一个时期涌入，人口的压力非常沉重。如此，军户与民人、移民与土著激烈争夺土地成为必然，上山垦荒，上山开矿也成为必然。

毗邻晋祠的赤桥村有一位文人刘大鹏，晚年亦儒亦商，曾亲自在柳子峪经营煤窑，并撰有《柳子峪志》，统计柳子峪总共大小煤窑、矾场就有110多个，真是星罗棋布漫山遍野。这样乱开滥采，对生态环境的破坏是显而易见的。刘大鹏说，到民国时代，柳子峪里的槐树沟已树木稀少，木林沟是"昔日成林今不林"，整个西山一带也是"有草无树，草亦不繁"的童山秃岭画面。

水资源的丰沛与稀少和森林植被密切相关，这是生态学上的一个基本常识，也是被历史和现实一再证明的事实。森林植被的减少或破坏，除了自然环境的变化因素之外，人为的力量也不能小觑。上述事实说明，明代以来，山西地区随着人口数量的不断增长，对森林植被的人为破坏也很严重，其结果之一就是汾河及其支流的水量也在不断减少。

汾河的水情大致经过了这样一个过程：唐代以前不仅水量很大，而且清澈。时人有"汾河波亦清""汾水碧依依"的诗句。那时，太原以下可以通行运载粮食的大船；宋初水量仍未减少，要不不会有水淹晋阳城的史实；金元时代已清澈不在，开始浑浊，并有灾情；明代开始恶化，水土流失严重，已经成为水利不大的害河，水量也明显减少，明代有"太行山西浊汾流"的诗句。襄汾以北河段已经"舟楫不敢行"，有诗感叹"楼船箫鼓今何在"；清代灾害更烈，中上游段仅能乘山洪暴发漂流一些橡筏,下游新绛以下只可通木筏,其余皆不通舟楫。

至于谈到明清山西的历史,尤其是近代的历史,山西在全国的地位已英雄不再。这是因为近代中国社会经济的中心在沿海,西学东渐的过程非常缓慢。这个时期最为山西人称道的就是晋商的崛起和发展。但是,我们要清楚,晋商崛起的外部原因是明朝对蒙古的战争,而它深层的内部原因仍然是不断增长的人口压力。州县志书有关的记载比比皆是:

太谷:"以田少民多之故,商于外者甚多,中下之家除少数薄有田产者得以耕凿外,余皆恃行商为生。"

五台:"晋省以商贾为重,非弃本而逐末,土狭人稠,田不足耕也。"

晋商就是在省内这样严重的人口压力之下走向四方的。明代以来,山西人口压力沉重,一部分人垦荒造地,一部分出外经商,不能只看到商人而看不到农人。其实,晋商也十分艰难,他们呼朋引类,背井离乡,受人欺侮,孤寂万般,客死他乡,甚至死不见尸首,也是一种为了基本生计的谋生行为。还有,晋商大量的钱财用于置地建宅,或者就是藏富于窖,没有能够投资新兴的工商业。所以,商人虽有钱,但山西没发展。这里不是要否定晋商的辉煌和它的贡献,只是说不要过分地夸大它的作用。

进入民国以后,晋商无奈地衰落了。这一时期,由于战事不断,政局多变,汾河发源地管涔山森林的乱砍滥伐十分严重。

民国初年,仅宁武县就有专门的木场20多家,木场向山主包买森林,木场、山主都能获取巨额利润,估计每年要砍伐上百万株大树。这些木场的木材远销内蒙古、河北及本省各地。1934年开始,修筑北同蒲铁路,需要大量枕木,铁路特意绕道宁武境内,对森林大肆砍伐,共取大木40万株;1938年宁武沦陷后日本侵略者专门设立木场,工人最多时有几千人,同时铺设从宁武城到芦芽山的铁路,对林区腹地进行大规模砍伐,盗走木材约四五万立方米(按每立方米7棵大树计算,大约31万棵),成片的山林成为秃林。汾河水源已有贫乏之虞。

人口的数量在不断增长,汾河的水量在不断减少,带来一个直接的后果就是汾河沿线,包括各主要支流争水的纠纷不断升级。

从现有文献来看,唐宋时期山西地区即有水案发生,但那只是局部性的。明清以来,因引用汾水及其他河湖泉水而导致的"水案"几乎遍及全省各地。汾河中游自太原以下，诸凡榆次、太谷、祁县、平遥、介休、灵石、霍州、洪洞、临汾、襄汾、新绛、河津均在此列；汾水、晋水、胜水（洪山）、霍泉、龙祠泉水、古碓泉水都成为激烈争夺的对象。从同村同渠之间，到渠与渠、村与村、县与县，甚至数十村、数县之间，各类水案层出不穷，数不胜数。流经赵城、洪洞、临汾三县十八村，引汾河水浇灌田地的通利渠，自明清直到民国时期争水日趋激烈，连年不断。《洪洞县水利志补》说：

> 小者关乎数村，大者联于异县，使灌稍有不均，或有背其习惯以自利者，则千百之众群起以相争。同渠者，村与村争；异渠者，渠与渠争。联袂攘臂，数十百人相率而叫嚣于公庭者，踵相接焉。……罗刀茅，执器械，俨然如临大敌，必死伤相当而后已。①

这种情况下，因争水而导致的命案也是屡见不鲜。

山西各地有许多有关"水母娘娘""三七分水""跳油锅捞铜钱"的传说，其背后都有争水的故事。就是争夺水的所有权和使用权。晋祠主神三易其位，先是唐叔虞（战国），继则圣母（宋代），后又水母娘娘（明代），水母娘娘就是一个完全臆造出来的"村庄神"（金胜村，北河末端），而她却受到流域人民最隆重的祭奠（农历六月初一到七月初五晋祠庙会）。"跳油锅捞铜钱"说的是北河花塔村张郎捞得七枚铜钱争得七份水权的故事。这类传说流传数百年，至今仍然延绵不息。

总之，明清以来，随着人口数量的不断增长，汾河沿线的森林植被遭到了极大的破坏，汾河及其支流的流量逐渐减少，各地争水的水案不断升级，水资源的紧张成为一个严重的社会问题。

## 三 50年来的汾河治理及其现状

"河清海晏"是中国历代政治家追求的政治目标，诗有"河清海晏不难睹，我皇已上升平基"。山西大规模、有计划的治汾是1958年7月汾

---

① （民国）孙奂仑：《洪洞县水利志补·叙》。

河水库的动工兴建。这项工程一直到1961年5月竣工，历时两年十个月，总投资4762万元，投工850万个工日。最初，这座水库库容7亿立方米，相等于13个十三陵水库。它为太原地区的城市用水和土地灌溉起到了应有作用。但由于水库截流，下游水量大减，甚至河道干涸。

20世纪50年代到70年代大搞农田水利基本建设，汾河流域水库大坝如雨后春笋，不断出现。现在仅中游就有位于上兰村的一坝、位于清徐的二坝、位于平遥的三坝。其他的干渠、支渠、电灌站、水井，不知凡几。水库大坝建设的目的就是拦流截水，一坝地区的问题解决了，下游没水，再建二坝、三坝，如此循环，破坏了原有的水系，破坏了原有的生态。

20世纪70年代后，太原地区的城市化、工业化步伐加快，汾河在缺水的同时又增加了污染。煤炭的开采，把地下打得千疮百孔，形成了数不清的漏斗地形，宝贵的地下水加速度流失，地表更加干旱。大量高耗水工业的兴起，导致用水更加紧张。

晋水就是一个典型的案例。1960年春，太原氮肥厂开始投产，晋祠泉水第一次大量用于工业生产而影响了农业生产，当年流域粮食即减产91万斤。1962年，氮肥厂在晋祠附近打7眼深井开始抽水，晋水流量进一步减少。1972年，善利、鱼沼二泉干涸。20世纪70年代后期，清徐三个自流井启用，又一次严重影响晋水流量。1993年，难老泉也完全断流。现在我们看到的难老泉、智伯渠的水已是深井抽出来的回流水。想想圣母殿前的那一副长联：

　　溉汾西千顷田三分南七分北浩浩同流数十里淆之不浊；出瓮山一片石泠于夏温于冬渊渊有本亿万年与世长清。

真令人感慨万端！

现在汾河水的问题不仅是除了汾河水库以上80公里的河段尚有清水外，中下游河道已没有源生水，更严重的是即使能看到某些河段有小水细水，也是污染严重的污水。沿线许多污染严重的工厂企业的排污就是直接把污水排进汾河。

1973年，太原市一坝灌区和清徐县利用工业废水和城市污水灌溉农田20万亩，因污水含有有害物质，小麦成片死亡2万多亩。

1974年8月8日，汾河水库灌溉管理局有一份《关于汾河水质污染情况的调查报告》：太钢、重机、机床厂等30个较大工矿企业，每天排放污水总量38万吨，其中有害水量七八万吨，汾河的鱼类从此绝迹。

20世纪80年代末，汾河沿岸大大小小的化工厂、焦化厂、化肥厂、造纸厂、染料厂、电厂等工业企业总共达到5000多个，麦天枢在报告文学《惋汾河》中发出了"汾河死了"的呐喊。

1996年为了解决太原地区的防洪、灌溉、用水问题，又在兰村附近修建了汾河二库。

2003年，山西另一个大型水利工程——万家寨"引黄入晋"完成。此工程总投资103亿元，历时10年。但因为工程规模偏大，造成水价偏高，老百姓用不起高价黄河水，工程能力被大量闲置。这都是因为缺水付出的代价。

2006年的汾河断面监测数据表明，汾河已有66%成为劣五类水质，自太原以下水体完全丧失生态功能。汾河每年流入黄河的水量在3亿吨以上，其化学需氧量浓度超过国家规定三类水质标准的7.3倍，氨氮超标20倍。

山西省环保局的一位官员在2008年初接受某报记者采访时说：

> 完整的汾河，应该是一条纵贯山西700公里，贯穿多座大小城市的河流。实际上，这样的汾河已经不存在了；现实的汾河，是一条干涸的、污染的、呈现着环境灾难和生态危机的破碎的河流，是一条袒露着伤痕、凝聚着哀怨、灌满了忧患、爆发着呼吁的挣扎的汾河，一条呼唤拯救的河流。

汾河水的问题已经成为新时期严重影响山西社会经济发展的大问题。

## 四 新世纪的希望

刚刚进入21世纪，朱镕基同志来山西视察，他用八个字概括当时的汾河："有河必干，无水不污。"

2000年9月，在太原荒乱的汾河滩上，出现了一条长6公里、宽220米的人工湖面，这就是我们今天看到的"汾河公园"。区区6公里对全长700公里的汾河是多么微乎其微，但太原人对它格外钟爱，甚至把它视为我们这个城市的名片，天气晴朗时，你总能看到游人如织。但是，我们要知道，这不是汾河的原生态，而是在汾河河道上建造的人工湖；它不是流动的河流，而是不动的湖水；再形象一点说，它就是太原城里的一个大水盆。据说，"汾河公园"共花费人民币五六亿元，整个流域的治理是多大一个天文数字！

人们常常把河水比作人体的血管。如果说，以前的汾河是一条正常流动的河流，那么，今天的汾河就像一个患有"静脉曲张"的人体，两个大水库、一个大水盆就是突出的患处，剩下来的是只见河床不见河水，"只见菩萨不见庙"了。

汾河这条三晋人民的母亲河，从大而清到小而浊，是一个很长的历史演变过程，其中的原因有自然的、社会的，也有政治的，经济的，不同的历史时期又有它特定的历史和社会环境，我们并不能把这种责任归罪于某一个政府，更不是某个人。但是，我们的政府官员，我们全体三晋人民，都应该清醒地认识汾河在山西社会经济发展中的重要性，清醒地认识水资源对于黄土高原上三晋人民的重要性。"山西之长在于煤，山西之短在于水"，煤与水是山西社会发展的两大巨轮，不能只顾挖煤，忽略治水。只有煤和水两大巨轮取长补短，才能加速发展，协调发展。否则还要付出沉重的代价！

我们也能看到希望：

2004年，山西省人大又一次修订《山西省汾河流域水污染防治条例》，之前是谁污染，谁治理；现在是谁污染，就关停，进一步加大了治理力度。

在2008年的山西省十一届人大一次会议上，省长孟学农的政府工作报告用了近六分之一的篇幅特别强调环保生态，明确把修复汾河生态作为政府工作的重点，力度之强前所未有。

我还注意到，从1999年开始，山西有民间团体发起组织保护母亲河活动，3月9日被确定为保护母亲河日。2006年，由山西大学学生社团——绿营社发起，北京林业大学、哈尔滨工业大学等25所高校的30名大学生，自费参加保护母亲河活动。他们徒步行走，入户访谈，发放倡议书，宣传环保意识，尽自己的力量唤醒人们保护汾河。

只要我们的政府、我们的人民都行动起来，齐心协力，综合治理。相信"汾河流水哗啦啦"的景色还会重现！

# 晋水流域 36 村水利祭祀系统个案研究

本文以晋水流域 36 个村庄对晋祠神灵的祭祀为主要线索展开研究，试图以此探讨国家与社会的复杂关系，大概这就属于那种被称为区域社会史的个案研究吧。这样的研究，首先要求我们利用人类学田野调查的方法，广泛收集反映"地方性知识"的文本资料，并切身体验当地民众的生活和思想。本文主要利用了生活于毗邻太原晋祠的乡村名人刘大鹏先生所著皇皇上千万字的《晋祠志》及其稿本《晋水志》[①] 以及明清以来各种版本的地方志。同时，近些年来在晋水流域的多次田野调查也使我们获得了更为深刻的"乡村感受"，有裨于对文本资料的进一步解读。

## 一　晋水流域水利开发史

晋水流域 36 村祭祀系统以晋水灌溉体系为基础，概略性地了解晋水流域水利设施及其水利开发的历史进程，对本研究应是至为重要的。

晋水发源于距太原市西南 25 公里的悬瓮山下，悬瓮山系吕梁山脉边沿名山之一。明嘉靖《太原县志》云："山腹有巨石，如瓮形，因此得名"，《山海经》则有"悬瓮之山，晋水出焉"的记载。晋水源头即在三晋名胜晋祠，计有难老、鱼沼、善利三泉，其流量则以难老泉为最。有研究表明，宋代晋水流量最高达 2.5 立方米/秒[②]，昔日滔滔晋水畅流东

---

[①] 刘大鹏：《晋水志》，光绪三十三年成书。全书十三卷，现有四卷，为先师乔志强先生所得。此书与《晋祠志》相较，"体例虽殊，而事实则同……有《晋祠志》未载而始补登之者"（《晋水志·凡例》）。

[②] 王天麻：《晋水历史流量的探讨》，《山西水利史料》第 5 辑，山西水利厅 1982 年。

至古晋阳（今古城营）南六里汇入晋阳沼泽地，东南注入贯穿山西南北境的汾河。如今鱼沼、善利二泉均已干枯，晋水流量可谓微乎其微，十年前甚至出现断流现象。睹物赏景，能不令人浩叹！

晋水的开发和利用历史悠久，渠系的初步形成当在春秋战国之际。史载，周贞定王十六年（前453），晋国世卿智伯联合韩魏欲取赵氏晋阳城，然晋阳城固若金汤，"三月不拔"，于是智伯开渠引晋水以灌之。后赵襄子与韩魏媾和反攻智伯，智伯兵败身亡，晋阳解围，三家分晋，战国纷争的局面由此拉开序幕。因晋水渠系最早为智伯所开，"智伯渠"亦由此得名。

时至汉代，当地民人开始利用"智伯渠"渠道旧迹，修整疏浚，灌溉田亩。《后汉书·安帝纪》载：元初三年（116）"修理太原旧沟渠，灌溉官私田"。此时晋水渠道仅有此一渠——"智伯渠"，亦即后来所称之北河。北河首次灌田兴利，所经之处如安仁、贤辅、古城、金胜等村皆年丰稔熟，农业遂得以发展，《汉书》谓"太原年谷独熟，人庶多资"，描述的正是这一情形。

隋唐时期，晋水进一步得到开发利用。隋开皇四年（584）新开中河、南河，其中南河又分为三河："其中派入大池流经南神桥晋源都东庄，为中河。又一派为陆堡河，流入大寺等村。其南派流入索村等地，为南河。"中河、南河的开凿，使晋祠东南部"周回四十一里"的土地得以灌溉，晋水的利用率进一步提高。唐代晋水水利工程主要是两次修建跨越汾河的渡槽工程，将晋水引入对岸的东城。原来，东城地区地多碱卤，井水苦不可食。贞观十三年（639），唐北都太原，长史李绩"架汾引晋水入东城，以甘民食"[①]。德宗时期第二次修建跨汾渡槽工程，且"环城树以固堤"，不仅解决了城东居民饮水问题，而且扩大了农田的灌溉面积，该时期晋水溉田面积已达112顷有余。李白游晋祠有"晋祠流水如碧玉""百尺清潭写翠娥"等诗句，正是对唐时晋水景观的真实写照。

宋代晋水灌溉系统进一步完善，溉田面积达到鼎盛时期，此举时任太原尉陈知白功莫大焉。刘大鹏《晋祠志·陈大夫知白传》特表之：

---

① 《新唐书》卷四十三，志第二十九，地理三。

> 宋嘉祐五年，（知白）为太原尉，时晋水奔流，溉田无多，诸多田畴，水虽能及，乃民皆惧以水增赋，悉不敢溉之为用，水竟付之东流。公悉其弊，思利导之，剀切晓谕，民始释然于以水加赋之说为欺罔。郭公京亦为太原尉，助公设法兴水利。于是浚其源为十分。……凡溉田数万亩，水利遇事大溥。①

陈知白和郭京此次治水，浚水源为十分，修建分水石塘，划定三七配水比例，设立渠长水甲管理水渠，使晋水管理有了简而易行的制度。后神宗时期，又经太原人氏史守一进一步兴利除弊，健全配套渠闸桥涵，使宋代晋水溉田面积最高达到六百余顷，所谓"晋水之水利无复有遗，倍加于昔矣"。陈知白因此被乡民喻为西门豹，此后晋水流域百姓于每年祭祀水神之时必附祭陈公牌位，以示不忘。

宋金之际直至元末，太原城郊成为中原统治者与北方少数民族政权长期争夺混战的重地，宋太平兴国四年（979），经营千年的古都晋阳被赵光义放火焚烧，霎时间全城化为灰烬，次年，赵光义又引汾、晋二水狂灌晋阳废墟。晋水流域因迭遭战乱，渠系破坏严重，争水冲突日趋激烈，所谓"水利虽云溥博，而水争则极纷纭"②。

明清两代，随着人口数量的明显增长，晋水流域水利资源日趋紧张，以争夺晋水所有权和使用权的水利纠纷在晋水流域36个村庄和不同渠系间不断发生。与此同时，晋水水利管理制度在"国家与社会"的不断调整中日趋严密。明初太原为九边重镇之一。朱元璋统一全国后，封三子朱棡为晋王，古晋阳城废墟及周边成为明初军屯的重要场所，流域内的古城营、五府营、小站营、马圈屯、河下屯、西寨、旧寨等村庄名称本身就与军屯直接相关，至今仍有所谓明初军屯"九营十八寨"之说。按太原驻屯一卫三千户所，粗略估计屯田数和军户数均在两万以上，占到

---

① 刘大鹏：《晋祠志》卷十八，流寓一，山西人民出版社1986年版，第478页。以下仅以《晋祠志》出之。

② 刘大鹏：《晋水志》卷二，旧制。

当时太原县耕地面积和人口总数的三分之一。① 明政府为鼓励军屯，将部分民地充公，改为晋府用地，并按"军三民三"的分配办法重新配置水资源，致使"王府与民间参错相连"②。明孝宗时，开始出现北河渠长卖水与王府的现象，嘉靖年间山西布政使司分守冀宁道苏皋"亲履各渠查访审验"，进一步整顿渠长水甲。后万历年间，北河下游金胜村又因水程不足要求变更旧例，再次与王府发生严重冲突，结果亦以"维持旧例"告终。

清代晋水流量已明显减少，尤其是在人口和溉田面积增加的背景下，水利冲突愈加激烈，由是水利管理愈加严密，此所谓"利愈溥而法愈密矣"。③ 清初晋水管理制度最大的变革是晋水总河制度的建立。先是因晋祠、赤桥、纸房三村位居晋水发源地界，晋水流及下游村庄必经过此三村田畔，"故三村之田有例无程，历年久远，无人管辖"④，在水资源日趋紧张的局势下，"远村人等常欲破此常例"，且越界"强霸"三村之田，使其不得照例灌溉，由此引发了晋水南河与总河三村之间长期激烈的水利争端。雍正七年（1729），太原知县龚新特设晋祠总河渠甲一名，除经营晋祠、赤桥、纸房总河有例无程田亩外，兼管晋水全河事务。与此同时，增定禁饬事宜七款，从各方面限制规范渠甲权力，并通令四河一体执行，至此晋水流域各河渠及村庄普遍丈量田亩、清造《河册》，管理体系进一步完善。之后，虽有乾隆年间金胜、董茹与花塔、县民争水，道光末年王郭村与晋祠争水等事件发生，但大多依《河册》为据，"以旧章相质"。世居总河界内的赤桥村人刘大鹏显然对雍正年间此次整顿深为赞许，光绪末年刘氏完成《晋祠志》，论及四河分水时写道："迩年河务和平，总河之人柔恤四河，而四河之人亦皆尊敬总河，故上下相安无事，不至如昔年争水之纷如也。"⑤

进入民国，晋水流域东有汾河泛滥之忧，西有山洪暴发之患，晋水

---

① 袁汉城：《九营十八寨与明军屯考》，载《晋阳文史资料》第 6 辑，政协太原市晋源区文史资料委员会，1999 年。
② 《申明水利禁例公移碑记》，见《晋祠志》卷三十，河例一，第 794 页。
③ 刘大鹏：《晋水志》卷一，晋源。
④ 刘大鹏：《晋祠志》卷三十二，河例三，第 825 页。
⑤ 刘大鹏：《晋祠志》卷三十一，河例二，第 804 页。

灌溉面积及受益村落明显减少。1921年晋水《河册》载,晋水灌溉村庄已减少到31个,灌溉面积只剩下260顷16亩;晋祠、纸房、赤桥、金胜、索村、王郭、南张、北大寺8村共减少水地面积13顷20亩;小站营、小站、马圈屯、五府营、万花堡、东庄、东庄营7村减少灌溉面积计49顷28亩,最后不得不"退出晋祠水例"。① 中华人民共和国成立初期,难老、鱼沼、善利三泉总流量在2立方米/秒左右。随着工农业生产的发展,尤其是晋水源泉上游西山一带大量采矿挖煤,加之晋祠附近深井数量不断增加以及气候、生态等多重因素的影响,晋水流量逐年下降。笔者在1980年初到晋祠时,其流量已不足1立方米/秒,但难老泉水的突涌、鱼沼飞梁的垂滴、智伯渠水的畅流仍然可睹。怎能想到,事隔仅十余年,造福千年的晋水竟然断流。笔端至此,又不禁怅然。

综上所述,自春秋战国时代以迄不远的过去,晋水灌区就是三晋乃至全国最古老的水利系统之一,素有"晋阳第一泉"的晋水曾以其甘甜的乳汁浇灌了源远流长的三晋文明,晋水流域36村更是"近水楼台先得月"。更值得注意的是,在春秋肇始,宋代鼎盛,明清法密这些晋水开发利用的历史关节点上,晋水流域36村对晋祠神灵的祭典也逐渐形成了一套系统完整的运作体系。晋阳之盛得益于晋水,晋祠祭祀基源于晋水,对此加以深入探讨甚为必要。

## 二 晋祠主神三易其位

三晋之胜,莫逾于晋祠。"谓之晋者,指晋国非指晋水;谓之祠者,祀晋侯非祀晋水神也。"② 晋祠最初即为奉祀周初晋国第一代诸侯唐叔虞的祠堂,然岁月可以改变旧貌,自周初以迄明清,关圣帝、玉皇大帝、三官大帝、东岳大帝、真武大帝、文昌帝、太阳神、土地神、山神、苗裔神、财神、至圣孔子、亚圣孟子、老子、公输子、释迦牟尼、弥陀佛、华严佛、仓王、吕洞宾、药王、五道神等各路神灵云集此名胜佳境,晋祠成为集儒、道、释各家于一体的奉祀祠庙。值得注意的是,晋祠主神

---

① 《晋祠水利志》,山西古籍出版社2002年版,第18—19页。
② 沈巍皆:《晋祠圣母庙辨》,见刘大鹏《晋祠志》卷一,祠宇上,第22页。

在历史长河中亦曾三易其位，周代唐叔虞、宋代圣母、明代水母的渐次嬗变，都与关乎民生的晋水紧密相连。透过这一现象，我们不仅可以感受到水在这一地区的重要地位和作用，更可以从中体会到国家政权与地方社会的微妙互动。

唐叔虞祠创建年代虽不可稽考，然至迟在魏晋时期即已见诸文献。郦道元《水经注》云："昔智伯遏晋水灌晋阳，其川上溯，后人蓄以为沼。沼西际山枕水，有唐叔虞祠。"《魏书·地形志》也有"晋阳西南有悬瓮山，一名龙山，晋水所出，东入汾，有晋王祠"的记载。至于晋祠何以为唐叔虞祠，其最早的传说就是太史公《史记·晋世家》中有名的"剪桐封弟"故事：

> 晋唐叔虞者，周武王之子而成王弟。初，武王与叔虞母会时，梦天谓武王曰："余命女生子，名虞，余与之唐。"及生子，文在其手曰"虞"，故遂命之曰虞。武王崩，成王立，唐有乱。周公诛灭唐。成王与叔虞戏，削桐叶为珪以与叔虞，曰："以此封若。"史佚因请择日立叔虞。成王曰："吾与之戏耳。"史佚曰："天子无戏言。言则史书之，礼成之，乐歌之。"于是遂封叔虞于唐。唐在河、汾之东，方百里，故曰唐叔虞。姓姬氏，字子于。唐叔子燮，是为晋侯。

"剪桐封弟"的传说可能也仅是个"故事"，柳宗元就曾有名篇《桐叶封弟辨》对其提出质疑，然晋祠最初的主神为唐叔虞却是毫无疑问的。从《水经注》和《魏书》记载来看，魏晋时期唐叔虞祠已初具规模。据云东魏武定年间，文士祖鸿勋作《晋祠记》，对其山水风光和祠宇楼阁极尽赞美，一时间河东文士竞相传抄。尤其是北齐以晋阳为别都，高欢、高洋父子又崇信佛教，在广建晋阳宫、大明宫、十二院及天龙、开化、童子、崇福等寺院的同时，在晋祠也"大起楼观，穿筑池塘"，祠内读书台、望川亭、流杯亭、涌雪亭、仁智轩、均福堂、难老泉亭、善利泉亭次第兴建，后主高纬天统五年（569）又改晋祠为大崇皇寺。《序行记》谓"自洋以下，皆游集焉"①，足见当日之盛况非凡。

---

① 刘大鹏：《晋祠志》卷一，祠宇上，第16页。

隋、唐两朝是晋阳建城史上的黄金时代，也是唐叔虞祠名声昌隆的时代。隋炀帝未称帝前，长期在晋阳任晋王，开皇年间就曾在晋祠南面建造舍利生生塔。唐开国皇帝李渊晋阳起兵反隋前，曾祈祷于唐叔虞神像前，又因起家于唐叔虞封地古唐国，因名国号为"唐"。唐代诸帝对"王业所基"之晋阳崇爱有加，先后在晋阳设北都、北京，使晋阳成为当时仅次于长安、洛阳的第三大城市。贞观十九年（645）十二月，唐太宗李世民东征还师途经晋阳，曾逗留数月，次年正月撰写《晋祠之铭并序》，"树碑制文，亲书之于石"，感恩之情溢于碑碣：

  昔有隋昏季，纲纪崩沦，四海腾波，三光戢曜。先皇袭千龄之徽号，膺八百之先期，用竭诚心，以祈嘉福。爰初鞠旅，发迹神祠。举风电之长驱，笼天地而遐卷。一戎大定，六合安家。虽膺箓受图，彰于天命；而克昌洪业，实赖神功。①

唐太宗驾幸晋祠，树碑祭祀，是唐叔虞祠最为煊赫的时代。然而好景不长，继唐之后的五代十国，北中国几乎是以晋阳为根据地的割据势力与建都中原的中央政权长期激战厮杀的场所。宋初太宗赵光义三下河东，火焚水灌晋阳城，位于晋水源头的唐叔虞祠与晋阳百姓一样，劫后余生，旧貌难现。此后虽有宋、元、明、清历朝修葺或重修，然唐叔虞祠一直处于尴尬难堪之境地。现存元初《重修汾东王庙记碑》描写当时唐叔虞祠，只见"庙宇摧毁，神位迫窄"②。元末，唐叔虞祠方位由原来坐西向东，"际山枕水"（今圣母殿位置）突然改变为"北面南向"，亦即今日所见之唐叔虞祠③，然此祠与前祠已不可同日而语，康熙年间太原知县周在浚来祠所见仅"破屋数楹"，"屋之宇颓弊，较昔尤甚，瓴甓积于中堂，蔓草侵阶，荒秽不治，不可着足"。乾隆三十六年（1771）在上

---

  ① 《晋祠铭碑》，见刘大鹏《晋祠志》卷十，金石二，第232页。
  ② 《重修汾东王庙记碑》，见刘大鹏《晋祠志》卷十，金石二，第249页。
  ③ 关于唐叔虞祠的移位重建历来不得其详。康熙年间周在浚《重修唐叔虞祠记》即有"岂今日之圣母殿实唐叔虞祠耶"的疑问。今人郭怨舟先生也多有探讨，似难定论。参见《晋祠轶事》，山西人民出版社1992年版，《晋阳文史资料》第1辑，政协太原市晋源区委员会，1999年。

自督抚，下至乡绅，包括梁国治（湖北巡抚兼湖广总督）、朱圭（山西布政使）、徐浩（冀宁道）、周亮（太原县令）、杨二酉（翰林，晋祠南堡人）等人的通力合作下，又一次重建叔虞祠。此次重建在原有三间小殿的旧址上，拓宽增高，改建享殿，新建配殿，并"属以长廊，绕以周垣，门阙岿然，登降翼如"，亦即今日偏于齐年柏和善利泉亭东侧的"唐叔祠"。刘大鹏概括此次重修之前的情形是："历代以来虽屡修葺，要皆因陋就简，聊为重新而已。卑微湫隘，究不足以壮观瞻"①，可谓的评。

可以肯定的是，无论唐叔虞祠经历了怎样的风雨荣衰，宋以前唐叔虞祠为晋祠正祠，唐叔虞为晋祠主神确是无疑的。宋以后唐叔虞祠虽"不足以壮观瞻"，然仍以"事关祀典"而享正神之礼，尤其是明"洪武四年改称唐叔虞之神。岁以三月二十五日有司致祭，载在祀典"②，唐叔虞一直被视为国家正统主神。《晋祠志·祭赛》"祀唐侯"条记载，每年三月二十五日，"太原县知县致祭唐侯于叔虞祠，荐以柔毛刚鬣，拜跪如仪"。嘉靖年间山西巡抚苏祐作"迎降送神祠三章"亦一并收录，其祀文无不透露着官方正统信息：

> 维某年岁次甲子三月二十五日甲子，承祭官太原县知县某（典史代，则称典史某）致祭于唐侯之神曰：惟神剪桐封晋，克绍周德。播王室之恩泽，千古贻庥，保唐地之疆圉，万民受福。声灵于以丕昭，祀典因之不斁。兹当春暮，恭逢诞辰，谨具牲醴，式肇明禋。仰祈神鉴，享此清芳。尚飨。③

宋代以来，唐叔虞及唐叔虞祠在晋祠地位的下降，与圣母殿的创建密不可分，而圣母殿及圣母地位的上升与水的关系亦密不可分。虽然圣母殿具体建于何时仍在争议，但至迟在熙宁（1068—1077）年间，加号"昭济圣母"则是可以定论的。此后，圣母及圣母殿屡受加封并重建重修：崇宁初敕重建；元至正二年（1342）重修；明洪武初复加号"广惠显灵昭济

---

① 刘大鹏：《晋祠志》卷一，祠宇上，第19页。
② 苏祐：《重修唐叔虞祠记》，见刘大鹏《晋祠志》卷一，祠宇上，第17页。
③ 刘大鹏：《晋祠志》卷七，祭赛上，第161页。

圣母";四年改号晋源之神;天顺五年重修;万历壬午年（1582）又"焕然一新";清后期同治、光绪二帝分别叠加封号;慈禧太后、山西巡抚曾国荃、著名晋商渠本翘等分别赐匾题额,圣母殿可谓隆极一时。

圣母乃唐叔虞母亲邑姜。晋祠初以唐叔虞封地建祠,以子为母屈,母为子贵并建其母之祠,合而祭之,母子并隆,也在情理之中。但圣母地位的日隆,以至明代视圣母为晋源之神而成为晋祠主神,完全是人们"误将邑姜视水神"了。熙宁年间圣母首次加号即"以祷雨应"为由头,明万历年间最后一次大修仍以此而终。马朝阳《重修晋源圣母祠记》道:"万历壬午年,自春徂夏不雨,穑人焦劳,嘉谷用虐。郡伯麓阳孙公日走群神雩祀之,罔应。或言晋源圣母灵赫,徒步涉汾津以身祷,邑侯向公从焉。礼未告成,大雨沛作竟日夜,神人之感其捷影响。既睹庙貌就颓,非徒以祀报也。"于是,"故者革,废者举,不三月,焕然一新。"① 至清初,朱彝尊作《游晋祠记》有"圣母庙不知何所自始,土人遇岁旱,有祷辄应,故庙巍奕,而唐叔虞祠反而居其偏者"的疑惑。② 顾亭林更有"今人但知圣母,而不知叔虞"的感叹。水神圣母日隆,正神叔虞日颓,充分说明官府与地方社会对关乎民生的晋水资源的重视,刘大鹏概括历代加封圣母"皆因祷雨应也"。③ 而乡村百姓在这样一个以农业为主导产业的经济生活中,水对他们而言就是生活和生命之源,国家正统意识形态在实际生活中显得是那样无足轻重,甚至可以说是微不足道。难道这真的就是那种民人重利轻义的意识表现？这里还应该引起重视的是,宋代开始建造圣母殿,圣母的地位后来甚至超出唐叔虞,与嘉祐四年（1059）知县陈知白创三七分水之制,甚至后来衍生出"跳油锅捞铜钱"的民间传说或许不无关系。唐代两次修建跨汾渡槽工程后,晋水开始引入东城,五代十国时晋阳又成为各方政权激烈争夺的重地,加之宋统一全国后,各地人口数量出现逐渐增长的趋势,这里就有一个重新分配有限的水资源的问题。圣母"以祷雨应"而加封,民间因争水而跳油锅,二者均发生在宋代中叶,应当不仅仅是一种巧合。

---

① 马朝阳:《重修晋源圣母祠记》,见刘大鹏《晋祠志》卷一,祠宇上,第21—22页。
② 道光《太原县志》卷十三,艺文二。
③ 刘大鹏:《晋祠志》卷八,祭赛下,圣母出行,第194页。

如果说唐叔虞、圣母都属于国家正祀系统的神灵，那么"水母"就是一个被民间社会缔造出的地方神了。水母楼位于难老泉水源之上，俗名梳洗楼，其创建年代《晋祠志》记以嘉靖四十二年（1563），但为何而建，何人创建均不得其详，刘大鹏叙其起因以为"欲人知为晋源水神，而圣母非水神也"①，我看也是牵强附会。至于水母楼上下层神案上之磬与香炉均系嘉靖十一年（1532）、嘉靖十三年（1534）造，岂有庙未建而有预铸炉磬之理，刘氏也断然认定为他庙移置之物。更为明显的是，楼中所塑水母像，座为瓮形，一派农庄少妇装饰，红颜淡妆，青丝半垂，头发上还挂着一只篦梳，呈未梳妆完毕之状。其塑像高仅1.06米，周长1.1米。至道光二十四年（1844）重建后呈两层楼阁，楼下三间石洞，极似农舍式样。很显然，从水母塑像及其楼之规制看，水母肯定不是官方首先认可的神灵，而是根据民间传说的"水母娘娘"的故事建造的。虽然至今当地民人已对水母娘娘附会甚多，但最早的版本还应是《邑志》所载：

    俗传晋祠圣母柳姓，金胜村人。姑性严，汲水甚艰。道遇白衣乘马者，欲水饮马，柳与之。乘马者授以鞭，令置瓮底曰："抽鞭则水自足。"柳归母家，其姑误抽鞭，水遂奔流。急呼柳至，坐于瓮，水乃止。相传圣母之座，即瓮口也。②

对晋水流域"水母娘娘"这一传说，明代太原知县高汝行则认为："坐瓮之说，盖出田夫野老妇人女子之口，非士君子达理者所宜道也。"③对于俗传柳氏为金胜村人，嫁于晋祠村的说法，世居晋水总河的刘大鹏更斥之为"荒诞至极，断不可信"④。

事实上，水母娘娘的传说，是现实社会中晋水北河中心村落花塔、古城营与下游村庄金胜村争夺晋水水权的一种反映。金胜村，又称大佛寺，属晋水北河最末端的村庄，历来用水不足。按照惯例，北河水例军

---

① 刘大鹏：《晋祠志》卷一，祠宇上，水母楼，第35页。
② 转引自《晋祠志》卷四十二，杂编，第1058页。
③ 同上。
④ 同上。

三民三,六日一程,昼夜轮水。万历年间,金胜村人氏柳桐凤以北河渠长将夜水献于晋府,前水不能遍及下游金胜、董茹等村,欲争夜水而起讼,其中一个重要理由就是"晋祠圣母柳氏源头金胜村娘家回马水,军民轮流浇灌禾田,与王府并不相干"。享有用水主动权的花塔、古城营当仁不让,坚持维持现状,此案最后仍以"王府与民间分定日期轮流使水,相传年久,难以更变,应合照旧,将桐凤取问罪论"① 告终。乾隆四年(1739)起,金胜、董茹为争春秋水例再与花塔村大兴水讼,在官府的介入下,此次两村共获得三程春水,算是争得部分水权。② 处于北河末端不利地理位置的金胜村,在同样性质争取水权的两个回合中,一输一赢,最终取得部分水权,所以金胜村人强化并神化"水母娘娘"在晋水流域的地位也势在必然。至今在36村祭祀水母的盛大活动中,仍然保持着金胜村人不到,祭祀活动不得开始的习俗,充分说明民间传统的坚韧性。

往事越千年。晋祠主神在历史长河的洗练中,由唐叔虞而圣母邑姜,再由邑姜而"水母娘娘"。如今,圣母殿以宏大雄伟的建置,际山枕水而居晋祠主轴的突出地位。初受封侯,肇始晋国的唐叔虞却安然偏居晋祠北隅。更有意思的是,民间创造的那位"水母娘娘"选中"永赐难老"的名泉背后,其建置虽似农舍而不足观瞻,但其动人的故事却弥足长远。再套用一句古话,那真是"化荒诞为神奇!"。

然而,正是这位民间创造的水母娘娘,受到了晋水流域36村子民们盛大而虔诚的群体祭典。

## 三 水母娘娘

在晋祠每年所有神灵的众多祭典活动中,民间创造的地方神——水母祭典活动,无论其规模、时间都是当地祭典至最。晋水流域祭典水母的活动自农历六月一日至七月五日,连续月余,而且按照晋水四河的用水制度,各村庄依次祭典,渠甲致祭,众民齐集,演剧酬神,宴于祠所,"历年久而不废"。兹据《晋祠志·祭赛》"祀水母"条,罗列如下:

---

① 《水利禁例移文碑》,见《晋祠志》卷三十,河例一,第800页。
② 《晋祠北河水利碑》,见《晋祠志》卷三十三,河例四,第862—866页。

初一日，索村渠甲致祭水母于晋水源。祭毕而归，宴于本村之三官庙。

初二日，枣园头村渠甲致祭水母于晋水源。祭毕而宴于昊天神祠。以上为南河上河。

初八日，小站营、小站村、马圈屯、五府营、金胜村各渠甲演剧，合祭水母于晋水源。祭毕而宴于昊天神祠。以上金胜村为北河上河，余皆北河下河。金胜使水属下河，故八日同祭。

初九日，花塔、县民、南城角、杨家北头、罗城、董茹等村渠甲演剧，合祭水母于晋水源。祭毕而宴集昊天神祠。

初十日，古城营渠甲演剧致祭水母于晋水源。祭毕而宴集文昌宫之五云亭。以上为北河上河。

十五日，晋祠镇、纸房村、赤桥村渠甲合祭水母于晋水源。演剧凡三日。宴集于同乐亭。以上为总河。

二十八日，王郭村渠甲致祭水母于晋水源。祭毕而归宴于本村之明秀寺。同日，南张村渠甲致祭水母于晋水源。祭毕而宴于待凤轩。以上为南河下河。

七月初一日，北大寺村渠甲致祭水母于晋水源。祭毕而归，宴于本村之公所。北大寺村属陆堡河。

初五日，长巷村、南大寺、东庄营、三家村、万花堡、东庄村、西堡村等渠甲合祭水母于晋水源。以上为中河。

除此之外，阃渠渠甲尊敬水神甚虔，除六、七两月致祭外，先有祭事者四：

一、惊蛰日，阃河渠甲因起水程均诣祠下，各举祀事。

一、清明节，北河渠甲因决水挑河，均行祭礼。而花塔都渠长另设祭品于石塘东致祭。

一、三月朔，北河渠甲因轮水程各举祀事。

一、三月十八日，董茹、金胜、罗城三村共抵祠下献猪。①

---

① 《晋祠志》卷八，祭赛下，第189—191页。

值得重视的是，晋水流域36村在如此宏大的祭典水母活动中，"凡祭水神必兼祭圣母"，刘大鹏认为此"即是敬叔虞耳"。紧随其后的是七月初四直至十四日连续十天的"圣母出行"，虽然这也是一年一度晋水流域众村庄参与的大型祭典活动，但其中的官方正统色彩却隐约可见。《晋祠志》"圣母出行"条载：初四日，"在城绅耆"执抬搁（俗名铁棍，当地一种抬轿的杠物）抵晋祠恭迎圣母出行神像。在城人民则备鼓乐旗伞栖神之楼，中午时分齐集南关厢，随后西南行经南城角村、小站村、小站营，由赤桥村抵晋祠。迎请圣母出行神像的八抬大轿出晋祠另行一路，由赤桥村经南城角村抵西关厢，此时日之将夕，抬搁皆张灯结彩，再入县西门至城中央不偏不倚之十字街，折而南行，出南门抵南关厢，恭奉圣母于龙王庙，此为四日圣母安神礼。

五日，"仍行抬搁，异神楼，游城内外。人民妇女填街塞巷以观之，官且行赏以劝"。中午时分仍齐集南关厢，先入南门，进县署领赏，官赏搁上童男童女银牌，官眷则赏彩花。然后又出西门返城，再出北门返城。日落后出东门，由东关厢河神庙迎龙王神像十七尊仍返入城，最后出南门奉龙王神像于龙王庙。初五日整天就是周游城内外安龙王之神。十日由南关厢龙王庙迎圣母至古城营九龙庙，十七龙王随之而至，众民虔诚致祭。次日古城营演剧赛会。十四日由古城营恭送圣母归晋祠，整个"圣母出行"的活动在晋水流域"巡回"一圈后始告结束。圣母出行活动的中心在县城，且"进县署领赏"，十七龙王随圣母汇于古晋阳城（古城营），最后由古城营送圣母归晋祠，这一群体祭典活动的国家意识形态味道显然不同于祭典水母的民间化依村祭典。

从"渠甲祭资出于众农"的制度中，我们不难发现晋水流域36村祭典水母活动的民间化色彩，而总河晋祠、纸房、赤桥三村及花塔村的特殊性，又会使我们从祭典活动的外表看到其背后水资源争夺的实况。

晋祠、纸房、赤桥三村于十五日合祭水母，"演剧凡三日"。祭典之日在六月望日，恰居持续月余的祭典活动中间，且一般村庄仅在祭典当日演剧一日，或有多村合祭而未演剧者，而三村连续三日演剧，如此安排的深意在于突出晋祠、纸房、赤桥三村的"总河"地位。如前所述，晋祠等三村因地处晋水源头地界，本无渠甲，向来属有例无程，随时浇灌，既不出夫，亦不纳粮。随着水资源在本区域的日趋紧张，"远村人等常欲破此成例"①，尤其是渠甲制创设之初选人良莠不齐，渠甲成为不同村庄争夺水权的关键人物。刘大鹏讲道"充应渠甲者为善良，不愆不忘，率由旧章，自无河案之可虑；渠甲若狡猾，或恃强凌弱，或卖水渔利，或违旧章以争水，或肆贪心以启讼端，种种不一而足"②。雍正初年爆发的南河与总河之争就是一个典型的例子。南河渠长由位居南河末端的王郭村人充任，名为经制渠长，统辖包括南张村、索村、枣园头村、王郭村四村在内的南河事务。时至雍正七年（1729），王郭村人王杰士已把持南河渠长职位达十六年之久。在此期间，王"把持需索，无弊不作"，进而更以晋祠稻地无例，无钱不许浇灌，与总河发生严重冲突。太原县知县龚新借此"除王杰士结党把持水利另案归结外"，特在原晋水四河的基础上，将晋祠、赤桥、纸房三村划为渠首范围，并设立晋祠渠长一名，经管南北两河有例无程地亩。尤其是此次整顿以南河推及晋水四河，制定"禁饬事宜七款"规范渠甲：宜按年更换；宜选择良民；宜派定工食；宜秉公派夫；宜永禁卖水；宜各守界限；宜官给印照并分地稽查。③ 雍正初年此次整饬不仅树立了晋祠总河渠长的绝对权威，解决了"南北两河渠甲，由下流而侵及上流，越界强霸，致使总河稻粟田亩不得因时灌溉，因启讼端"④ 的问题，而且在36村祭典水母的象征性仪式中出现了"地主"与"宾客"之名分。《晋祠志》"祀水母"条载："凡总河祭期，四河各渠长肃衣冠，具贺仪，诣同乐亭庆贺，而总河渠甲待以宾礼。凡四河祭期，总河渠长亦肃衣冠，具贺仪，为之庆贺，以尽地主之礼。"⑤

花塔村在祭典水母的活动中也很特殊。据载，六月初八、初九、初十三日为北河各村庄祭祀水母之日，要连续演剧三天。然"所演之剧，系花塔村都渠长张某写定，发知单转达古城、小站、罗城、董茹村、五府营，届期各带戏价交付"⑥。《晋祠志·河例五》又专设"祀晋源水神"条，载"演剧酬神知单：晋水北河都渠长张某为酬报神恩事，特转某村

---

① 刘大鹏：《晋水志》卷四，总河北河口。
② 刘大鹏：《晋祠志》卷三十一，河例二，第803页。
③ 《晋水碑文》，见刘大鹏《晋祠志》卷三十二，河例三，第845—850页。
④ 刘大鹏：《晋祠志》卷八，祭赛下，第190页。
⑤ 同上书，第191页。
⑥ 同上书，第190页。

把总知悉：本月初八、九、十日晋祠庙圣母尊前献戏三期，戏价钱几十几千文，至日早到拈香，不可失误。轮流转送，勿得迟延"①。花塔村之所以有如此突出的地位，主要原因有二：其一，北河渠长为花塔村张姓世袭，北河又是整个晋水流域四河中用水量最大的村落群体，晋水流域36村中北河流域即占到19村，而"南三北七"的水权分配使北河明显占据主流。其二，花塔村地处北河咽喉，下游使水必经花塔。加之北河自明初以来，与王府使水"军三民三"，花塔遂成为与总河、王府、北河下游各方争水的焦点村庄。明之嘉靖、万历，清之雍正、乾隆、光绪年间花塔与前述三方均发生过不同程度的水权纠纷。花塔村的作用既如此重要，花塔村张姓世袭的北河都渠长自是当仁不让。按北河常因西边山峪洪水泛滥，河床堵塞淤积，以致有碍渠路，水不畅流，每年清明节、霜降节北河各村决水挑河，破土开渠，担河渣，割河草均按村派夫，届时花塔都渠长统领其事，特制破土知单（有破土行礼仪节、破土口诀、破春土祭文、破秋土祭文）、挑河知单，担河渣知单，割河草知单轮流转达知会各村渠甲，并要求各村"切勿迟误"，都渠长的权威形象俨然可见。与此俨然形象相对应的是都渠长于每年三月初一北河起程溉田前群宴各渠甲的慈然形象：

> 北河上两河轮程溉田，岁以三月初一日起程。是日，花塔都渠长率各村渠甲恭诣晋祠，净献刚鬣（都渠长备）柔毛（罗城村水甲备）祭祀晋水源神。
> 
> 起程祭神之次日，都渠长于其家设筵张乐，以待贺客，名曰贺渠长。北河一切渠甲各备贺仪，皆抵达花塔跻堂拜贺，燕饮为乐。②

在整个晋水流域36村水利祭祀系统中，祭典"水母娘娘"是民间社会最为看重的盛大活动。晋祠总河渠长、花塔都渠长能够在此活动中占尽风光，与之在水资源争夺的各个回合中常常处于优势地位的情状是紧密相连的。令人思考和回味的是，晋祠总河渠长因官方介入而确立，花

---

① 刘大鹏：《晋祠志》卷三十四，河例五，第875页。
② 同上书，第873页。

塔北河都渠长的确立却与"水母娘娘"的传说一样,也埋伏着一个悠久的民间故事。正是这种无证无据,又难以考定的民间传说,构成了晋水流域水利祭祀系统不可或缺的重要环节。

## 四 "张郎"及其他

犹如晋水流域36村在晋水分配和使用中有总河、北河、南河、中河、陆堡河之分,渠甲有总河渠长、都渠长、渠长、众水甲一样,晋水流域水利祭祀活动也有主神与"村庄神"的层次区别。如果说唐叔虞、圣母邑姜、水母娘娘都是全流域各村庄共同祭典的主神的话,那么,取材于跳油锅捞铜钱的花塔村英雄张郎就是一个"村庄神"了。至今流传在晋水流域的"民间话语"如此描绘这一故事。

相传数百年以前,晋水南北两河因争水屡起纠纷,甚至每每械斗以至酿成人命事故。有一年清明时节双方又起争端,并且抬着棺材要拼个你死我活。后来县官出面调停,在难老泉边置一大油锅,底下燃起柴火,待油锅沸腾后投入铜钱十枚,代表十股泉水,双方同时派人捞取,捞取几枚铜钱便可得到几股泉水,以此定例,永息争端。参加争水的两河民众面面相觑。此时,北河人群中闪出一位青年,跃入沸腾的油锅捞出七枚铜钱,而后壮烈牺牲。于是县官判定北河得晋水十分之七水量。难老泉前面石塘中石堤和人字堰就是这样建立起来的。据说,北河人群中跃入油锅捞铜钱者为花塔村人,因年久失名,乡人呼为张郎,现"金沙滩"中高两米多的分水石塔,就是后人为纪念张郎而建的"张郎塔"。

对于这样一个附会甚多的动人故事,光绪年间的刘大鹏即断言"荒唐不可信也"。且"询之父老,众口一词,不知其所以然,亦惟讹传讹而已"。[①] 事实上,张郎跳油锅捞铜钱的故事正是宋代嘉祐初年知县陈知白定三七分水之制的直接反映。虽然我们无从判断张郎的故事起于何时,但花塔村人正是利用(或曰自造)这一传说强化了自己北河都渠长的地位,无中生有的争水英雄张郎成为花塔村张姓都渠长世袭不更的依据。于是,每年清明节代代相传的花塔张姓渠长呼朋引类,设坛祭典张郎便

---

① 刘大鹏:《晋水志》卷二,旧制。

成为晋水源头的一道风景。年深日久，故事变成"真事"。笔者大学时代的一位刘先生曾有"智伯渠头游人过，犹闻乡老叹张郎"的诗句，也可说是画龙点睛了。

在不同的水利集团村庄及单个村庄的"村庄神"中，除了"水母娘娘""张郎"这类纯属子虚乌有而被有目的地"创造"出来的神灵外，晋水流域水利祭祀系统中，还有许多先前为争取本村庄水利权益有过功业，而死后被视为神灵受到顶礼膜拜者，此类神灵至同治年间在晋祠总河界内竟多达九位：太原府、阳曲县、太原县历任知府、知县陆应谷、陈景曾、靳廷钰、龚新、黄捷山、戴广仁；晋祠村乡绅杨家三代杨廷璿、杨二酉、杨云涵。前六位为雍正年间最终订立晋水总河渠甲制度之地方官吏，后三位"为桑梓争利弊"而得崇祀。总河制确立后，赵发善等十四位总河渠甲特立《晋祠水利纪功碑记》，"略纪其梗概，使后人闻风奋发"①。世居总河界内的刘大鹏在《晋祠志》中特为上述数人立传，崇奉之意溢于言表。在36村祭祀水母的盛大活动中，每年六月十五，晋祠、纸房、赤桥渠甲合祭水母，并"将有功于总河之官绅，设木主于献殿，以配享之"②，遂成惯例。不仅如此，雍正间有"晋祠豪杰之士，惟杨封翁足以当之"的说法。因杨氏家族维护渠众利益，总河流域村民"群以为德，共议于杨公宅侧开口，俾杨公家易于汲水以酬之，因之名曰'人情口'"③。真可谓是人神共享了。

然而，就是上面提及的那位被官方和刘大鹏斥之为把持水利无弊不作的"河蠹"王杰士，却在本籍王郭村受到赞誉。现存王郭村《王氏家谱》稿本中王杰士简直就是一位英勇善斗的传奇人物：

> 其本性刚毅，强悍好斗。一年北河总渠，在古城营满汉武举带领下，强行淘河，并无理垫高南河水平石。王杰士知道后，毫不示弱，终于在他的唆使下，枣园头村民雷四奋勇当先，趁人不备，将武举推下河去，用镰刀砍死。然后投案自首。事后南河五村，共同

---

① 《晋祠水利纪功碑记》，见刘大鹏《晋祠志》卷三十三，河例四，第851—852页。
② 《晋祠志》卷八，祭赛下，第190页。
③ 刘大鹏：《晋水志》卷四，南总河水口。

出钱厚葬雷四，并赡养老母直至百年。

  太原知县，因惧进士（晋祠杨二酉）权威，只听一面之词，修改晋祠水程……王杰士自感执拗不过，遂迁全家至介休县改名换姓，自后下落不明。①

  对于河神、龙神这样各地普遍祀奉的水利神灵，晋水流域各村也采取了群体活动的形式。六月二十四日为河神诞辰，"凡沿河人民均于河神庙陈设祭品以祀之"②，《晋祠志》以此简单一句概括祭祀河神事，可以想见，祭祀河神比起祭祀水母娘娘的宏大场面真是太相形见绌了。个中原因也很简单，那就是，流经晋水36村流域东界的汾河常常泛滥成灾，民众祭典河神首先是祈祷河神不再给沿河流域带来灾害，而对水母娘娘的祭典则首先是祈望能够更多地兴利益众。祸福之间、利害之间，在民众的价值观念里其实是很明晰的。

  晋水流域36村祀奉的龙神名曰黑龙神。民间相传，天龙山龙洞中有黑白二龙王，两相争斗，白龙最后战胜黑龙，远近各村因白龙行云布雨，给民间带来雨沛丰年，遂在白龙洞旁修建白龙庙。但也不敢得罪那位黑龙，于是在修建白龙庙的同时，也在南山洼为黑龙造了一座黑龙王庙。刘大鹏《柳子峪志》载"黑龙王灵感所著，不亚白龙王神，凡到白龙王庙祈雨者，必到黑龙王洞虔诚拜祀"③。晋水流域对黑龙神的祭典也很隆重。《晋祠志》载，每年三月初，地处天龙山入口处的纸房村人赴天龙山迎请黑龙王神至该村真武庙祭祀，之后是流域各村挨次致祭，直至秋收已毕，晋祠村自纸房村恭迎黑龙王神像至献殿，然后，流域十数村农人合集文昌宫，公议送黑龙神入山之期，次日张报于晋祠南堡，以便众人周知。送神入山前一日，各村抬搁齐集晋祠北门外，由关帝庙请神游行各村，纸房、赤桥、晋祠、索村、东院、三家村、万花堡、濠荒、东庄、南大寺、长巷村、北大寺、塔院13村巡行一圈，仍至晋祠北门外安神始

---

  ① 王树人、王锡寿主修《太原市南郊区王郭村王氏族谱》，1992年内部自印本。晋祠二中教师武炯生提供。
  ② 刘大鹏：《晋祠志》卷八，祭赛下，第193页。
  ③ 刘大鹏：《柳子峪志》，见刘大鹏《晋祠志》下册，第1283页。

散。农历九月初三日,"晋祠纸房等十数村各备旗撒抬搁恭送黑龙王神入天龙山"①。一生喜好舞文弄墨的刘大鹏对"天龙山祷雨"的艰辛和虔诚也有诗句形式的表达:

> 乡邻祷雨届新秋,不怕高山在上头。
> 扳薜方才跻险岫,转弯却又越深沟。
> 穿林踏磴踵虽破,觅寺寻僧步勿休。
> 既到天龙时已午,拈香献膳向神求。②

事实就是如此,虽然在地处干旱区的黄土高原,有晋水这样的自然水源对流域来讲已是至大的福祉,但民间社会在重视晋水的同时,又渴望得到龙神的赐福,以使风调雨顺,年谷丰登。按老话讲,具有迷信色彩,不会带来任何实际利益的龙神也受到了民众虔诚的祭拜,或许,这正是"尽人力而后听天命"这一民间传统文化的内蕴所在。

## 余 论

国家与社会的关系不仅是一种非均衡的、错综复杂的关系,也是一种交互作用,不断互动与调整的关系。在此范畴中,西方与中国应该会有共性的东西,而更多的可能是基于不同经济文化乃至生产生活方式而表现出的特殊性,即使在传统中国范围内,不同的区域空间,不同的具体事件都会有不同的,甚至可能是截然相反的国家与社会间的运作模式。晋水流域36村水利祭祀系统的历史演变过程,可能会对我们相关的讨论提供一个独特的个案。

在晋水流域36村水利祭典系统中,从唐叔虞、圣母邑姜、河神、黑龙神到水母娘娘、张郎乃至于实际生活中的王杰士、杨氏父子等,他们或为国家和官方屡加赐封的神灵,或为完全由民间不同村庄共同体"创造"出的地方神,甚至干脆就是"村庄神";他们或受到晋水流域36个

---

① 刘大鹏:《晋祠志》卷八,祭赛下,第203页。
② 刘大鹏:《晋祠志》卷二十八,文艺上,诗,第734页。

村庄一致的祭典，或受到某些村庄的膜拜，或单个村庄视为神灵，其他村庄则弃之不顾；唐叔虞、圣母起初虽为官方认可和赐封，而晋水流域村落也对此虔诚祭典；水母娘娘最初并不为官方所封，但就是这样一个由单个村庄"创造"的少妇神像却受到全流域最为隆重和持久的祭拜。国家与社会的界限实在是模糊不清的，二者的关系不是简单的对立和汇合，而是多重的互动和多元的建构。要之，在各种不同祭祀活动的背后，存在着不同水利共同体的现实需求。物质生活决定精神生活，仍然是一条永恒的法则。

从晋水流域36村水利祭祀系统演进的过程审视国家与社会的复杂关系，同样促使我们进一步思考"中心"与"边陲"之间的关联。在对中国社会空间的多种论述中，美国学者施坚雅（Skinner）区域体系理论（regional system theory）或许是对目前中国研究中影响最大的理论模式。在施坚雅看来，按照河流系统从支脉到干流的层次，中国可分为九大区域，而每一个宏观区域内都包括中心和边际两大部分，各个区域间以及每一个区域内部的中心地带和边缘地带之间，在空间和时间上都存在着差异，基层社会的中心地就是星罗棋布的集市。晋水流域36村水利祭祀系统的实际告诉我们，村庄作为一个具有共同利益的公共团体，在地方社会事务中有着不可忽略的地位。晋水天然地赋予流域各村程度不同的恩惠，因而产生了共同顶礼膜拜的水神，而位居晋水上游的中心村庄与地处下游的边缘村庄，由于空间的不同导致利益的不同，因而有了"村庄神"的出现。再有，与中国南方及其他区域不同，宗族势力、乡绅集团在晋水流域水资源的争夺和祭祀活动中并没有显现出特殊的角色功能，而各村庄推举出的渠甲却有着无可替代的、举足轻重的地位和作用。重要的是，渠甲并不是宗族和乡绅的代表，相反则是某一村庄利益公共体的代表，即如水母娘娘、张郎分别代表金胜村、花塔村利益，杨廷璿、杨二酉这样本身具有功名的乡绅也是代表着晋祠总河的利益。以村庄为共同利益的公共团体，才是晋水流域多村庄水利祭典中最重要的实际角色，村庄在地方社会中的地位和作用不可小觑。换言之，村庄或可说是国家与社会的关联体。本文对晋水流域36村水利祭祀系统的考察，可否对此再提供一个内陆地区个案的例证？笔者最后还想再次强调的是，晋水流域36村水利祭祀系统的背后，隐藏的是多村庄争夺有限水资源的激烈冲突，而这种冲突又是明清以来该区域人口、资源、环境状况日益恶化的表征。只有将晋水流域祭祀系统纳入整个中国社会的总体变迁趋势中，才有可能揭示祭祀背后丰富的历史内容。

# 明清以来晋水流域的环境与灾害
## ——以"峪水为灾"为中心的田野考察与研究

## 引言 "时过境迁"环境史

全球范围内的环境和生态危机使现代意义上的环境史学科应时而生。然而,环境史的学术渊源却比环境史要早了许多。伊懋可(Mark Elvin)认为:"作为一个有自我意识的研究领域,它的(指环境史——笔者按)学术思想渊源也许可以追溯至17和18世纪的西欧,尤其是自然主义者、医官和行政官员,他们关心全然不熟悉的热带环境,以及西欧人对这些环境之破坏。"[①] 德国学者约阿希姆·拉德卡则认为:"对历史学家来说,历史和自然的统一依然是一个古老而又十分有趣的梦。早在19世纪的历史著作中,生物自然主义(Koselleck)就已经蔓延。批判的环境史恐怕开始于历史著作中早已存在的野史中。"[②] 如此看来,中国环境史的学术渊源更加悠久,即以第一部真正系统的史书《春秋》算起,至今也有两千多年的时间,遑论难以胜计的神话传说和"稗官野史"。如果将环境史的视野放得更加宏阔一点,我们是否可以说,自有文字记载以来,有关环境变迁以及人与自然的关系就已成为史书的内容之一,中国环境史的学术渊源其实比西欧要早得多。"大禹治水""精卫填海"这样的传说故事在后现代主义者看来不也是非常重要的"文本"吗?

---

① 伊懋可:《导论》,载刘翠溶、伊懋可主编《积渐所至——中国环境史论文集》(上),"中研院"经济研究所2001年版,第1页。又,本书受赠于台北"中研院"经济研究所,特此致谢。

② [德] 约阿希姆·拉德卡:《自然与权力——世界环境史》,王国豫、付天海译,河北大学出版社2004年版,第1页。

学科的产生其实是对现实的回应,亦即时代的产儿。现代学科意义上环境史的出现实在是日益严重的环境和生态危机催生的结果。第二次世界大战后,随着西方大国经济高速持续的增长,发展和破坏结伴而生:一方面是工业化和城市化的飞猛推进,一方面是由此而来的资源和原料的大量消耗。空气污染、水体污染、物种缩减、疾病增多、土地紧张、森林萎缩等等环境和生态问题日益成为社会经济繁荣背后的隐患,一种缺乏安全,甚至是危机四伏的焦灼感笼罩着地球上最发达的区域。就是在这样的社会现实氛围中,人们开始反思自己赖以生存和习以为常的工业文明,以及这种文明带来的幸福与不幸。由是,席卷西方的"环境主义运动"越卷越大,以环境主义为理论指导研究历史上人与环境的互动关系的环境史应时而生。就像工业化的浪潮由西而东一样,环境史首先在美国呱呱坠地。包茂宏认为,以人类和环境相互作用为研究对象的环境史最早于20世纪60年代在美国出现,其标志是海斯《保护与效率主义》(1959)和纳什《荒野和美国思想》(1967)两部著作的出版。[①] 对中国环境史有组织的合作研究始于1993年年底由台北"中研院"经济研究所和澳洲国立大学太平洋研究学院联合在香港举办的"中国生态环境历史学术讨论会",此会的成果便是刘翠溶、伊懋可主编的《积渐所至——中国环境史论文集》。近年来,大陆史学界对环境史研究也开始重视起来,管见所及,师兄夏明方用力甚勤,朱士光、萧正洪、王利华等人也有相关成果问世。2005年似乎是中国史学界的"环境史年",笔者所知相关学术会议就有四个:"中国历史上的环境与社会"(南开大学);"人类社会经济行为对环境的作用与影响"(陕西师范大学);"清代灾荒与中国社会"(中国人民大学);"明清以来人口资源环境与社会变迁"(山西大学)。

然而,环境史是什么?环境史研究的范畴又是什么?对于这样一些关涉学科创立的基本问题事实上仍是众说纷纭,难有定论。梅雪芹在新近出版的《环境史学与环境问题》中这样评断:"由于其作为一门学科的历史不长,因而尚难对环境史做出全面的总结和定论。即使环境史学家

---

[①] 参见包茂宏《环境史:历史、理论和方法》,载《史学理论研究》2000年第4期。

对于什么是环境史、如何界定环境史的对象等，也有各自的理解。"①
1979年推出《尘暴——1930年代美国南部大平原》并获美国历史学最高奖、近年来在中国国内也颇受推崇的美国环境史学家唐纳德·沃斯特曾诙谐地说："在环境史领域，有多少学者就有多少环境史的定义。"② 这里我们不必过多地去讨论学科意义上环境史的定义和范畴，看看实践层面上布罗代尔那部享有盛誉的《菲利普二世时代的地中海和地中海世界》，环境史之"宏阔"也足以让人"头晕目眩"。众所周知，这是一部体现布氏"三时段"历史观的代表作，其中"第一部分　环境的作用"，"论述一种几乎静止的历史——人同周围环境的关系史。这是一种缓慢流逝、缓慢演变，经常出现反复和不断重新开始的周期性历史"。③ 这里涉及的"环境"包括山脉、山区、高原、山坡地、丘陵、平原、大海、海峡、陆地、岛屿、沙漠、绿洲、大西洋、气候、灾害、季节、流行病、交通、航运、道路等，甚至还有资源、山民、水利、迁徙、城市、贫困、商队、侨商、经济、人口、粮食等内容。国内的环境史研究也相当宽泛，一篇综述"生态环境变迁史"的文章就涉及区域经济发展与环境变迁之关系、古代都城与生态环境之关系、动植物变迁与区域沙漠化、灾害与疾疫问题、气候变迁等五个方面。④ 可以说，"很久以来，环境史常常以色彩斑斓的大杂烩的面目展现在世人面前"，⑤ 也可以说，现代意义上的环境史学科尚在成形的过程中。"草鞋无样，边打边像"，环境史只有在研究的实践中才能逐步形成自身的学科理论体系，并且确定其在史学园林中的地位。

环境史首先是一种"时过境迁"的环境史。结合国内环境史研究的现状，笔者以为，在环境史研究的起步阶段，以下几个问题尤其应当引起研究者警觉。第一，环境史应当"走向田野和社会"。"环境史的主要

---

① 梅雪芹：《环境史学与环境问题》，人民出版社2004年版，第9页。
② 包茂宏：《唐纳德·沃斯特和美国的环境史研究》，载《史学理论研究》2003年第4期。
③ [法] 费尔南·布罗代尔：《菲利普二世时代的地中海和地中海世界》（上卷），唐家龙等译，商务印书馆1998年版，第8页。
④ 佳宏伟：《近十年来生态环境变迁史研究综述》，载《史学月刊》2004年第6期。
⑤ [德] 约阿希姆·拉德卡：《自然与权力：世界环境史》，王国豫、付天海译，河北大学出版社2004年版，第6页。

魅力在于，它激励人们不只是在'历史的遗迹'，而是在更广袤的土地上发现历史。"① 环境史研究需要"流浪者的目光"，需要研究者有敏锐的"问题意识"去发现、去体验环境变迁的历史。如果说，有些学科，包括历史学的一些专门领域可以在书斋和图书馆做出一流学问的话，环境史这样的实证性学科脱离开田野和实践是不太可能的。我们很难想象一个连现实环境状况都没有亲身体验，甚至"两耳不闻窗外事"的学者，怎样悬想和构筑出优秀的环境史著述来。第二，环境史研究要从区域史做起。环境几近无所不包，一个地区与另外一个地区也许有着迥然不同的自然环境条件，何况中国又是一个幅员辽阔、各种自然环境条件错综杂陈的国度。所以，"环境史的真正突破恐怕只有通过对各地区的实地调查研究才能实现"②。选择一个具体的区域进行田野考察和研究，也许是起步阶段中国环境史研究的正途之一。第三，环境史研究要有"长时段"的眼光。环境变迁是一个长期复杂的缓慢过程，现实环境的恶化是长期积累和演变的结果。环境变迁过程中虽然不排除有地震、火山爆发等突发的灾难，但此类生态灾难往往会带来深远的环境影响。因此，环境史研究应关注自然环境长时期的演变过程，布罗代尔的"长时段"视角在环境史研究中应当是很好的借鉴。

基于以上对环境史的初步认识，本文试图在田野考察和文献解读的基础上，对明清以来晋水流域的环境变迁与水灾，特别是"峪水为灾"现象进行个案研究。不妥之处，尚祈指正。

## 一 "枕水际山"：晋水流域的环境要素

"环境"几乎是一个无所不包的概念，它既属自然，又属人文。气候、土地、山脉、海洋、河流、森林、矿产、生物、作物、灾害等等都与之直接或间接相关。然而，对于一个具体的区域而言，除了气候这样的大环境变迁之外，每一个不同的区域都有其自身的环境特性，亦即决

---

① ［德］约阿希姆·拉德卡：《自然与权力：世界环境史》，王国豫、付天海译，河北大学出版社2004年版，前言第2页。

② 同上。

定区域社会经济发展的环境要素。环境史的研究应避免罗列各种环境因素的弊端，而应抓住区域环境要素，凸显区域特征，真正找出环境与区域社会变迁的脉络。"南涝北旱"本是一般意义上中国南北方的主要差异，但在北方也不排除发生严重水灾的可能。地处北方黄土高原的晋水流域历史时期也曾发生过严重的水灾，其环境要素就是方志中历来引以为豪的"枕水际山"的描述。

晋水流域以晋水得名，晋水即至今仍颇负盛名的晋祠园林中以难老、鱼沼、善利三泉汇合而成的泉水。此区域地处山西省会太原西南部，今属太原市晋源区，包括金胜、晋祠、姚村三镇和晋源、罗城、义井三个街道办事处。鸟瞰太原市区图，汾河自北而南贯穿其中，西南部晋水流域背靠西山，中有晋水四河穿流其间，再东即濒临汾河。"枕水际山"四字确是其地形特征的简要概括，同时也是决定当地社会经济发展的环境要素。

晋水的开发和利用历史悠久。史载，周贞定王十六年（前453），晋世卿智伯联合韩魏欲取赵氏晋阳城（今古城营村遗址），然晋阳城固若金汤，"三月不拔"，于是开渠决晋水而灌之，城中"悬釜而饮，易子而食"。后赵襄子与韩魏媾和反攻智伯，智伯兵败身亡，晋阳解围，三家分晋，战国纷争的局面由此拉开序幕，"智伯渠"也由此得名。汉代以后，当地民人开始利用"智伯渠"渠道旧迹，灌溉田亩。隋唐时期，晋水进一步得到开发，溉田面积进一步扩大，又两次修建跨越汾河的渡槽工程，将晋水引入对岸的东城。至此，北河、南河、中河、陆堡河四河渠系基本形成。同时，晋阳城经历代增充扩建，至唐代已形成横跨汾河两岸，由都城、东城、中城组合而成规模宏伟的"龙城"。

宋代晋水灌溉系统进一步完善，溉田面积达到鼎盛时期。其时太原尉陈知白鉴于"晋水奔流，溉田无多，诸多田畴，水虽能及，乃民皆惧以水增赋，悉不敢溉之为用，水竟付之东流"的现状，剀切晓谕，浚晋水水源为十分，并划定三七配水比例，使晋水管理有了简而易行的制度。于是，"凡溉田数万亩，民利于是大溥"。[①]

---

[①] 刘大鹏著，慕湘、吕文幸点校：《晋祠志》（上册），山西人民出版社1986年版，第478页。以下仅以《晋祠志》出之。

唐宋以后直至元末，太原城郊成为中原统治者与北方少数民族政权长期争夺交战的重地。公元923年李存勖建后唐定晋阳为"西京"；936年石敬瑭建后晋在晋阳称帝；947年刘知远建后汉又称帝于晋阳；951年刘崇建北汉也在晋阳。少数民族政权一溜烟地南下称雄，晋阳城郊一系列的建设与毁坏，真应了那"城头变幻大王旗"的名句。尤应指出的是，宋太平兴国四年（979），宋太宗赵光义第三次征讨北汉，竟放火焚烧经营千年的晋阳古城，次年又复演智伯旧剧，引晋水、汾水狂灌晋阳废墟，晋水又一次扮演了变利为害的角色。连绵不断的战事，使晋水渠系遭到严重破坏，争水冲突日趋激烈，所谓"水利虽云溥博，而水争则极纷纭"也。[1]

宋毁古晋阳城后，筑平晋县城于今汾河东岸小店区城西村之东，明洪武初年平晋县城又被洪水所没，复徙县治于汾水以西晋阳古城遗址。洪武八年（1375），太祖朱元璋废平晋县为太原县，清代仍袭之。在晋水利用方面，明清两代用水制度更加严密，尤其是清雍正七年（1729），太原知县龚新特设晋祠总河渠甲一名管理晋水全河事务，同时增定禁饬事宜七款，从各方面限制规范渠甲权力，并通令各河一体执行，至此晋水流域各河渠及村庄普遍丈量田亩、清造《河册》，晋水总河及四河溉田村庄进一步明确：

总河：晋祠、赤桥、纸房。

北河上河：西镇、花塔、硬底、南城角、沟里、壑里、杨家北头、县民、古城营、罗城、金胜、董茹。

北河下河：赤桥、硬底、小站营、五府营、马圈屯。

南河上河：索村、东院、枣园头。

南河下河：王郭、南张。

中河：长巷、西堡、南大寺、三家、东庄、万花堡、东庄营。

陆堡河：纸房、塔院、北大寺、东庄。

以上赤桥村得总河、北河下河之水，硬底村得北河上、下河之水，东庄得中河和陆堡河之水。又，新庄村地处南河末梢，濠荒村、野场村位居四河退水的清水河畔，此三村虽无水例却沾晋水灌溉之利。这样，

---

[1] 刘大鹏：《晋水志》卷二，旧制。稿本复件现存于山西大学中国社会史研究中心。

晋水实际灌田波及流域共36村。晋水泱泱，惠泽三晋，历来是该地区经济发展民生富足的根本。乾隆年间以力争总河利益而"名扬乡里"的杨廷璇曾作一长联，表达的正是乡民对晋水恩泽的无限情怀：

> 溉汾西千顷田三分南七分北浩浩同流数十里淆之不浊；出翁山一片石冷于夏温于冬渊渊有本亿万年与世长清。

杨氏这里所谓的"冷于夏温于冬"确是晋水的特质。现代科学测量表明，晋水水温常年为17.5°C，并含有丰富的钾、矾等矿物质，加上晋水流域土壤肥沃而略带碱性，是北方地区少有的宜于农耕的"水田沃土"。晋水浇灌了源远流长的三晋文明，同时赐给了晋水流域特有的水利产业。

晋水流域最负盛名的农作物是引晋水浇灌的晋祠大米。晋祠大米在此特定区域水土的滋润下，洁白纤长，"味殊精美"。至今乡民仍称它与天津小站大米一样同为华北地区的米中珍品，甚至一度曾作为"贡品"。按《元和郡县志》"隋开皇六年，引晋水溉稻田，周回四十一里"[1]的说法，晋祠大米至少也有1400年以上的历史。当地人称稻田为水田，又称稻畦。四周筑埂排列整齐依次灌水的一块块稻畦在晋水流域远看不可望及，刘大鹏说："晋水所溉稻畦甚多，无虑数千百亩。"[2] 据载，1936年，晋祠大米种植面积共4319亩，平均亩产125公斤，总产量达100万斤以上。[3]

与晋祠大米一样得益于水土而闻名的是大寺莲藕。大寺以北齐创建的崇福寺得名，分南大寺、北大寺两个村庄，毗邻晋祠，中河、陆堡河分别灌之。"大寺荷风"为晋祠著名的外八景之一，清代杨二酉"莲村千顷色，真作万荷庄"的诗句，描写的正是大寺莲藕景色。据称，大寺莲藕切开后丝长尺余，可谓"藕断丝连"，制成凉菜可存放七八日而色香味

---

[1] 《元和郡县志》晋阳县。
[2] 刘大鹏：《晋祠志》（上册），第125页。
[3] 太原市南郊区地方志编纂委员会编：《太原市南郊区志》，生活·读书·新知三联书店1994年版，第196页。

不变。旧时祁县、太谷、平遥一带商家字号逢年过节总要专程前来购买，甚至远销张家口、内蒙古、北京、天津等地。① 大寺莲藕通常在春季芒种前后埋莲秧于稻田，故而有"水地则种稻与莲"之说。②

水磨业是得晋水之利的一大产业。据嘉祐八年《重广水利记》"碾竖之具鳞次而动"推断，晋水流域的水磨业至迟在宋代已经出现。晋水流域地势西高东低，水流湍急，利用水流的重力势能带动石磨加工粮食的水磨业由此形成。刘大鹏《晋祠志》载，晋水流域计有水磨65盘，其中北河13盘，南河10盘，中河28盘，陆堡河15盘。水磨加工粮食需经过水洗、去皮保持纯净，食品品质不易破坏，且有营养高、味道正、口感柔软香醇等特点，加之明清以来晋祠地区商业繁盛，人口集中，水磨业也有很大的市场需求，粮食和米面遂成为晋祠商业交易中的重要部分。"晋水之俗，富者以有水磨为美产，商人以守水磨为良业"③，且"凡磨系面商居之，生意兴隆者，多日日磨面"④。若按每盘水磨每天加工两担面，碾三担米，大磨可磨面四到五百斤计算⑤，65盘水磨每年加工面粉至少当在500万斤以上，其数量也不可谓不大。

晋水流域另一个水利产业是传统的造纸业。由于造纸的原料主要是当地的稻秸和麦秸，故又称草纸。这种草纸的制作一般要经过石灰水浸泡原料、蒸草、洗草、粉碎制浆、水洗纸浆、手工捞纸、室外晒纸、整纸成型八道工序。⑥ 可以看出，造纸的整个工序需要充足的水量来保证。这样，在晋水流域拥有特殊权利、地处晋水出口的总河流域便在造纸业方面有了"近水楼台"的便利，其中纸房、赤桥历来造纸业十分发达。世居赤桥的刘大鹏在其《退想斋日记》中多次提到"里人生涯资耕作者十之一，资造草纸者十之九"以及乡民忙碌于造纸的情状：

---

① 胡克毅、魏民主编，张德一撰稿：《晋源史话》，北岳文艺出版社2003年版，第340页。
② 刘大鹏：《晋祠志》（上册），第127页。
③ 同上书，第138页。
④ 刘大鹏：《晋祠志》（中册），第953页。
⑤ 按：晋祠地区一担面约有168市斤。参见郝润川《晋祠水磨》，见杜锦华主编《晋阳文史资料》第5辑，第246页。
⑥ 郭华：《赤桥传统造纸》，载王海主编《古村赤桥》，山西人民出版社2005年版，第179—188页。

吾里人民，皆资造纸为生，每岁秋季，家家户户各修晒纸墙，馆之左右，其墙甚多。日来里人鸡鸣而起，即来此间挑水和泥，天晓涂抹，一家抹墙，邻人相助，每日凌晨，馆之左右即人声鼎沸，亦里中幸事也。①

民国以后，造纸业虽有衰败之象，但仍为当地农业生产之余的收入之一。1935年的一份社会调查显示：当时，纸房村制纸家数21家，占全村家数的47.73%，年收入6720余元；赤桥村78家，占全村家数的61.4%，年收入在2万余元。②造纸业虽系"小规模之手工业副业"，但一般家庭也没有足够的固定资本，"各村的资本，多数皆系他人投资，如纸房之资本，半数均系晋祠商人、农人所投"③。"赤桥村里没闲人，春夏秋冬生意浓。刮风下雨不能息，男女老幼作纸忙。"这首流行在当地的民谣，既道出了造纸人的辛劳，又蕴含着温饱生活的惬意。

"枕水际山"的晋水流域，西面背靠的是吕梁山脉的东翼云中山。云中山所属太原地区的大小山脉，自南而北依次有苇谷山、蚕石山、尖山、象山、悬瓮山、天龙山、卧虎山、龙山、太山、婴山、蒙山等，当地人呼为"太原西山"，海拔一般在800—1800米之间，其中婴山石千峰1860米，系西山最高峰。西山诸山脉皆东北西南走向，由此形成大致呈东西走向线性排列的九条山峪，当地人又称"西山九峪"。西山九峪自南而北依次是南峪、黄芦峪、柳子峪、马房峪、明仙峪、风峪、开化峪、冶峪、西峪，其中柳子峪、马房峪、明仙峪、风峪四峪位居晋水流域正西面。步入晋祠，拾级而上，对面群山耸立，一望无际，山与山之间宽度不一的深沟，即民人所称之"峪"。

西山诸峪富有矿藏，尤以煤、矾、铁、硫黄等矿产闻名。道光《太原县志》有卧虎山出"石炭"，尖山"产矾出石炭"，风峪"出石炭石灰"，明仙峪"出石炭"，马房峪"出矾"，柳子峪"出石炭出矾"的记

---

① 刘大鹏遗著，乔志强标注：《退想斋日记》（光绪二十一年九月二十四日），山西人民出版社1990年版，第46—47页。

② 刘容亭：《兰村、纸房、赤桥三村之草纸调查》，载《新农村》第三、四期合刊。

③ 见刘容亭上揭文。

载。① 位居晋水流域的西山四峪除马房峪稍短外，其他三峪一般在10公里以上，峪底宽度在40—100米左右，其实也是一种季节性的河流。

枕水际山的特定自然环境，长期以来是晋水流域乃至整个山西境内最美的胜景之一，它带来了美景，也带来了富足，其景其状历来为文人墨客赞叹不已。明代曾官至尚书的太原人王琼有一首《刘大尹邀游晋祠次韵》的诗篇，道出的就是乡人的满足与快乐：

> 山城西去未十里，风景翛然趁野心。
> 古寺楼台行处近，前村烟树望中深。
> 闲情似可忘声利，世事何劳问昔今。
> 珍重吾邦贤令尹，四郊春雨布棠荫。②

然而，特定的环境既可造福人类，也可以给人类带来灾难，利弊之间其实也只是在特定的时空之间。如果说，宋元以前晋水流域或占地肥水美之位，或得政治中心之利，大体是处于相对繁盛上升时期的话，那么，明清以来"枕水际山"的环境要素就给晋水流域社会经济的发展带来了一定的消极影响，特别是频仍不断的"峪水为灾"日益成为人们日常生活中的大患。

## 二 "峪水为灾"：明清以来的环境恶化与灾害

光绪三十二年（1906），毗邻晋祠的赤桥村士绅刘大鹏在太谷南席村票号商人武佑卿家塾中完成了洋洋上千万言的《晋祠志》，其中第四十一卷"故事"有一则标题即"峪水为灾"，读之不禁令人悚然：

> 同治十三年甲戌夏四月二十三夜半，大雨如注，倾盆而至，雷电交加，势若山崩地塌。明仙、马房两峪，水俱暴涨，马房峪更甚。晋祠南门外庐社田园，淹没大半。淹毙男女五六十口，骡马十余匹，

---

① 道光《太原县志》卷二，山川。
② 刘大鹏：《晋祠志》（中册），第718页。

猪羊鸡犬数十头，他乡载煤车夫六七口，又有许多骡马牛驴。明仙峪淹毙者惟他乡之车夫五口，骡马十数匹而已，佥谓山中起蛟，致有此患。①

接着，刘大鹏描述了自己目睹的灾后惨状：

> 当是时，余年十八，诘朝偕二三父老抵里南涧河，睹淹毙之车夫，脑浆迸裂者二，死尸未损者三，且有死牛死马数头。既而诣晋祠南门外，目击死尸纵横，男女老少不一，其人有母抱幼稚子女同衾而毙者，有父子昆弟同床而殁者，有夫妇姐妹同室而殂者，有覆压于倾屋败垣者，有漂流于稻畦麦陇者。哀哭之声，惨不忍闻。百十人家只有数家被灾而未殒一命，热闹里闬，一夕遂成荒墟，令人为之怅怅。②

事实上，"峪水为灾"并非始自同治年间，也不限于明仙峪和马房峪。征诸地方文献，明代以前晋水流域水灾主要是由于汾水暴涨或改道所致，明清以来则是汾水峪水交相为害，尤其是之前不见史载的峪水灾害明显增多，且为害巨大。据方志记载，明洪武、嘉靖年间，清乾隆元年（1736）、十七年（1752）、三十三年（1768）、四十年（1775）风峪都曾发生过较大水灾，其中乾隆三十三年"七月初三日夜，大雨如注，风峪水暴发，浪高数丈，怒吼如雷。西郊尹公祠戏楼逐波倾圮，居民庐舍为之一空，坏西城四十余丈"。③ 当然，地处黄土高原的晋水流域明清以来也曾发生过不同程度的旱灾，但"峪水为灾"却成为愈演愈烈的灾害主流。如此状况必有其特殊的自然和社会原因。

明清以来晋水流域的"峪水为灾"现象表面上看是由于暴雨形成的自然灾害，但其背后却是明清以来本地人口、资源、环境交互作用的结果。人口增长—资源紧张—无度开发—环境恶化—灾害频发是一个持续

---

① 刘大鹏：《晋祠志》（中册），第1039页。
② 同上书，第1040页。
③ 道光《太原县志》卷二，城垣。

连环的过程，我们并不能因为人口、资源、环境三者看似简单的排列组合而去否定其历史存在。笔者四年前曾撰文呼吁从社会史角度研究中国人口资源环境史，并从区域史的角度对山西的有关问题作过简单讨论。① 其实，晋水流域就是一个较为典型的个案。

自明初以来晋水流域就出现了一个人口持续增长的过程，此种人口增长除去当地原有人口的自然增长外，还有一股不小的外来人口迁入浪潮。有关晋水流域36村人口增长的具体数据，文献记载缺失，看看太原县的数据也是一个重要的参考。道光六年（1826）《太原县志》载明代洪武年间全县人口53719，永乐年间50228，成化年间51652，嘉靖年间79068，天启年间81200，清代顺治年间27339（丁），康熙年间31735（丁），雍正年间34762（丁）②，乾隆年间人口213434，嘉庆年间220928，道光初年224253。县志总结说，明代洪武至天启近三百年"所增不过三之一"，清代顺治至道光初年即"视明季几三倍之"。③ 可以看出，其间虽有明嘉靖年间的小幅波动，但整个趋势是一个不断增长且增幅越来越大的过程。

明清以来晋水流域的人口迁入首先是明洪武年间即已开始的"明初大移民"。明代初年，太原是北方重要的"九边"重镇之一。朱元璋在全国取得政权之后，即封三子为晋王，晋水流域的古晋阳城废墟及其周边地区成为明初军屯的重要场所，流域内的古城营、五府营、小站营、东庄营、马圈屯、河下屯、古寨、西寨、武家寨等村庄名称本身就与明初军屯直接相关，至今本地仍有"九营十八寨"的说法流传。按明代卫军制编制，太原驻屯一卫三千户所，粗略估计屯田数和军户数均在两万以上，占到当时太原县人口总数的三分之一强。④ 另外，在明初的移民浪潮中，晋水流域也吸收了不小数量的外来移民，尤其是自本省南部北上的

---

① 行龙：《要重视从社会史角度研究中国人口资源环境史》，《光明日报》2001年12月4日。《开展中国人口资源环境史研究》，《山西大学学报》（社会科学版）2001年第6期。

② 清代人口统计单位前后不一，"丁"仅指16—60岁的"成丁"。一般研究者认为，丁与口的比例约为1∶5。参见行龙《人口问题与近代社会》，人民出版社1992年版，第一章"人口数量的演变"。

③ 道光《太原县志》卷三，田赋。

④ 袁汉城：《九营十八寨与明军屯考》，《晋阳文史资料》第六辑，政协太原市晋源区文史资料委员会，2002年。

"大槐树移民"。征诸地方文献，结合田野考察所得，我们可以判断晋水流域许多村落和地名的出现都在明清以后，其中明初洪洞"大槐树移民"占有相当数量。

王家庄位于凤峪沟内，传说明永乐年间洪洞王姓男子率两个侄子来此定居，村随姓氏，遂名王家庄。

南堰村位居晋水北河下游末端西北处，村中最早的家族崔姓也在明初从河北博陵郡中转洪洞大槐树而来，随后子孙繁衍，就近迁居，又有毗邻的中堰、北堰出现。

南界冶峪沙河的吴家堡村，最早的赵姓相传也是洪洞大槐树移民。

明初白、程、李三家自外地迁至晋水南河下河的大村王郭村偏北处，遂有三家村村落的形成。

三家村附近的东庄，明代曾有高汝行任浙江按察使副使，并在村南建有花园，以此而有万花堡村。

西山九峪之最南者即名南峪，传说明洪武年间有名阎毡片者由大槐树迁来，故此村又称阎家峪。而位居阎家峪西边的槐树底村即以大槐树移民得名。

槐树底村再往西的圪塔村，相传最初的居民也来自大槐树。此村因附近山丘犹如圪塔，故名。

与南峪诸村隔汾河相望的高家堡、大元、田村相传都是洪洞大槐树的移民，等等。

明代初年大量军屯和外来人口的迁入，加重了晋水流域的人口压力。接踵而至的便是流域内不同利益集团对有限资源的激烈争夺，其中对民人赖以生存的晋水资源的争夺达到了有史以来的高峰。系统分析晋水开发和利用的历史，我们不难发现，明代以来晋水四河范围内总河与分河、同河村庄与异河村庄、上游村庄与下游村庄为争夺水资源的所有权和使用权的各类"水案"明显增多，而且冲突的程度越发升级。官方和民间在争夺水资源的过程中，不仅诉诸了实际的权力和武力，而且还利用了意识层面上水神的力量。[①] 在严重人口压力下对水资源激烈争夺的同时，

---

[①] 参见拙文《多村庄祭奠中的国家与社会——晋水流域36村水利祭祀系统个案研究》，《史林》2005年第4期。

地处平原区的部分人口，尤其是不断迁入的外来人口开始向风峪、明仙峪、马房峪、柳子峪等附近山地进入，成为缓释人口压力的另外一条途径。正所谓"靠山吃山，靠水吃水"。

如前所述，西山诸山区富有煤、矾、铁、硫黄等矿产资源，不宜耕作却利于开采。大量人口由外地和平原地区进入，首先开始了对这些矿产资源的土法开采。昔日少有人迹的宁静山区逐渐为"叱牛声、喝车声、刘煤声、运煤车马声"所替代，昔日鸟兽出没一片绿色的情景亦为"灯火荧荧，通宵灿烂"的煤、矾厂矿的火苗所取代。① 有关西山诸峪最早矿厂的出现时间也许可能在明清以前，但具体的矿厂见诸文献的是在乾隆年间，刘大鹏在《明仙峪志》中提到一处"水窑"曰：

> 据山人言：乾隆年间，太谷李某携资来峪，凿山成窑，采取煤炭，矿极精良，获利甚厚，数年于兹，被众羡慕。窑内之水另穿一穴而泄，名曰水道。……水由窑出，因改李家窑之名，竟呼曰水窑。②

刘氏《明仙峪志》和《柳子峪志》均成书于1920年，而且亲自在两峪分别经营石门、西坪两煤窑数年，自称"与峪人相周旋，业经数年于兹，颇于峪中情形历览焉而了然于心目"③。所记当为信史。检索此两志，可见煤、矾等厂矿已成星罗棋布漫山遍野之状。以下便是两志所载的大小矿厂：

明仙峪：磺窑口、灰坡、水窑、矾窑崖、老窑沟、老窑、官窑坪、大小官窑、石门窑、石门沟矾厂、黄老岫煤矿、槐条沟"煤窑数座"、前当窑、后当窑、大小长沟"旧窑数穴"、造矾厂、流水泉新旧煤窑数处、前坡窑、梨树沟"煤窑两穴"、坟儿沟窑、烧饼窑、南北大青窑、得坪窑、南窑沟、悬瓮洼窑、白云窑、前后瓦窑。

柳子峪：木鸽湾窑、娃娃窑、道德窑、大龙桥铁厂"三四处"、红渣

---

① 刘大鹏：《晋祠志》（中册），第1138页。
② 同上书，第1120页。
③ 刘大鹏：《明仙峪记序》，见《晋祠志》（中册），第1102页。

窑、杨杞沟窑、威坡矾厂、巍坡窑"煤矿矾矿并出一窑"、桑涧窑、鹿窑、李家窑、大眼窑"煤矾并产"、大瓦沟窑、庄子坡窑、硫黄矿窑、下水窑、窑头村煤窑、矾厂、南窑、窑头、洗脸盆窑、肥美新窑、东窑、西窑、隆庆窑、核桃树沟窑、北岔"设立煤厂数处"、上岔口窑、南坪窑、大窑沟、十字河沟"煤窑颇多"、双庆窑、西坪窑、李家窑、阜财窑、康家窑、天顺窑、新筒窑、黑山窑、肥美窑、南岔沟煤窑及矾厂、义合窑、南边窑、平地窑、宏窑、崖头矾厂、小窑、四亩地矾化博窑、杨树沟窑、上灰沟窑、下灰沟窑、东沟窑、东窨窑、西窨窑、园子窑、小南窑、大观窑、黄楼村五煤窑（隆庆窑、二泰窑、后北窑、枣间窑、南湾窑）、康屹岨窑、庆成窑、洪福窑、马家窑、石成窑、永成新窑、老窑湾、继成窑、李家窑、王家窑、水巷窑、川沙河沟共计煤窑九（敦远窑、南坪窑、北大青窑、南大青窑、中屹岨窑、万成窑、南北洞儿窑、圪台窑、合成窑）、柳圈沟煤窑共三（西坪窑、东坪窑、肥美窑）、铲石沟"煤窑数穴"、井筒窑、石盒窑、永成窑、后菜坪窑、中菜坪窑、前菜坪窑、顶天窑、大顺窑。

以上所摘明仙峪、柳子峪各煤矿、矾场早者起自乾隆、嘉庆年间，晚者在刘氏所记的 20 世纪 20 年代。在此近 200 年中，采矿的高潮又集中在乾嘉和清末民初两个时段。乾嘉时代是有清以来人口增长最快的时期，晋水流域明代以来又吸收了数量不少的外来移民，这是人口向山区进发的主要原因。清末民初的开采高潮则与政府鼓励有关。查清末民初各地商人在晋水流域诸峪投资煤矿者渐多，甚至有江浙一带商人"集资万金"前来开矿者①，正所谓"新政既兴，而矿业又盛"也。② 特别值得指出的是，大量小煤窑的开采，不仅吸收了相等数量的矿主、矿工、运煤车夫甚至骡马牛驴，加重了山区的给养能力，而且吃水乱挖、烧饭伐薪、道路开凿等等行为又恶化了山区的环境，土法开采、屡开屡废对煤炭资源造成极大浪费，以柳子峪平地窑为例：

> 咸丰、同治年间出煤正旺，煤质亦佳，所出之炭均系大块，人

---

① 刘大鹏：《晋祠志》（下册），第 1247 页。
② 同上书，第 1243 页。

争购运。至光绪初年，即露衰象。未及窑中不适，非但频遭火患，而且水满其中，遂成废窑，歇业二三十年。民国成立之初，又有人开采，竟仅在近处采取遗剩之煤，不得入其煤矿实处取之。①

造矾与采煤相比较，其对水和木材的消耗更甚，而且制造时间较长。架锅安灶、火烧熬煮、洒硝水洗都对环境带来一定影响。这种情景在刘大鹏的一首诗中有具体描述：

> 太原九峪产煤优，矾矿多产柳子沟。
> 釜灶铺陈空谷口，池塘设置半岩中。
> 煎熬春季生成夏，停止冬时造作秋。
> 用水煮淘兼用火，加硝才使汁能稠。
> 柳子峪中出产蕃，厂开涧侧即逢原。
> 依峰靠嶂安锅灶，鏊石和泥作水盆。
> 日日曾将硝质洒，天天竟把矿苗翻。
> 几经熬煮几经洗，数月方才造就矾。②

大量人口的涌入和煤矿、矾场的开采，使西山地区的森林植被遭到严重破坏，许多原来生态条件良好、植被茂密的地区在不断的人为活动中日趋恶化，这样的例子在刘大鹏的著作中可谓俯拾皆是：如槐条沟"以槐树多生于沟故也。深不盈里许，而有煤窑数座"，由此"畴昔沟中尽古槐"变为"于今树木何稀少"。③ 木林沟"一沟深邃，树木成林，故以为名"，"浓荫宏深，希见曦影。鸟则为巢栖之，兽则窟宅以驰骋。峪人恐有恶虫凶兽，潜伏其身，致遭其害，将木渐次砍伐，俾树凋零，今不成林矣"，所谓"昔日成林今不林"。④ 不该忘记的是，西山地区自北齐以来就是著名的风景胜地，此地树高林密，草木繁盛，加之山涧溪水

---

① 刘大鹏：《晋祠志》（下册），第1403页。
② 同上书，第1409页。
③ 刘大鹏：《晋祠志》（中册），第1137页。
④ 刘大鹏：《晋祠志》（下册），第1406页。

潺潺，经年不断，元以前仍有"路转花溪不踏尘"的景况，明清以后生态环境逐渐演化成为一幅"有草无树，草亦不繁"的童山秃岭画面，思之不禁令人长叹。

西山地区环境变劣的另一个表征就是诸峪水情的恶化。可以想见，大量煤矿、矾场的开采，尤其是井筒式煤窑的开采，必然导致地下水层的破坏。加之山区黄土极易冲刷，植被又遭破坏，一旦暴雨来临，必然形成山洪暴发，沙石俱下的状况。明清以来，为防御"峪水为灾"，各峪口普遍加修石堤，"以束峪水"。柳子峪口"盛夏大雨，山水暴涨"，"口外中为涧河，南北各甃石堤，以束峪水暴涨。石堤延袤七八里"。[①] 明仙峪也是"峪口之外，左右修筑石堤，以束峪水"。[②] 风峪"遇夏暴雨，每侵城郭，筑堤障之"。[③] 这里的"城郭"即指明清以来的太原县城，亦即故晋阳城遗迹。此县城地势低洼，恰处西山风峪口之下，每逢夏秋汛期，风峪山洪暴发，便有被淹之虞，至今相传农历五月二十七的城隍庙会俗称"漂铁锅会"，意即每遇洪水，锅碗瓢盆到处漂起。县城西门外"乱石滩"，也以风峪山洪冲刷河卵石而名。据县志记载，明成化年间原筑防洪沙堰被毁，正德年间重修；嘉靖七年（1528）复坏又修；二十一年又坏又修；乾隆初年堰北截冲毁八十五丈，十七、十八两年南截冲毁四十五丈，直至乾隆四十一年（1776）又大修，置地扩充，运石添灰，始少纾山洪。[④] 事实上，西山诸峪口都有不同程度的沙石堆积现象，以致晋水灌区各河渠道堵塞，影响灌溉，伤农误时，终无良策。刘大鹏谈及鸳鸯口的情况时感慨良多：

> 鸳鸯河为中南两河要害之区，而大小神沟所退之山水适当其处，凡遇大雨，山水暴发，二沟沙石随山水而下，遂将鸳鸯口淤塞，水莫能流，两河皆涸，甚至冲坏水平及三角尖。每岁每次挑浚疏通，费工甚巨。往往际农忙之日出此巨工，中南两河人民日趋该河口挑

---

① 刘大鹏：《晋祠志》（下册），第1214页。
② 刘大鹏：《晋祠志》（中册），第1107页。
③ 道光《太原县志》卷二，山川。
④ 道光《太原县志》卷二，水利。

浚，或当需水孔急之时（稻田不可一日无水，至蓝田则时时用水），则挑浚尤不容缓，必也夜以继日。除沙石而疏水通，其害农事良非浅鲜，历年久远，无策可除。①

"环境问题从根本上来说很简单，即在所有的地区，如果当地居民没有能力控制资源，限制外来人口，环境就会恶化。"② 这一结论同样适合于我们所讨论的明清以来的晋水流域。人口增长、资源紧张、环境恶化三者之间有其必然的联系存在，我们并不能以其看似简单的排列而否定其历史和现实的事实。明清以来随着军屯和外来人口的大量增加，晋水流域的自然资源，尤其是民人赖以生活和生存的水资源日趋紧张，西山诸峪进而成为开发的对象。而西山诸峪大量煤、矾矿的土法开采，又带来植被破坏、水土流失的后果，这就是明清以来西山诸峪屡次洪水泛滥成灾的主要原因。

## 三 "长时段"：并未完结的演变过程

同治十三年（1874）明仙峪、马房峪洪水大灾才过两年，晋水流域便同样遇到光绪初年波及秦、晋、豫等北方地区的大旱灾。不同的是，虽然此次灾害山西受灾最重，但太原地区，尤其是资晋水灌溉之利的平原区相对受灾较轻，而西山诸峪及山区村庄却受到严重打击。人口亡失严重，煤窑大都荒废，成为灾后山区的普遍现象。刘大鹏在《明仙峪志》中专辟户口一则，对灾前灾后户口进行比较，其问亦深切：

> 明仙峪中村庄凡四：曰明仙村，曰瓦窑村，曰上白云村，曰下白云村。昔年家给人足，生齿甚繁，煤窑、矾厂各村皆旺。至光绪丁丑（三年）岁大祲，道馑相望，晋人死亡大半，山村更甚，竟至十分之八九，而一峪人民遗留无几，数十年来元气终莫能复。辛亥

---

① 刘大鹏：《晋水志》卷二，第10页。
② 参见［德］约阿希姆·拉德卡：《自然与权力：世界环境史》，王国豫、付天海译，河北大学出版社2004年版，第3页。

（宣统三年）变后，政号共和，而峪中户口仍旧寥寥，温饱之家十之一二，穷苦之家十之八九，凋敝情形殊堪恻悯，非但无读书之士，而且无识字之人。……四村之人男多而妇少，而且有一男即为一户者。均藉开采煤矿为生计。峪中煤窑为数无多，亦无畅旺之窑，并无造矾之厂，虽有丁男，均作窑黑子，生计艰难，莫能娶妻生子，则户口何以能多，生齿何望其繁乎？①

应该说，山区人口灾后亡失严重且长期难以恢复，与山民只靠挖煤而无耕作直接相关。不仅如此，"峪水为灾"还给晋水流域带来了严重而长期的消极后果，这就是一些村庄的消失和大量农田的毁灭。晋祠镇和长巷村中间的西堡村就是一例。《晋水志》载，西堡村原"有数十家，后渐减少，届同治十三年仅存数家而已，是年四月二十三日夜，雷雨大作，马房峪水暴发，涧河横溢，只留一家，人仅一口。逾三岁至光绪三年大祲，一家亦亡，村随减其河务，归并于长巷村"②。这样一种趋势在光绪初年自然灾害后并没有停止。1921年，晋水《河册》保留了因峪水暴发和汾水泛滥而减少的村庄和田地数字，这里不妨抄录如下：

  民国期间，晋水灌溉村庄三十一个，灌溉面积二百六十顷十六亩，民国期间比清代雍正七年（1729）浇地村庄减少四个，计有西堡村、野场、东庄营、马圈屯。浇地面积减少六顷四十八亩，考察其减少原因，主要有二：其一，西边山各河沟山洪暴发，冲毁水地不能耕种，有八个村共减少水地面积十三顷二十亩，其中：晋祠一顷八十四亩、纸房五十三亩、赤桥一顷五十三亩、金胜一顷四十亩、索村一顷九十九亩、王郭三顷、南张二顷二十三亩、北大寺九十七亩；其二，民国二年（1913）汾河大水泛滥，太原城郊土地被淹，十室九空，惨不忍睹。这次汾河泛滥使汾河岸边的土地大为淤高，部分土地不能引晋水灌溉，而退出晋祠水例，计有七个村庄，减少浇地面积四十九顷二十八亩，其中：小站营十顷、小站二顷五十亩、

---

① 刘大鹏：《晋祠志》（中册），第1177页。
② 刘大鹏：《晋水志》卷三，水利，第12页。

马圈四顷五十亩、五府营三顷六十九亩、万花堡二顷十三亩、东庄十一顷八十六亩、东庄营十四顷六十亩。①

中华人民共和国成立之后，晋祠水权统归国家所有，1951年传统的"渠长制"为晋源县水利委员会所取代。1951年秋，灌区开展"反水霸、反封建水规、反本位主义"的"三反"运动，以亩计征，按作物需水轮灌、跟水行浇的灌溉办法彻底取代了旧有的浇水轮程制。同时，灌区进行了一系列渠系改建、渠道防渗、平田整地等工程建设，大大提高了晋水的浇地面积，扩大了晋水的受益村庄。据《晋祠水利志》言，灌溉面积由建国前的1733公顷发展到2800公顷；受益村庄由建国前的31个发展到42个。② 然而，20世纪60年代以来，随着工农业生产的不断发展及流域区内人口数量的不断增长，晋水流域又一次出现了用水紧张的严重矛盾。1960年春，太原氮肥厂开始投产，晋祠泉水第一次大量用于工业生产，当年流域粮食即减产91万斤。1962年，氮肥厂在明仙峪、兰居寺、难老泉三处所凿七眼深井开始抽水，骤使晋水流量大幅下降。1972年，晋祠三泉中的善利、鱼沼二泉干涸。70年代后期，清徐平泉、梁泉两个自流井及洞儿沟自流井的启用，使晋水流量进一步减少。再过二十年，难老泉最终熬到老期，于1993年4月30日彻底断流。③ 如今，"晋祠大米"不仅种植面积大为减少，而且此大米已非彼大米，资晋水之利而形成的传统水磨业、造纸业也随晋水流量的减少而没落，我们只能在田野工作中寻找到零星的旧水磨和造纸工具。想想两千多年来哺育三晋文明滋养民众生产生活的滔滔晋水竟然无情断流，读读诗仙李白那"晋祠流水如碧玉""百尺清潭写翠娥"的美妙诗句，再瞠目定睛品味至今难老泉亭明人傅山所题之"难老"匾额，真令人徒生今昔之感！

还有不能不提的是，明清以来形成的西山诸峪植被破坏、树木减少、滥采滥挖、山洪肆虐等现象非但没有停止，且有愈演愈烈之势。20世纪20年代，刘大鹏在《明仙峪志》《柳子峪志》中描述的许多地方仍泉水

---

① 转引自《晋祠水利志》，山西人民出版社2002年版，第18—19页。
② 同上书，第3页。
③ 以上均见《晋祠水利志》第六章，晋祠水利大事记。

流溢、树木苍翠的情景已一去不返，甚至那些本身就富有水草之美的地名，如今乡老入山也难见其迹，或者干脆在记忆中磨灭。我们还是以当时刘大鹏眼里"九峪之最劣者"之明仙峪为例，看看近百年前一些地方的生态状况。滴水岩"其水淙淙滴滴，逾崖下泄，响答山谷"；桃沟"其中桃树可数十株"；酸枣沟"沟名酸枣气澄清，荆棘纷披不可行"；姑姑洞坪"旁则老松屹嶂，如掌华盖"；明仙村"层峦叠嶂间栋宇相望，桑梓接连"；柏树岩"柏树若霁，俨如翠屏"；条子洼"嘉卉灌丛，蔚若邓林"；流水泉沟"其水清冽，饮之甚甘"；梨树沟"山高沟浅白花迷，其实离离树缀梨"；下白云村"住居枣树林中"；桃园"春则桃之夭夭，灼灼其华；秋则桃之离离，红碧错杂"；蘑菇坪"蘑菇丛生，飑飑纷纷"；香树坪"香树灌林蔚若邓林"等。① 显然，民国时代明仙峪生态环境已大大不如明清之前，但较之再后的岁月仍略胜一筹。民国以来，阎锡山地方政府虽将植树作为"六政三事"来抓，但明仙峪经过明清以来数百年的滥垦滥挖，宜于植树的地方竟然寥寥无几。《明仙峪志》有"树木"一则曰：

  民国成立以来，政重森林，年年官令各处栽种树木。吾晋尤重斯政，明仙峪人家稀少，虽奉官令春季栽树，究之所植无多，而宜于植树之处，亦寥寥无几，故植数年见效未多。②

  1949年以后，虽然政府大力推进植树造林，近二十年来又有专门的"植树节"，但在西山山区及诸峪效果并不明显。如今除个别如天龙山一些山间可以看到少量松柏树木外，大部分地区已无森林可言，只不过零星灌木、荆棘、杂草而已。

  更为严重的是，对西山诸峪煤、矾、石等资源的无度开采，其规模程度都大大超过以往，环境恶化的后果也更加严重。以风峪为例，1958年人民公社时期，风峪八村就普遍以集体所有制形式开办煤窑，采矿的方法仍然沿用传统的"树枝状"。20世纪60年代开始使用机械采煤。80

---

① 以上均见《明仙峪志》，载《晋祠志》（中册）。
② 《晋祠志》（中册），第1182页。

年代后,西山地区的矿产开发达到有史以来的最高峰,仅风峪一地政府批准的煤矿就有近二十家,私采私挖的小煤窑更是漫山遍野。现晋源区水务局局长在《风峪沙河水利资源》一文中也直言不讳地写道:"流域店头村以上为沙页岩土石山区,一般杂草、灌木植被较好,沟掌有少许森林,地下多煤层,沟底煤窑较多,约60—70座,沟内到处可见矿口、煤堆、矿渣、污水,又黑又脏。店头村以下为质岩土石山区,植被较差,因此石料场较多,可以说到处开山采石,植被破坏严重,石料场约有20余个,石膏窑6—7个,沟内开窑开矿,往来运输,甚是繁荣热闹,嘈杂和尘土飞扬。"① 可以想见,一个流域面积只有不足40公里的风峪山区,却有百余座煤窑、石膏窑、石料场分布其间,真到了千疮百孔满目疮痍的地步。还有,80年代后,太原市最大的煤矿集团西山煤矿集团所属官地矿和白家庄矿均在西山地区开始大型开采,造成严重地表塌陷和地面裂缝的后果。据2000年的一份调查显示,要子庄和周家庄两个行政村塌陷最大长度达500—600米,宽度120米左右,要子庄东南出现严重地面裂缝,在约35米宽度范围内有四条平行排列的地面裂缝,其裂缝宽度在1米左右。② 地表塌陷不仅使土壤退化和土地生产力下降,而且使地下水和地表水发生不同程度的泄漏,进而影响水循环,导致井泉干涸,水源枯竭,环境恶化,居民生存生活的基本条件受到威胁。80年代后,赵家山、箱子沟、店头、程家峪、王家庄、田家庄、黄冶村、要子庄、周家庄等所谓"风峪九村"至今已全部迁出山外另建新村。明清时代人口向山区进发定居开采,如今人们迫于环境的压力又不得不迁出山区,一入一出,沧桑百年。笔端至此,能不浩叹!

晋水流域"峪水为灾"的现象1949年以后也没有彻底根除。实事求是地说,1949年以来,各级政府从兴利除害,保护人民生命财产安全的大局出发,对西山诸峪进行过多次大规模的治理,并且取得了一定的成效。开挖新河、疏治河道、加固堤防、植树造林、小流域治理等措施可谓应有尽有,发动组织群众、设法筹措经费,解决木材、钢材、水泥等建筑材料问题等亦可谓不遗余力。但由于山区生态环境日趋恶化,每遇

---

① 见《晋阳文史资料》第七辑,2003年12月"风峪专辑"。
② 王献民:《土地复垦项目状况》,见《晋阳文史资料》第七辑,"风峪专辑"。

山洪，尤其是特大山洪，仍不免造成严重水灾。现在明仙峪口河床已高出两岸村庄3—5米，柳子峪沙河下游已无固定河道，洪水漫流为三条沙河，水灾的危险仍不能免除。据新修当地方志载：1956年8月暴雨，风峪、柳子峪、开化峪三条沙河13处决口，沿线许多村庄受灾严重；1975年8月底，西山及晋祠一带两日连降暴雨，沙河决口，150余亩土地被冲毁；1981年7月，风峪沟山洪再次暴发，泥石大泄，洪流每秒40立方米。卷走马车两辆，拖拉机3台。①

世纪之交，科学发展观已成为举国上下的伟大实践，人口、资源、环境的协调发展开始受到社会各界的普遍重视。时值夏季，在驱车前往晋祠的太汾公路上，远眺西山，布满山野的幼嫩树木已依稀可见，难老泉的泉水据说也已开始复出。只是，人们在欣赏之余仍不免一份忐忑。

生态环境与自然灾害是一对互相作用的孪生兄弟。自然灾害可以造成生态环境短期或长期的危机和恶化，良好的生态环境一定程度上也可以防止或减缓灾害的发生和受灾程度。反之，生态环境的恶化可以促使或加剧灾害的发生，灾害的频繁发生又会加剧生态环境的恶化。明清以来晋水流域环境与灾害的演变过程，只是一个较小区域的个案，但它映照的却是一个普遍的历史事实。环境演变虽已"时过境迁"，历史的教训却应警钟长鸣。

---

① 太原市南郊区地方志编撰委员会编：《太原市南郊区志》，生活·读书·新知三联书店1994年版，第133页。

# 秧歌里的世界
## ——兼论晋商与晋中社会*

我国的民间文化内容丰富，形式多样，源远流长，它是中华文化百花园中一块珍奇的宝地。秧歌更是这块宝地中一株瑰丽的奇葩。山西作为中华民族文化的发祥地之一，在民间文艺的创作和发展方面有着深厚的积淀和社会基础。山西的戏曲艺术，不仅历史悠久，而且剧种繁多，大小剧种有 50 个之多，居全国首位，可谓"多剧种之乡"。[①] 其中以秧歌命名的地方小戏就有 16 种之多，包括襄武秧歌、壶关秧歌、祁太秧歌、介休秧歌、繁峙秧歌、广灵秧歌等，而这之中又以流行于山西中部祁县、太谷等商业繁盛之地的祁太秧歌影响较大。相对于内容和形式较为固定的传统大戏在发展过程中社会精英阶层的参与，以秧歌为代表的地方小戏可谓是源于民间，创作于民间，发展于民间的草根文化，具有浓郁的乡土性，与地方社会有着更为亲密的关系，在这些草根文化的背后往往更真实地折射出地方社会的多元图景。也正因如此，祁太秧歌成为笔者在本文中考察的主要对象。

作为一种流行于晋中农村的民俗文化，在新中国成立前，祁太秧歌几乎没有任何历史记载，遍查地方文献也只可看到几则简单的由官方发布的禁演秧歌的告示。秧歌的演唱者又大多是些没有受过任何教育的农村文盲阶层，他们靠着口耳相传来继承这一民间文化，这些都给资料的收集带来了极大的困难。经过多次田野调查与民间访谈，笔者在 1999 年

---

\* 本文在行龙、毕苑《秧歌里的世界——兼论民俗文献与中国社会史研究》（《民俗研究》2001 年第 3 期）基础上修改而成。

① 山西地方志编纂委员会：《山西戏曲概览》（内部资料），1983 年印刷，第 8 页。

初收集到一批较为完整的祁太秧歌剧本①，包括170多种秧歌剧目。这些剧本是已故的祁太秧歌爱好者薛贵菜先生根据本人记忆以及各地老艺人的回忆收集整理下来的。剧本属手抄本，被工整地誊写在32开的稿纸上，共有厚厚的8本之多。应该肯定，以这些田野调查收集到的祁太秧歌剧本作为民俗文献阐释的文本是具有独特价值的。这些剧本全部来自民间，文字质朴甚至粗俗，地方色彩极为浓郁，极少精英分子加工修饰的痕迹，正是这个特点使它无疑成为研究地方社会和民众思想的最佳资料。作为民间资料，这些由当事人所做的回忆和记录更为完整全面，在内容上较少删改，基本上保留了秧歌的原汁原味，并且对一些目前已经不再传唱的秧歌剧目也有所记载。这批田野所得的一手资料对于祁太秧歌以及晋中社会的研究都显得弥足珍贵。2004年，笔者在太谷县做调查时，又几费周折收集到一部由县政府组织整理的内部资料《太谷秧歌剧本集》。两种资料相互补充，使得祁太秧歌的资料更加完善，构成了本文的主要资料依据。

## 一　戏与商：晋中地域文化中的祁太秧歌

祁太秧歌在晋中盆地的盛行有艺术发展规律和社会生活状况两方面的原因。一方面，晚明正统以后，地方小曲（亦称时曲或俗曲）兴盛，晋中盆地已经流行着民间艺人口编传唱的小曲。这些小曲如《高老庄》《小二姐拜媒》《一块铜》《闹五更》《演封》《并蒂莲》等保留至今。另一方面更重要的原因，宋代以后尤其是清代和民国时期地方社会民间活动增多，推动了祁太秧歌的兴盛繁荣。在宋代，民间就把街头歌舞娱乐活动称为"闹秧歌"。明代以后，晋中地区的节日习俗更为热烈。每逢年节，民间的"闹社火"有龙灯、旱船、背棍、高跷、吹唱等多种表演。将舞蹈与吹唱结合起来，这就是祁太秧歌的最初形式。民间娱乐活动的兴盛是由于晋中地区经济的繁荣。清代与民国时期，晋中地区的商业活动辐射全国。地方活动繁荣的一个重要表现是商品交换频繁，在晋中地

---

① 本文所引用的秧歌剧本均来自《祁太秧歌剧本集》，该资料复印件目前收藏于山西大学中国社会史研究中心。

区，则表现出商业市集与娱乐活动交融的特色。春节期间，"各商行扮演抬阁马社，次日集县衙听点及期，以次前导各官，盛陈仪卫迎春于东郊"，"村民于里庙祀神演剧，四乡商贾以百货至交易杂遝终日而罢者为小会，赁房列肆裘绮珍玩，经旬匝月而市者为大会，城乡岁会凡五十五"。① 在节日通常都会"悬花灯""放烟火弦歌彻夜"，同时"货物杂集远近游人争相贸易"。② 可见娱乐游艺与商业风气之盛。

祁太秧歌是在清代道光之后走向成熟的，不仅剧目大量涌现，题材丰富多彩，而且演出班社的组建和活动形式十分多样化。晋中各县村落密集，许多村庄自己就可以组织起来闹秧歌，因此秧歌活动多为自发进行。生活在社会最底层的乡民是秧歌活动最直接、最广大的源泉，他们对秧歌活动的热情使秧歌班社最早都以业余班社的形式出现。祁太秧歌业余班社在清末涌现了一大批，仅成立于光绪十余年间的就有南沙河社、同乐社（北阳村）、田乐社、三和社、侯城秧歌社、同乐社（桃园堡）、义和社、群乐社、同乐社（北沙河村）和贾家堡社。此外还有宣统元年（1909）成立的乐堡社和1932年的上庄社。③ 业余秧歌班社的涌现和晋中商业繁荣、"票号"兴盛恰为同步，的确证明了经济对于民间文化活动的推动。这些业余秧歌班社，有一部分聘请著名秧歌艺人施教，但相当一部分班社不请教师，自学自乐，排练演出。班社成立后几乎每年都有演出，除了官方查禁偶有停演外，清末以来几十年，秧歌活动在乡土社会的精神生活中占据了重要的地位。

民国年间，祁太秧歌的专业演出团体出现。第一个专业团体是成立于民国八、九年间（1919—1920）的"风搅雪班"，班址在太谷，但只存在了一年。到民国十一、十二年（1922—1923），太原人李珍贵又成立"风搅雪班"，演出晋剧和秧歌，有不少秧歌艺人在这个班社参加演出。这个班社也只存在了两年。民国十五、十六年（1926—1927），一帮榆次人聘请"风搅雪班"的著名艺人，在榆次设立了"双梨园班"，演出晋剧

---

① 民国《太谷县志》卷四，礼俗，六。
② 光绪《祁县志》卷四，风俗，二。
③ 郭齐文等编：《山西地方志（增刊）：太谷秧歌》，山西地方志编委会出版1987年版，第92—93页。

和秧歌戏。这个班社名角云集、制度严格，活跃于晋中十余县，极少有停演的时候。直到由于时局紧张而解散。此后至 1949 年前，再也没有秧歌班社存在过。① 中华人民共和国成立后秧歌演出复苏，至今不少传统剧目仍在演出，并广受欢迎。

秧歌之所以在晋中民间有如此深厚的乡土基础，最主要的原因在于民众的参与。在业余班社组建的过程中晋中民众表现出极大的"闹票儿"热情，即自立"票社"（也叫"自乐班"）发展出介于民歌与舞台表演之间的新的表演形式。秧歌票友无疑来源于晋中农村社会下层民众，也有一些富裕商人参与进来。票社兴起在清末光绪年间，是祁太地区商业最繁盛的时候。其动因主要是一些商号内爱好秧歌的年轻人在业余时间自动组织起来，学唱戏曲。就是这种对于乡土艺术的痴迷使"票社"在晋中一带存了几十年，甚至在时局较严峻的时候也不曾完全中断，一直持续到 1949 年以后。"票社"的存在完全出于乡民自发，一切行头、经济来源均没有东家扶持，票友中造诣精深的秧歌爱好者，他们甚至被职业演员拜为老师。② 祁太秧歌有如此顽强的生命力，可见它与乡土社会结合的紧密程度。其实，不论是业余班社还是职业班社，乡民对于秧歌的依恋和支持，才是这种艺术形式存活的真正原因。

祁太秧歌产生于晋中地区，它是乡土社会农事活动和经济社会繁荣的产物。几乎全部的秧歌艺人，都是活跃在晋中地区的民众，有农民、小手工业者、小商贩、落魄的下层知识分子，也有一部分是颇有资本的商人和弃商从艺的中下层民众。祁太秧歌"闹票儿"的民众范围之广，是其他艺术形式所罕见的。每年正月，晋中乡村几乎村村闹秧歌，有班社的村庄自己组织演出；没班社的村庄也要从外村请进秧歌班，秧歌演出一般同社火活动一起进行，更增加节庆气氛。祁太秧歌在晋中的普及程度是极高的。例如光绪十年间太谷大王堡村成立的业余秧歌班社群乐社就规定"全村每户必有一人参加秧歌社的活动"③，因此，如果说无论

---

① 郭齐文等编：《山西地方志（增刊）：太谷秧歌》，山西地方志编委会出版 1987 年版，第 89—90 页。

② 《祁县文史资料》（第二辑），1956 年，第 58 页。

③ 郭齐文等编：《山西地方志（增刊）：太谷秧歌》，山西地方志编委会出版 1987 年版，第 93 页。

男女老少都能哼几支秧歌曲调,那是毫不足怪的。

从秧歌活动的经费来源看,大致有以下几种形式:1. 在本村内部募化。或给钱,或给米面,多少不等,视各户经济情况而定。2. 直接到村内富户人家演唱。这种活动在晋中农村较为普遍,并且一般不会遭到拒绝或冷落,秧歌演出的乡土象征意义在这里体现为"送喜"或"送福",因此除了招待吃喝外,还能得到一些钱。3. 村中商号捐款。祁太秧歌的兴盛的确离不开地方经济的繁荣,有了雄厚的经济实力,民众的文化生活和精神享受自然有较高的要求,因此晋中票号最为发达的时期(清末、民国),也就是祁太秧歌魅力最为充分的时期。4. 正月十五到新娶媳妇的人家化装演出,赚喜钱。晋中乡俗重婚丧大礼,赚喜钱不失为又吉庆又得实惠的方式。5. 秧歌班"保秋"所得报酬。农业生产仍是晋中社会的根本,"保秋"对于各村都是极为重要的农事,秧歌班社在秋收期间的演出,即为庆祝丰收,又可起到看护秋收成果的作用。6. 外村演出赏赐。外出演出不完全是为了经济利益。晋中地区村落聚集,村落之间的日常交往是存在的,因此凡有秧歌的村庄,每年依例会给有交往的村庄演出,名曰"交社"。这种演出由本村蒸馍送饭,白唱一天。它体现了较少功利性质的乡民生活状态。对于没有交往的村庄想唱,则先请帖,待同意之后,由邀请方支付食宿开支,情况好些的多给些报酬。可以看出,所得的经费,全部来自于乡土社会自身,它的用途不过是开支化装费用、购置行头服装,作为秧歌班的公有财产。因此秧歌经费的流动区域完全是在底层社会内部的。

再来看与秧歌班的结社和演出相关的祭祀仪式。秧歌班的结社仪式是严肃而神圣的。承班之始,班主备酒席与参加者共饮,凡受酒者,必须在班社参加到底。乡民有谚谣曰:"喝了秧歌社的酒,死了人也不能走。"这体现了下层社会民众对于"忠诚不贰"伦理准则的理解。在开班的第一天,班主给每人准备一根麻糖,一碗油茶,并立有"点灯不到,罚油四两"的规矩。① 秧歌班社的结社仪式显示出某种秘密结社的意味,其实仪式本身或许就说明了在乡民的意识里,越是庄重肃穆而带有神秘

---

① 郭齐文等编:《山西地方志(增刊):太谷秧歌》,山西地方志编委会出版1987年版,第94页。

色彩的仪式,才越能激发起民众心里对该活动的"事业"感和服从心理。

秧歌的演出仪式是颇为隆重的。秧歌活动初期,只在街头演出。正月初一在本村"亮台",叫"迎喜神";然后给"三官棚"演出,叫"消社社"。本村活动结束后,到外村演出时,迎送仪式是最值得一提的。出村前,演员一律化装,有一领头人,称为"挑帅",身穿青衣,打"三花脸",戴刀尖帽,黑髯口。左手摇"响花",右手执"令箭"。三声铁炮响过,秧歌队出发。到对方村口,也是三声铁炮恭迎,村里的主持人身穿长袍马褂,头戴礼帽,手执"香火",相见一揖,迎接进村。围观的乡民经常拥塞街巷,演出期间锣鼓喧天,十分热闹。如此隆重的迎送仪式证明了秧歌活动在乡民心目中是占据了极重的分量的,仪式本身就是乡民意识中的文化象征符号,也是晋中民间社会最具代表性的乡土意识的表现。

在今天晋中地区许多村落里还保存有清末和民国时期乡村秧歌剧演出的戏台。戏台的舞台题壁为我们留下了大量当年秧歌班社演出的证据。

我们来看几则:

其一,清徐尧城村舞台题壁。

　　光绪十四年四月初八、九、十、十一日
　　太谷祁县喜乐社在此一乐也
　　三盏灯在此

其二,太原古城营舞台题壁。

　　光绪二十三年七月十一、十二、十三日
　　祁邑全胜社在此一乐也
　　箱班主太谷锦梨祠
　　承事人张立人

其三,下庄村舞台题壁。

　　民国三十四年正月十三日本村社火开演

> 葫油每斤壹佰元白面每斤伍拾元
> 羊肉每斤陆拾元米麦绿豆每石壹仟肆佰元
> 民国三十四年七月廿三日
> 太谷上庄、下庄、西炉三村合班
> 庆贺河神开演
> 此年粮价太大
> 麦子壹壹贰仟元小米仟元白面壹壹伍仟元。

这些舞台题壁通常记录着演出时间、原因、班社、名角剧目、负责人，甚至演出开销和当时物价情况。在乡民眼中，演剧具有神圣和世俗的双重意义，且世俗的意味更多些，秧歌演出有时是为"庆贺河神开演"，但大多数还是为节日的社火娱乐。秧歌名角如"三盏灯""大要命""活要命""娃娃生""蛤蟆丑"等如此具有乡土气息的艺名充分显示了祁太秧歌的乡土本质。

## 二 盛世繁华：祁太秧歌中的晋中社会

晋中社会的人文风情孕育了充满乡土气息的祁太秧歌，并为秧歌的发展兴盛提供了丰富的营养和素材，而相应的，源于生活的祁太秧歌也成为晋中社会的一面镜子，折射出社会生活的百态。通过 1949 年以来对祁太秧歌剧本的挖掘整理，已知祁太秧歌传统剧目有三百三四十个，其中将近二百八十种是 1875 年至 1948 年间的作品。打开这一晋中民俗风情画的长卷，为我们充分展示了清末和民国时期的晋中民俗与社会生活。

繁荣丰富的商业社会。祁太秧歌里大量的剧目都有着对当时晋中社会经济状况的描述，包括物质生产方面、交易运输方面和消费生活方面等，其中消费生活又包含了服饰、饮食和居住等内容。从这些剧本中可以看出晋中社会商业气息浓厚，经商意识强烈，日常生活多姿多彩，充满浓郁的晋中特色和乡土气息。

赶会是祁太秧歌中表现较多的内容，有《游社社》《冀北赶会》《看秧歌》《小赶会》等，这些剧目对晋中社会商业兴盛、集市繁荣的描述比比皆是，不厌其烦。

西大街有的四大行，布匹绸缎颜料大粮行，西大街，真排场，银行都在西街上。一家一家都数嘎，玉成银行、傅晋银行、壹德银行、东来银行、实业银行、盐业银行、垦约银行、农工银行、省银行，出出票子来都能花——兑换现大洋。担上担子往东去，路北开的是广生裕，东景泉，西万聚，当中圪夹的源盛利，这是太谷的大生意——来在鼓楼底。……担上担子往西走，不觉出了大巷口，大南街，实威风，字号买卖数不清。学成贤、至诚兴、元吉生、锦太公、吉里全、吉里恒、天顺达、玉明通、正兴裕、日发生、恒隆庆、四合公，这些生意实在红，一年就挣几万银——还有永太公。（《换碗》）

地方经济发展，商业繁盛，反映在普通百姓的生活中，就是服饰的追新求异，饮食的丰富多样，婚丧嫁娶的隆重奢华。服饰方面尤其表现在年轻女子的穿戴上，"珍珠环来玉手镯，茉莉鲜花两鬓插，左手戴表是金壳，菊花头，细细绺，两鬓扣的鬓捏捏，还留的两圪绺刘海发。……头上遮的电光帕，到夜晚能闪光，照的身上明如月，不爱见洋帽太捂额。身上穿的花丝葛，花花草草果绿色，穿在身上赶时新，红裤巾巾绣白鹤，青莲绢绢手中握，铁机缎裤儿织的芍药"（《小观灯》）。祁太秧歌《劝妻》中，袁春英让丈夫进城去买衣裳首饰。她提出："好衣裳，绸缎绫，买来首饰通时新。打耳环，要赤金，白玉条簪买一根。好胭脂，杭州粉，嫩面膏买来几瓶瓶。湖绸袄儿绿绫裙，花缎大褂要血青。奎绿缎小背心，品红筒裤两盏灯。五色缎要一丈零，捎来绒线绣巧工。好衣好裳穿在身，粉红膝裤绣鞋红。"《看秧歌》描写的是晋商家庭中的姐妹俩，因父亲在外做生意，母亲上年纪，无人管教，喜欢打扮出门看秧歌。她们俩"脸搽胭脂桃桃粉，眉梁凹里一点红。两耳朵戴环环豆芽儿根根。两耳朵戴环环好像是两盏灯。大姐姐身穿一件品血青，二妹妹穿了一身娃娃红；计时表，看时辰，脖子上戴了根银绳绳，戴手表架眼镜真是威风。大姐姐穿了一条青裙裙，二妹妹系上湖绉裤巾巾；红裤筒，真不赖，洋凉袜子鱼肚白，咱姐妹看秧歌替了双新鞋。足尖上缀的骨朵胡采采"。如此让人眼花缭乱的服饰反映了当时晋中社会商品的丰富、观念的开放。饮食文化是民俗文化的重要内容之一，随着商业的发展，晋中地区的饮食呈现出精致多样的特点，这在祁太秧歌中也有很多描述：

"油茶锅里把勺只搅，鲜牛肉把灌肠炒，还有一锅豆腐脑，开锅圪斗斗片儿汤，闻见真是做的香……打凉粉，白刷刷，莜麦面切条是圪节节，油麻花儿半圪瘩，咱姐弟吃了个脆圪嚓"，"冰糖蛋蛋灌馅儿糖，猪心猪肺猪肝儿花，烧麦扁食做得好……香油麻叶大油旋，丸子过油刀削面。"（《小赶会》）

在讲究礼俗的中国社会，丧礼不仅是活人对死者哀情的表达方式，更是显示活人实力与地位的重要窗口。因此，晋中地区的丧礼由于富有而更加讲究。祁太秧歌《换碗》中详尽地描述了商家后人罗琼为其父出丧的奢华场面：

十口猪，八只羊，烟酒米面案摆上。亲戚朋友都道上，不用他们来商量，柏木材，松木刮，材上油了个可喜煞。明八洞，暗八洞，富贵框框九针针，张果老，吕洞宾，白鹤鹿儿老寿星。二龙杠，真威风，明星引路出崭新，街上搭起过街棚，院里搭的是天棚。活站像，真怕人，四个衙门左右分，打道鬼，喷钱兽，花花草草甚也有。纸幡、香幡、奎儿幡，灵前挂的引魂幡，金银斗，纸洋箱，里头放的纸衣裳。四季人人十二相，人人马马真排场，摇钱树，聚宝盆，童男童女两边分。干心饼子一拧拧，下气馒头整三斤，灵前点的照尸灯，哭杖立的一整根。文武门君站灵门，和尚道人念开经，吹打的，往里迎，手端的盘盘跪溜平——打发老人。（《换碗》）

概而言之，晋中商人众多，市场繁荣，使得当地民众观念开放，生活得以提升，同时，富商们的生活方式又对当地消费时尚产生了很大的示范性。伴着祁太秧歌幽默生动的唱词，充满浓郁商业气息的晋中风貌呈现在听者面前。

生动复杂的婚姻家庭。作为民间小戏，婚恋家庭是祁太秧歌的主要素材，很多地方也因此将秧歌直接称为"家庭戏"。在这里，现实生活的喜怒哀乐经过艺术的加工，被诙谐生动地表现出来，构成晋中民众抒发情感，寻找共鸣的空间。尽管不免夸张的成分，但祁太秧歌中的家庭戏仍然反映出生活其间的民众的道德取向和情感经历。

商业的发展，区域经济的繁荣使得晋中地区的民众观念更为开放，这表现在一些不合礼法的情感追求和家庭问题——如私订终身和婚外恋等——也成为祁太秧歌的重要题材。而在表演的过程中，对此并不是一味贬斥，无论是演出者还是观众都表现出一种理解的同情或是宽容的态度。

从传统礼俗的角度出发，已订婚的未婚夫妻，一般来讲是不允许私自会面的，但秧歌剧中表现了许多大胆的年轻人冲破这种禁令。《拜年》中未婚的女婿来看望未婚妻，双方互相诉说对未来的期望。《送粽粽》中的女主人公瞒着父母到书馆给未婚夫送粽子，并劝他戒掉烟毒。在有关恋爱的故事中反映最多的是私订婚约的故事。这类故事发生的场景多是在街头巷尾家门附近或田间劳作过程中。创作于民国十年前后的《缉草帽》讲述的是收草帽的买卖人和姑娘在交易过程中产生爱情的故事。还有富家姑娘爱上了住在自家的长工的故事（《四保儿上工》）；《剂白菜》和《拣麦根》都讲述的是男女主人公在劳作中自订婚约的事情。故事中对于爱情婚姻的宣言是如此的质朴直白：

观见买卖人好容貌，有心与他姻缘配……（《缉草帽》）

小奴家，一十七，没啦寻下女婿子。家里贫穷未娶妻，我的青春年纪一十八岁。听说哥哥你没娶妻，俺们的终身许给你。你有心，奴有意，白菜地里就配夫妻……如今的年头奴儿自找男人。（《剂白菜》）

与私订终身相比，祁太秧歌对不合伦理的婚外恋情戏表现出浓厚兴趣，就显得更耐人寻味。这些戏文很多是写男主人公或经商或当兵而外出，或对家庭缺乏关注，妻子同第三者有了感情，做出越轨的事情。《卖柴记》中商人的妻子与卖柴的伙计勾搭在一起，事泄后甚至杀死举报的证人；《做楼肚肚》里的商妇则是与寄住的房客产生了私情，为他做"楼肚肚"；男人当兵外出，妻子则给相好的做烟口袋（《做烟口袋》）。还有的偷情戏完全悖逆了世俗伦理,如新寡李氏与和尚私通,甚至不惜杀死自己的儿子(《杀子》)。在相好的伙计落难之后,这些"痴情"的有夫之妇竟能不顾世俗讽笑去关照情人(《探监》)。传统戏曲中的类似剧情也以秧歌戏的形式表现出来。如《挑帘》讲述的就是潘金莲与西门庆的故事。不难发现,婚外恋情戏中偷情的一方全是女主人公,而且我们能够看出,除了个别因偷情而杀人的戏曲外,大部分戏曲中对偷情的女主人公并不持激烈的批评态度,甚至能感觉到一丝温情。

在表现家庭生活的秧歌戏中,除了传统的婆媳戏、夫妻戏外,还有一类所谓的"悍妻"戏更具生活意味和家庭气息。《五秃儿闹洞房》讲述了家境优裕但肢体有残的五秃儿受到妻子的憎恶,经常遭到妻子的打骂,但后来妻子听众邻嫂之劝,与丈夫和好。剧中告诉我们妻子和五秃儿结合的原因:"心里埋怨二老爹娘,为使换银钱害了奴家",可以看出,贪财的父母看中了五秃儿的钱财,把女儿嫁了过去,那么对于这位妻子的"恶"也就可以理解了。还有两出"惧内戏",一出讲王老大与折腰打赌不怕老婆,但结果证明二人都是怕老婆的丈夫(《背板凳》)。另一出讲男主人公想进京赶考,惧怕老婆不同意,请来学友相劝的故事(《顶砖》)。这些戏一般都有闹剧色彩,乡民可以在这种几分诙谐、几分夸张的夫妻戏中舒缓一下僵化的大脑,在与实际生活若即若离的乡土小戏中寻求自己对社会的诠释。

有关恋爱婚姻的秧歌戏是祁太秧歌中数量最多的一部分内容,由于它贴近乡土生活,反映的是乡村社会的民众感情,因此最能抓住民众的心理。这也是祁太秧歌中较有特色的主题之一。

烟与赌:晋中社会的"恶之花"。随着晋中地区商业的兴盛,民间的奢侈享乐之风渐盛,清末晋商发展到鼎盛阶段,开始出现衰败势头之时,乡村吸鸦片烟和赌博逐渐有流行之势,而且此后几十年间这股风气愈演愈烈,渗透进晋中的风俗与日常生活中。因此,在祁太秧歌中涉及这个主题的小戏并不鲜见。

最令人震惊的是烟赌二祸在晋中乡村的渗透力,它们已完全成为一种娱乐休闲甚至待客摆设的时尚,而远远不被认为是应该警惕禁绝、阻挡于乡村社会之外的洪水猛兽。早期祁太秧歌中存留的《踩街秧歌即兴词》唱道:"咸丰登基十一年,口里口外种洋烟",说明在19世纪中期,山西种植烟草就已经很普遍了。再看清末民国时期晋中乡民的日常生活：一位怀孕的妻子想吃南瓜，却无钱买，在瓜园里偷南瓜时被看瓜老人抓住，在她羞怯的解释中有一句是："奴家男人不在家，赌博场里把钱耍。"（《偷南瓜》）还有一位妻子因为沉浸于赌钱中忘记了丈夫的嘱咐而耽误了生意（《卖豆腐》）；又一位丈夫迷恋赌牌，半夜不归，为躲避妻子的寻找甚至钻到狗窝内，他的妻子怒斥他对家庭的漠然："白天里假装病炕上睡觉，黑夜间上赌场不顾家贫。"（《踢银灯》）另一方面，当客人被主人引进家门，获得的招待往往同《缉草帽》中的小贩受到的待遇一样："进门来与姐姐把坐打，吃上袋旱烟喝上杯茶。"还有像《换碗》中那样夸张的要求："洋烟扦子要一根，梅花片和杨棍棍，一粒金丹两瓶瓶，一钵子洋烟整半斤，一布袋金丹一万根……"姑娘送给情人的小物件，往往就是一只烟口袋："吃纸烟，太的贵，价钱涨的没底子，做一个烟口袋使用烟锅子。"（《做烟口袋》）甚至一位男主人公公然表示爱吃烟的决心，他如数家珍地一口气报上二三十种香烟名：

  云南烟，福建烟，大小金川千片烟。湖南烟，四川烟，衡州出的寿育烟。广东烟，广西烟，佛山出的好香烟，代州烟，大同烟，雁门出的玉兰烟。曲沃烟，太平烟，绛州出的联和烟，山东烟，甘肃烟，兰州出的好水烟。大板烟，小板烟，朱仙镇的元隆烟，细丝烟，金秋烟，江西出的浦城烟。周口烟，河北烟，济宁出的黑香烟……（《爱吃烟》）

对于烟赌之害，秧歌戏中的乡民是有真切认识的。对于各职业的损害："读书人教会把赌玩，误了今科中状元。买卖人们学会赌，误了生意少赚钱。种地人们学会赌，误了耕种少打粮。"（《小儿盘道》）对于家庭和身心带来的损害："二爹娘在世时家业豪富，先教会抽洋烟后教会耍钱。二爹娘下世去未过三年，把一份好家业全然弄干。"（《四骗》）；"为人教会吃洋烟，先卖地来后拆院，披毛单，裹毡片，……这就是吃金丹累了身冠。""人们教会吸金丹，要想倒霉不作难，多熏丹，少吃饭……抱上个沙锅儿讨吃要饭"，"没钱了打发女人卖小子，再无钱，偷人的，逮住送在模范监"（《改良奶娃娃》）。

在这种清醒的认识下,才有《踢银灯》中那位勇敢的妻子,将赌牌的丈夫从狗窝中打出,踢倒银灯,搅散牌场,力劝丈夫戒掉不良习惯。然而最见效的恐怕还是强制性的禁烟与禁赌。这是在民国之后的事了。张二姐被家人送入戒烟局,她讲道:"中华民国断金丹,这两天各村登记烟民"(《女戒金丹》),还有诸如"中华民国整理村范,先禁赌博后断丹"(《改良奶娃娃》)。

毫无疑问,祁太秧歌作为一种艺术形式的乡村小戏,我们应该小心翼翼地把它与晋中社会乡村民众的真实生活拉开距离。但我们也必须承认,源于生活的秧歌小戏是对现实社会的一种折射。通过这种艺术表现,清末至民国年间晋中社会盛世繁华的诸多场景被放大和保留下来,商业气息和乡土气息扑面而来。

## 三 苦乐悲欢:祁太秧歌里的商人世界

如前所述,祁太秧歌的兴盛是与晋中地区经济、商业的繁荣发达分不开的。尤其到了清光绪以后晋中地区的票号遍布全国,经商成为晋中乡民最为常见的生活方式,商人生活也就自然成为祁太秧歌中表现最多的内容之一,甚至很多婚姻家庭戏也被安排在商人家庭展开。尽管褒贬不一,羡慕与鄙视同时存在,但祁太秧歌仍然为我们展示了一个较为真实生动的商人世界,以及乡民对经商之人的复杂感情。

祁太秧歌中经常可以听到描写晋中商人经商致富的内容:

>……出东口,到西京,广东上海南京城。跑遍城乡和集镇,然后去了湖南省,一办药材福建省,二办戏装苏州城,三办瓷器杭州城,四办竹器河南省……
>……
>行走来在太谷城,下了火车再往东,扎庄扎在阳邑镇,铺名就叫恒兴隆。买卖好,生意红,一年就比一年顺,三年头上把账清,一股只开了三万银——当了财东。(《换碗》)

虽然经商途中必定充满着许多艰辛无奈,但在秧歌戏中更多的却是描写商人运筹帷幄的经商才能和衣锦还乡后的自豪得意。《算账》中张三因穷困潦倒被迫出外经商，经过八年打拼终得满载而归。"那一年出外上沈阳，路儿上遇了个好东家，他领给我银子几千两，他叫我四路里把买客当，上至绸缎下至粮，烧锅开了好几座，买胡麻、贩芝麻、前晌买上后晌涨，也是我张三运气大，一年就比一年强，三年头上开一账，一股子开了七千两。"(《算账》)

经商致富后，商贾们甲第如云、锦衣玉食的生活使晋中民众受到极大触动，经商成为乡民改变贫苦现状的最佳选择，中国传统士农工商的四民定位在这里发生了变化。"二老爹娘把你生，送你南学把书攻，念书念了十年整，字未识来书未通。买卖行中不能行，万般出在无其奈，拾掇起来把地种。"(《割田》)商人成为仅列于士之后的第二选择，农民则成为"受苦人"而不被看重。祁太秧歌中有大量表现商人职业的小戏。村落小巷常走动的，是换花布的、卖洋烟的、钉锅的、推小车的（载物或人）；固定摊铺在集市上常见卖药的、算卦的、卖艺的、耍把戏的；比较多的是商铺：当铺、钱铺、饭铺、酒馆、鞋铺、估衣铺……

商业的繁盛，商人地位的提高，使得民众的婚恋观也发生了变化，过去因被列为"四民之末"而受到贱视的商贾之家成为民间婚嫁的首选对象。"寻下个买卖人才合奴的意"(《打冻漓》)；女性对婚姻不满会发出这样的抱怨："人讶的丈夫会做买卖，咱的丈夫就会受苦。"

在秧歌中反映最多的是商人的家庭生活，尤其是在他们经商外出之后，他们的妻子与亲人的情况。

商人抛妻别子，离开家园，所担心的是妻子必将担负起一切家务："我去到外边做买卖，家园之事靠何人顾待""我去到天北二京做买卖，亲戚朋友来了叫谁顾待"(《送行》)。妻子担心的则是丈夫另有新欢、移情别恋："怕的是你去了河南再娶妻……忘了恩爱把奴遗。"于是妻子往往让丈夫将自己的期望与思念随时带在身边："妻儿送你两包笔，一包给你写书信，一包给你学诗文……这一把扇子交与你，想起为妻把扇启。"(《下河南》)离别之后留给妻子的是绵绵无尽的思念，虽然断不了有丈夫寄回的书信和财物，但对于家庭生活的渴望却是无法补偿的："珍珠玛瑙奴不爱，倒不如你回来走一遭。""赚多赚少你回来吧，养上个孩子比什强。"在漫漫长夜中，独守空房的妻子也忍不住埋怨常年不归的丈夫：

"拉煤汉也比他强,今日走了明日返,银子钱儿都赚上,赚上银钱顾家院。嫁一个打铁的也比他强,他看咱来咱看他,说说笑笑把铁打,心里舒展乐哈哈。嫁上个瞎子也比他强,又会拉来又会唱,有时心里不舒坦,弹打起来唱一唱。种地的人儿也比他强,清早上地晌午回家,一日三餐来用饭,有什么的话儿夫妻叨啦。"她烧香拜神,"一不求银子二不求粮,三不求哥儿弟兄二老爹娘,单求奴的丈夫回家转,进门来供献一只羊。"(《张公子回家》)在久盼良人不归后,有的商妇甚至由念生恨,"出外的人儿他把良心丧,三年守寡二年半"(《闹五更》),妻子们实在厌倦了商人家庭的生活。

实际生活中的商人家庭不可能只是痛苦而浪漫的思念,于是有了更多的俗世生活中的故事。哥哥出外做买卖,对于在家的弟弟自然要担负起兄长的责任来:"我哥哥捎回一封信,信上写的十两银,五两叫我安家舍,五两叫我做本银。"(《缉草帽》)这样兄弟也有了生活能力。作为一家之主的父亲,虽然远离儿女却也要为他们的生活操心:"男人贸易不在家,家业之事全靠咱……昨日他父捎回书信一封,叫与二不愣订亲"(《四骗》)。

商人家庭也有普通人家容易上演的"继母戏",而且由于晋中的商人是行商较多,这类秧歌戏中继母的演出空间似乎也就更大。爹爹贸易在外,李三娘受继母虐待,经常去梨花山挑水,她悲苦地倾诉道:"我爹爹贸易不在家,后继母每日苦打咱","奴家今年二十三,继母不给配夫男"(《梨花山挑水》)。如此一个大龄姑娘在远离父亲的生活里该是多么悲惨。更有甚者,《烙碗计》中的继母为了独霸商贩丈夫的家产,对威胁到她的利益的前房子侄下毒手。当然这类故事的结局往往都是传统戏曲共有的大团圆模式,表达了乡土文化对于真善美的追求和对未来生活的宿命式的祈祷。

最引人注意也是数量较多的商人戏是有关商人妻子婚外恋的故事。这类故事中,有的是女主人公不满意有钱却不称心的丈夫,于是背着家人,赠送金簪送情人去北京(《上北京》),可以看出这类女主人公对感情的追求是占相当地位的。但大多数商人家庭的偷情戏都是女主人公感情寂寞的产物。比如《做凉袜》的女主人公就是丈夫走关东,把她寄住在太谷的北珊村,这位妻子在北光村找到了自己的情人,"白天里做饭洗衣裳，到夜晚做伴在一搭"。《做楼肚肚》中的女主人公情况和这出戏大致相似，还有《改良奶娃娃》中的妻子，也是"他在外，妻在家"，从而产生了感情转移。这几位女主人公都风华正茂："奴家的男当家的走南京，留下了女当家的太年青"（《做凉袜》），她们对情人的感情也是质朴真实，没有虚饰，她们真诚地为情人着想，甚至劝他们放弃不良习气："这两天，整村范，县里的巡替常不断，恐怕把哥哥坐了'模范'……劝哥哥以后莫耍钱。"这些剧目对商妇的婚外情多持同情态度，她们在表演中也大多以正面形象出现。在这些故事中，作为丈夫的商人都隐而不见。秧歌戏似乎无意表现一种感情纠葛，甚至似乎毫不打算去设想如果经商的丈夫回家，会发生什么冲突。乡民们或许只是在欣赏可以被世俗接纳的感情越轨，或者只是在表达一种对商人家庭的理解和调侃，尽管这不一定完全表现晋中地区乡村社会的婚姻真实，但却在一定程度上反映了晋中社会商人婚姻中普遍存在的问题。

在民间的理解中，商人对财富的占有并不能使他们成为乡土社会中的"精英"。《小寡妇上坟》中，那位十八岁就丧夫的商人妻子慨叹道："有钱无势也是枉然。"这种"势"，实际是定位于乡土意识中对"世俗权力"的理解。来看这样一段对话：

> 他老子的叶可恶。
> 什可恶哩？
> 自幼儿在北京，做的买卖领的东，接官迎富跑衙门，走衙门脱熟红，讶开二指宽的个帖帖，叫三班衙役把你捉拿，捉幸的堂上，进去一问，不管有理没理，就是啪啪啪三十大板、一面枷……俺们可惹不起份。

可以肯定，这样的商人才是乡民眼中的"能人"。至于那些有钱无势的商人就只有靠花钱借势免灾了。罗琼的父亲因贩卖大烟被抓，"板子打、上夹棍，只打了个烂洞洞。定了死罪要枪崩，想活一天万不能——下在监狱中"，为了救父，罗琼四处求人，"花上银钱去搬人，搬了榆次的大乡绅，能办事情就能行。孙继中、要继英、赵合年和马继祯，四大乡绅商议通，去见县长讲人情。银子花了一万整，才放我父回家中——

救上俺父的命"。(《换碗》)如此可见,即使在晋中这样一个经济发达、商业行为频繁的地区,乡土意识中对封建权势定位的优越也是根深蒂固的。

虽然由于晋中商业发达,乡土意识中没有明显的"抑商"情结或"无商不奸"的偏见,但我们偶尔也能看到讽刺商人的小戏。《当板箱》讲述的就是这样一个故事:当铺李掌柜在街上调戏花郎之妻,受辱的妻子和丈夫设下一计,由妻子将李掌柜引至家中,这时丈夫佯装从外归来,李掌柜情急之中被藏入板箱内,丈夫又佯装不知,将板箱抬至李掌柜的当铺内,开价三百两白银。然后故意走开片刻,板箱内的李掌柜只好呼叫伙计如数付银。夫妻得银,欢喜而去。在《卖绒花》《卖胭脂》《卖高底》这些剧中,那些挑着货担游街叫卖的小商贩常会因为在卖货过程中调戏姑娘而落得货财两空。这实际上是中国社会传统职业观在民众日常生活中的反映,商人阶层往往就处在这种既让人羡慕又受人鄙视的尴尬境地中。

晋中商人竭力经营,奋力开拓,最终实现了辉煌的事业,然而在这些显赫与荣耀的背后,他们也要经受许多常人难以想象的痛苦,如经商过程中的创业艰辛、抛妻别子的情感折磨、权贵阶层的欺压敲诈,等等。祁太秧歌正是从日常的生活层面为我们展示了一个立体丰富的商人世界,在舞台的嬉笑怒骂中表达着商人辉煌背后的苦乐悲欢。

晋商研究在学界由来已久,但大多集中在就商言商的经济史范畴,对晋中商业社会和晋商生活的研究寥寥无几,这与文字资料的缺乏有着很大关系。祁太秧歌剧本正是对所谓的正统史志的补充。晋中商业社会的繁盛为秧歌的发展提供了成长的沃土,而秧歌的广为流传也为晋商与晋中社会保存了生动多维的历史图画,使我们得以再现正统史志中被湮没的普通民众的生活场景,重新挖掘晋商及其所生活的晋中地方社会风貌,从而更加深刻而全面地把握那段已经过去的历史与辉煌。

随着社会史研究在中国的兴起和日趋深入,普通民众的日常生活逐渐被学者们所关注。由于视野的扩大,一些过去毫无价值的史料重新被引用,一些散落于民间的文书碑刻受到青睐。祁太秧歌剧本作为民俗文献不仅仅是文艺作品,它所包含的社会史内容更是丰富而有价值的。郑振铎曾讲过,"许多俗文学的作品,却总可以给我们些东西。他们产生于大众之中，为大众而写作，表现着中国过去最大多数人民的痛苦和呼唤、欢愉和烦闷、恋爱的享受和离别的愁叹、生活压迫的反响，以及对于政治黑暗的抗争；他们表现着另一个社会，另一种人生，另一方面的中国，和正统文学、贵族文学，为帝王所养活着的许多文人学士们所写作的东西里所表现的不同。只有在这里，才能看出真正的中国人民的发展、生活和情绪。"[①] 对于当前的中国史学来说，西方史学思潮与多学科方法的融汇交流非任何历史时期可比，但从历史研究的本土化出发，史学工作者恐怕应像新文化运动时期的文化学者收集民间文献、研究民间文学一样，在历史学的领域再次挖掘与审视民间资料，借鉴国内外新学科的新方法，构建我们自己的"中国社会史"。

---

① 郑振铎：《中国俗文学史》（上册），上海书店影印本1984年版，第20—21页。

# 图像历史：以《晋察冀画报》
# 为中心的视觉解读

## 引言 从"左图右史"到"视觉研究"

中国史学源远流长，然史家最看重的"资料"，大抵也不外文字、图像、实物、传说四种。实物触目皆是，但物换星移，沧海桑田，不免落为"遗迹"。晚近有了博物馆，然有限的空间陈列的实物毕竟也有限，况且任何实物都不可能称得上是最初意义上的"实物"。传说在史家眼里历来属于"口说无凭"的臆造、虚构之类，那是民俗学、民间文学诉诸文字的素材。眼下"口述史学"席卷而来，似仍有不登大雅之堂之嫌。如此看来，作为历史学家看家本领的资料也就是文字和图像了。

事实正是如此。中国史学素有"左图右史"的传统，通志体大家郑樵说："古之学者为学有要，置图于左，置书于右；索像于图，索理于书。"[①] 虽说"左图右史"又可形容藏书极多，但文字毕竟是书的主要载体。单就文字和图像而论，文人著书立说又多利用和信赖文字，这是因为文字在学者眼里"义蕴闳深"，记事记言、传情达意皆可直接利用和体悟，而图像只是一种陪衬，起辅助和点缀作用，时话叫作增加"可读性"。若以绝对数量而言，文字之多于图像又何啻千万！其实，"左图右史"只可看作古人读书做学问的一种理想状态，"见书不见图"或"借图画以启蒙"的场景倒是一种常态。鲁迅在《连环图画琐谈》一文中，以连环图画是启蒙的"利器"立意，谈及中国古代的"出相""绣像""全图"各类图书，即有一种明确的说法：

---

① 郑樵:《通志略·图谱略》。

古人"左图右史",现在只剩下了一句话,看不见真相了,宋元小说,有的是每页上图下说,却至今还有存留,就是所谓"出相";明清以来,有卷头只画书中人物的,称为"绣像"。有画每画故事的,称为"全图"。那目的,大概是在诱引未读者的购读,增加阅读者的兴趣和理解。①

学术总在演化。19、20世纪之交,梁启超等人倡导"史界革命","新史学"开始在中国有了响声,其中扩大传统史学的研究范围,包括扩大史学研究的资料范围都成为新史学重要的题中之意。于是,商周甲骨、敦煌文书、诗词歌赋、传说歌谣等一一收入史家眼帘;也因此,罗振玉、王国维、陈寅恪、顾颉刚等人及其著述一一成为史界亮点。虽然以图像为资料素材而卓然成家者难见,但积极倡导者亦不乏其人,鲁迅、阿英、郑振铎、戈公振算是其中身体力行者,而罗家伦的呼吁也不能忽视。早在1931年,当罗氏为郭廷以《近代中国史》一书撰写《引论:研究中国近代史的意义和方法》时即指出:"中国史家最不注重图画。要使史书有生气,图画是一种有力的帮助",进而呼吁收集中外地图、画片、照片等图像史料,尤其是外国人制作的画片更引起他的注意。以1859年大沽口之战为例,罗氏以为:"大沽口炮台的建筑,和竹签泥港的排列法,只是外国还有图画。就是什么'刘大将军大败法兵图'、'李中丞联团杀败洋兵图'这类的花纸,也可表现当时中国人的武器,中国的群众心理,中国人对外的知识等等。"② 显然,在罗家伦看来,图像作为一种资料是可以反映历史真实的,但也只是对史著撰写的一个"帮助",所谓"有生气",也可以理解为增加可读性。

20世纪80年代以来的"文化转向"(cultural turn)和"视觉研究"正在改变着学界对图像资料的传统认识。文化研究者认为,"文化"并不仅仅是精英的思想和创作,也不再是音乐、绘画、出版物等一般民众喜

---

① 《鲁迅全集》第六卷,人民文学出版社1998年版,第27页。
② 黄克武:《导论:映现抑或再现——视觉史料与历史书写》,见黄克武主编《画中有话:近代中国的视觉表述与文化构图》,"中研院"近代史研究所2004年。

爱的"大众文化",而是"群体或社会共享的价值",是"意义的生产与交换"。与其说文化是具体的事物,倒不如说是一个实践的过程。而且,这样一个过程不仅仅是存放于大脑中的抽象思维,它甚至会影响社会的组织、规范,乃至人们具体的生活。从这样的角度来看图像资料,史家探究的问题就由图像是否只是"帮腔"而转换为图像再现是如何生产和流布的这样一个命题。据黄克武先生介绍,最新的有关研究成果是 Gillian Rose 于 2001 年出版的 *Visual Methodologies* 一书。该书从近年来视觉研究的主题与论辩入手,探究文化的意义与视觉材料的功能,提供了有关视觉影像和社会认同与社会关系的剖析。作者还分析了组成诠释、内容分析、记号学、心理分析、论域分析、读者分析等各种研究视觉文本方法的优劣。黄先生认为,上述文化研究的转向也促成了艺术史研究方法的转变。①

笔者对文化研究和艺术史研究均所知甚少,但对从新角度探讨图像资料的有关成果却一直有着浓厚的兴趣。管见所及,大陆和台湾学界对 19 世纪末最有影响的《点石斋画报》关注最多。其中,大陆方面陈平原、夏晓虹编注的《图像晚清》,从该画报四千余幅图像中,摘取约 160 幅,选取多种史料加以阐释与补充,使"中外纪闻""官场现象""格致汇编""海上繁华"四大主题显现出来。② 台湾资深学者王尔敏先生的《中国近代知识普及化传播之图说形式——以〈点石斋画报〉为例》一文收入作者《近代文化生态及其变迁》一书。③ 该文对《点石斋画报》的创制背景、画风渊源及所载内容如时事报道、时人行踪、海外新知、奇闻、国政要典、民俗节令等都作出了深入细致的分析与描述。尤可注意的最新成果是 2004 年由台湾"中研院"近代史研究所出版、黄克武先生主编的《画中有话:近代中国的视觉表述与文化构图》。该书为 1998—2002 年该所举办的两次研讨会成果,共收录王尔敏在内的 13 位历史学、地理学、语言学、艺术学等多学科专家从不同角度讨论视觉文化的论文。编

---

① 黄克武主编:《画中有话:近代中国的视觉表述与文化构图》,"中研院"近代史研究所 2004 年版。

② 陈平原、夏晓虹编注:《图像晚清》,百花文艺出版社 2001 年版。2002 年作者陈平原先生惠赠该书,顺致谢忱。

③ 王尔敏:《近代文化生态及其变迁》,百花文艺出版社 2002 年版。

者采取"映现"与"再现"的两种不同观点,将13篇论文按映现生活、再现生活、呈现中国三个主题加以编排,并冠以《导论:映现抑或再现——视觉史料与历史书写》,读后令人耳目一新。我对视觉文化及艺术史不敢多言,只是沿着诸位先进提供的研究路径,试图对更晚一点的、20世纪40年代的《晋察冀画报》作一尝试性的探讨。依样画葫芦,不禁惶然。

## 一 画报内史:创制、演进、流布

《晋察冀画报》是在早期解放区有关工作的基础上创刊的。从井冈山时期到抗战前,摄影活动就已在解放区零星展开,一些部队领导人如叶剑英、聂荣臻都有一些早期的摄影作品,但那个时期毕竟没有专职的摄影人员。

1937年爆发的抗日战争,客观上加速了解放区摄影事业的发展。有关抗战最早的图像资料是平型关战斗中,时任一一五师师部侦察科科长苏静的作品。他曾利用自己从缅甸带回的照相机拍摄了许多战地照片,其中最有名的就是《开赴平型关前线》。另一位在太原"全民通讯社"任摄影记者的沙飞,也拍摄了一一五师缴获的战利品及部队活动的一组照片。苏、沙两人的摄影被视为"解放区摄影事业创立的开始"[①],沙飞更被称为敌后抗日根据地第一位专职摄影记者。平型关大战后,沙飞到五台参加八路军,聂荣臻将军亲自接见沙飞并赠送一台德国魏尔脱照相机,任命其为军区摄影记者。1937年11月,晋察冀军区机关由山西五台移驻冀西阜平,沙飞又被时任晋察冀军区司令员兼政治委员的聂荣臻电召至阜平,被任命为政治部编辑科科长兼抗敌报社副主任。从此,沙飞等人一面采访拍摄、举办影展、培训队伍;一面购置机械、添补物资、招募工人,为成立画报社和创办画报积极工作。

1942年5月1日,晋察冀画报社在河北平山县支角沟正式宣告成立。军区政治部任命沙飞为主任(社长)、罗光达为副主任(副社长)、赵烈为指导员。画报社下设编校、出版、印刷、总务四股。7月7日,即卢沟桥事变爆发五周年之日,《晋察冀画报》创刊号正式出刊。创刊号扉页刊

---

① 顾棣、方伟:《中国解放区摄影史略》,山西人民出版社1989年版,第5页。

登了杜芬的布画《在毛泽东的旗帜下》，接着是目录、华北敌我形势图、发刊词及聂荣臻、宋劭文、朱良才、萧克、程子华等军区领导的题词。其中，聂荣臻的题词是：

> 五年的抗战，晋察冀的人们究竟做了些什么？一切活生生的事实都显露在这小小的画刊里：它告诉了全国同胞，他们在敌后是如何的坚决英勇保卫着自己的祖国；同时也告诉了全世界的正义人士，他们在东方在如何的艰难困苦中抵抗着日本强盗！①

晋察冀边区行政委员会主任宋劭文一句"晋察冀的活报"的题词，更显画报的生气与活力。

创刊号《晋察冀画报》为"特大号"，图文并茂，图片文字说明均有英文译文。创刊词及主要文字介绍由章文龙编写，并请邓拓加工润色。所有摄影作品及其他文艺作品均经聂荣臻亲自审定。出刊的当天，画报社还召开了隆重的庆祝大会，军区政治部主任朱良才、宣传部部长潘自力亲自到会，并转达聂荣臻对全社同志的问候和表扬。同时，边区政府还向报社颁发了奖旗、奖状和奖金。庆祝大会中另一件令人兴奋的事情，就是全体报社同志纵情高唱自己创作的《晋察冀画报社社歌》：

> 我们是文化艺术的劳动者，
> 我们是思想战线的战斗员，
> 我们用双手大脑劳作，
> 我们用笔杆机器作战。
> 生产精神的食粮，
> 制造文化的枪弹，

---

① 晋察冀文艺研究会、中国人民抗日战争纪念馆、中国新闻摄影学会：《晋察冀画报》（上下册），辽宁美术出版社1990年版，第7页。这里我要特别指出的是，由于战争年代画报印数较少，且流动环境下不易保存，甚至有些已成为绝版孤本。是以上单位组织老摄影家，克服种种困难，花费两年多时间，才得以将《晋察冀画报》编辑成册，付诸影印。笔者对此深怀敬意。又，影印本当时只印行500册，笔者所据即此影印本。以下凡引自该版本者，均以《画报》上、下出之。

开辟新民主主义的文化田园。
劳作呵!
从日出东山到星光满天。
战斗呵!
黎明冲破了黑暗,
我们的歌声飘扬在太行山。①

《晋察冀画报》自 1942 年 7 月 7 日创刊至 1947 年 12 月,共出版发行 13 期。这里简要介绍的各期主要内容,也就是画报的演进历史,对我们下面的讨论应当是必要的。

创刊号即属初创,自然在形式和内容上都有特色。形式上最突出的体现就是所有图片及发刊词、征稿启事、版权页均由中、英两种文字介绍,英文文字由专门请来的刘柯、李伦翻译,并经国际友人班维廉、林迈可(分别为燕京大学物理学主任、经济学导师)校对修改。内容上信息量较大,各类专栏也初具形制。第一篇重要的文章是署名"萧斯"(邓拓)的长文《晋察冀舵师聂荣臻——敌后模范抗日根据地及其创造者的生平》,作为五年来晋察冀根据地发展的一个基本总结。接着是新闻摄影、美术、文艺三大专栏。具体内容是图文并茂的百团大战专页,反映战士生活、军民关系、边区人民武装及生活(包括政治、生产、教育、出版等多项)的不同作品,最后是纪实、小说、诗歌等文艺作品。其实,创刊号最后的"征稿简约"就是画报内容的告示,这就是:

> 本刊欢迎反映边区内部与各抗日根据地以及大后方各种斗争与建设之新闻照片,美术作品(漫画木刻等)及文艺(通讯、报告、诗歌、散文、小说等)稿件。至于海外通讯,尤其是反映反法西斯之新闻照片、通讯更所欢迎。②

---

① 顾棣、方伟:《中国解放区摄影史略》,山西人民出版社 1989 年版,第 200 页。又,这首晋察冀社歌为画报社老同志 1980 年的回忆,顾棣《晋察冀画报社史采访笔记之一》(手写本)即有罗光达同志增添的歌词。

② 《画报》上,第 95 页。

1943年1月《晋察冀画报》第二期出版。本期画报有关边区第一届参议会的报道几占将近一半篇幅，封面即是月前刚刚召开的"晋察冀边区第一届参议会"会场画面。接着是一组反映冀中平原抗日斗争的报道。文字方面又有邓拓的《记边区第一届参议会》及其他作者的诗、散文等。形式上本期开始出现"漫画木刻"专栏。

第三期于1943年5月出版。本期"新闻摄影"主要反映冀东抗战，又有生产战线上的妇女儿童、反蚕食斗争、悼念柯棣华三组照片和文字说明。

1943年9月出版的第四期《晋察冀画报》为"八一纪念特辑"。画报第一次刊登了毛泽东同志的大幅画像及其"略历"，接着是朱德、周恩来、王稼祥、彭德怀、叶剑英、林彪、贺龙、刘伯承、聂荣臻、萧克等八路军将领的肖像。摄影专栏包括纪念八路军新四军诞生十六周年、追念左权、晋察冀战斗成果、边区第二届参议会、狼牙山战斗、爆炸英雄李勇等多组。美术专栏内第一次刊登了木刻作家古元的《割草》，并转载重庆《新民报》徐悲鸿的评论，徐称《割草》"可称中国近代美术史上最成功作品之一"①。

第五期画报于1944年6月出版。本期封面特示"晋察冀边区北岳区反'扫荡'战役、战斗英雄战斗模范大会专号"。新闻摄影专栏首先是一组反映反"扫荡"斗争前线的图文，接着是群英大会的图片及说明文字。超出一半的篇幅以文字形式刊载群英会上的有关讲话和战斗英雄的事迹报道。本期无木刻、版画作品。

1944年8月，《晋察冀画报》第六期出版。本期画报主要内容是主动配合正面作战的各地克复城镇摧毁敌人堡垒的战事图片，另有一组图片反映边区大生产运动蓬勃展开的实况。还有就是一组五幅反映美国航空队队员白格里欧的图片及署名宋山（沙飞）的报道——《白格里欧在晋察冀画报社》。

同年11月，第七期画报出版。本期画报仅30页，较为简单。主要反映晋察冀各地"攻城夺堡纵横出击"的场面。"边区各界纪念国庆节要求改组国民政府改组统帅部群众大会"的图片及说明占去两个版面。还有

---

① 《画报》上，第208页。

追悼邹韬奋、马本斋的两组图片及说明，郭沫若有名的《韬奋先生哀词——在重庆追悼会上的讲演词》也同时刊出。

第八期《晋察冀画报》于1945年4月底出版。本期新闻摄影专栏分海上、平原、山区三部分分别刊登有关渤海之滨、冀中平原、妙峰山、五台山、恒山等地战斗解放的图文。《白求恩国际和平医院》一组10幅占去两个版面。本期设海外通讯专栏，刊载美军挺进菲律宾、空袭鞍山日本炼钢厂及法军解放巴黎的图片及说明文字。首页还刊载了毛泽东在陕甘宁边区练兵比赛大会上和美国驻中印缅司令部人员的谈话照片。

第九、十期《晋察冀画报》合刊于1946年12月出版。本期合刊目录由竖排改为横排。王朝闻的著名作品毛主席肖像（雕塑）在首页出现。"新闻摄影"专栏已无明确标示，但内容基本可分为三部分：从春夏季战略攻势到大反攻阶段的战果；察哈尔人民代表会议报道；张家口市群众斗争（控诉复仇、清算斗争）纪要。本期美术作品较多，计有王朝闻、沃渣、彦涵、夏风、马达等人绘画、木刻作品8幅。

1947年10月，《晋察冀画报》第十一期出版。是时，全国已进入解放战争期间。本期画报封面及目录均标注"复刊号"字样，主要内容是一年来各地自卫战争的综合报道。另一组"穷人翻身图"通过图画、照片反映根据地民众闹翻身、分"浮财"、互助合作搞生产的情况。还有就是对杀敌英雄王克勤、军人榜样吕顺保先进事迹的图文报道。

第十二期画报于1947年12月出版。本期画报在所有十三期画报中最为简单。封面标示"'一二·一'二周年纪念特辑"，反映国统区人民、尤其是青年学生反对国民党统治的斗争。茅盾《为"一二·一"惨案作》、陶行知《闻昆明学生因反内战而流血有感》、郭沫若《进步赞》三篇文字作品同时刊出。

第十三期画报和第十二期同时出版。① 本期实际上也是特辑，内容主要是清风店歼灭战、解放石家庄战役两大主题。

翻检整个十三期《晋察冀画报》，我们不难发现，前十期亦即抗日战争时期的画报在形式和内容上质量较高，虽然也有参差不齐的问题存在，但整体上风格统一，板块固定，有些甚至表现出较高的编辑水平。反观

---

① 两期画报版权页均标明"中华民国三十六年十二月出版"字样。

解放战争时期的后三期画报,一个"复刊号",两个"特辑";第十一、十二期分别为30、20个页码,篇幅不足;第十三期影印本竟然连目录也找不到(或许是影印失漏,亦未可知)。照常理来讲,画报社成立五年多,画报已出版十期,无论记者编辑素质、机器设备状况,还是实际运作经验都应该越来越好,为何后三期质量反倒不如前十期?

时局的发展变化是《晋察冀画报》质量前后不一的主要原因。抗日战争胜利不到一年,国民党军队从全国范围内向解放区发动全面攻势,华北战场再起硝烟。1946年9月,晋察冀画报社随主力部队撤出张家口搬至河北涞源县。由城市到乡村,由阵地战到运动战的战略转移,对晋察冀画报社和画报的出版都带来了不小的影响。先是从1946年4月起,晋察冀画报社就有一部分骨干分别被抽调到山东军区、华北联大等处工作,接着又有十余人复员。4月底,画报社又根据指示进行整编,原来的科室整编为组,机构大为缩减,机器设备也进行了相应调整。至1946年10月底,原来曾拥有百余人各类工作人员的晋察冀画报社一分为三,新成立的和平印书馆、新时代图片公司成为与晋察冀画报社平行独立的单位。更为重要的是,为了适应前线战斗的需要,及时反映前沿阵地的实况,新闻性、时效性取代了原先相对稳步操作的工作程序,"为兵服务"、争分夺秒成为办刊的突出目标。正是在如此情况下,出版周期较长的《晋察冀画报》被一份更为及时的《晋察冀画刊》所替代。

《晋察冀画刊》自1946年出版第一期(影印本缺失),至1948年5月28日最后一期,在一年半的时间内共出版44期。其中大部分为八开单页,四个版面;第二、三、四期及后来的第三十、四十一期为八个版面;也有个别六个版面者(第三十二期)。自1947年5月20日第十一期至10月14日第二十八期刊头均有"连队读物"字样。显然,较之于《晋察冀画报》,《晋察冀画刊》的时效性大大提高。若平均计之,不到12天即可出版一期。实际上,为了配合前线战斗,最快的五六天即可出版一期(第七至第十二期)。至于画刊的内容,主要就是围绕人民解放战争并及时报道前线各地的战役及战斗英雄事迹。这些战役包括定县登城战;西烟战斗;正定攻城战;解放井陉、沧县、兴济、徐水、昌黎、固城、大清河、清风店、石家庄、涞水、广灵、察哈尔等地的战斗。战斗集体、战斗英雄一个个也跃上画刊:神炮十三连、弃暗投明之常有福、投弹手焦志清、担架班长梁金水、申旦子炊事班、"建攻"部四连三、四班、小炮班长吕永顺、特等英雄李清山、卫生员王玉峰、热爱子弟兵的李大妈、指挥员田润生、白马河部二营、工兵功臣王惠文等，真可谓各式各样，不胜枚举。可以想见，当这些反映前线战斗和战斗英雄的"连队读物"冒着枪林弹雨被送到战士手中之时，将士们饱满的战斗情绪和欢快的笑脸！

除《晋察冀画报》《晋察冀画刊》外，1946年9月画报社撤出石家庄前出版的四期《晋察冀画报丛刊》也是这个时期不能忽视的重要画报。1946年9月后，晋察冀画报社搬出城市走向前线，既要连续出版《画报》，又要新出《画刊》和《丛刊》。任务加重，顾此失彼，也不是没有可能。或许这也是《晋察冀画报》后三期质量不能保证的原因之一。综览1946年3月至7月的四期《晋察冀画报丛刊》，最明显的有三大特点：一是主题突出。四期丛刊分别以"八路军和老百姓""晋察冀的控诉""民主的晋察冀""人民战争"为主题，相对全面地反映了晋察冀抗日根据地创立以来的战斗历程。二是版面气派。与《画报》和《画刊》比较而言，四期丛刊每个页面大多只二三幅作品，第二、三期甚有一页一幅作品者。图片、文字错落有致，疏密得当，显得气派十足。三是丛刊篇幅增大、内容较为丰富。第一期29页、第二期44页、第三期73页，第四期涨到87页，价格也由"边币"二百元、五百元涨到八百元。

报刊是一种文化产品。正如任何产品都有生产和销售两个主要环节一样，以《晋察冀画报》为主的各种画报也有出版和流布的问题存在。总体上来看，晋察冀画报社出版的各类画报，在解放区、国统区、沦陷区甚至海外都有广泛的流布，当然，各类性质不同的画报，流布的区域、阅读的对象也会有所不同，这是不能一概而论的。

先看最早出版的《晋察冀画报》。创刊号《晋察冀画报》用中、英两种文字对摄影图片进行说明，最后的版权页和"征稿简约"也同样以中、英两种文字出现，征稿启事内还特别点明"海外通讯"之新闻照片。这些迹象都表明，《晋察冀画报》从一开始就立足于根据地，面向全世界。从画报的发行和销售处来看，发行由新华书店晋察冀分店经营，经销则是延安新华书店各地分店及全国各大书局。是否可以这样判断，陕甘宁边区报刊所到之处，也会有一份《晋察冀画报》。顾棣、方伟认为，创刊号"发行范围广泛,不仅送至中央、八路军总部和大后方重庆,而且还委托国际友人及其他关系转发国外,晋察冀军政方面是部队发至连级、地方发至县级"①。顾棣先生是晋察冀画报社资深资料工作者,这样的判断当属实情。就国外而言,画报传送的国家和地区有苏联、美国、英国、菲律宾、印度、越南、新加坡、暹罗等。据载,一般到晋察冀边区访问或工作过的国际友人,大都慕名参观过画报社。1944年7月18日,被晋察冀边区军民救护的美军第十四航空队中尉飞行员白格里欧来到画报社访问。第六期《晋察冀画报》用两个页码刊登了白氏在晋察冀边区和画报社活动的照片及"向八路军全体人员表示感谢和赞扬"的中、英文两种文字。另有两个页码发表署名宋山(沙飞)有关白格里欧访问画报社的文章。文章说:经过"细心地浏览"六期画报、参观印刷厂、暗室,尤其是轻便印刷机,这位蓝眼睛、高鼻梁的美国友人对边区和画报社留下了由衷的赞叹:

> 我不是大学教授,我不会写文章,也不会批评,我只觉得八路军和边区人民是在创造着战争的历史,晋察冀日报、晋察冀画报、边区的文化工作者则在创造着文化的历史,工人们创造着工业的历史。②

《晋察冀画报》在国统区应当也有相当的流布。不仅如此,在国统区中心重庆,一些重要报刊也不时刊登有关介绍和评论《晋察冀画报》的文字,客观上扩大了画报的流布范围。1944年12月15日,重庆出版的《国讯》发表专门评论《晋察冀画报》的文章——《钢铁是怎样炼成的——敌后报业散记》。著名评论家穆欣将《晋察冀画报》的出版视为"一种奇迹",并将反映"人民的姿态"和"敌后斗争"的《晋察冀画报》与战前在上海出版的、只对"大腿"和"曲线"有兴趣的"最好的画报"进行讽刺对比,赞美之词溢满纸面。

《晋察冀画报》在解放区流布相当广泛自不必说,在犬牙交错的游击

---

① 顾棣、方伟:《中国解放区摄影史略》,山西人民出版社1989年版,第227页。
② 《画报》上,第314页。

区和沦陷区，不同的阶层也会通过不同的渠道看到《晋察冀画报》。在农村，画报往往通过武工队散发到群众中间，而在城市，地下工作者就是散发、传播画报的使者。甚至在日伪内部，《晋察冀画报》也会鬼使神差地突然传播开来。1943 年，日军发动大规模的"毁灭大扫荡"，晋察冀画报社即被视为重要的军事攻击目标，画报的流布影响由此可见。

相对于《晋察冀画报》而言，《晋察冀画刊》的流布可能主要在晋察冀军区部队内部，各部队的官兵均可比较及时地看到各期《画刊》。"为兵服务"是画刊的宗旨，"连队读物"是画刊的定位。第二号画刊编辑部即发表启事明确指出："本刊是连队画刊，希望各连队普遍组织传看，并且希望随时提出意见，供本刊改进参考。"[①] 第三、七、九、十三各期还分别以"摄影网通讯"或通知的形式刊登编辑部要求的类似"征稿启事"，希望本着"为兵服务的精神，多多为本刊来稿"[②]。自 1947 年 10 月 21 日第二十九期开始，《晋察冀画刊》已可在前方出版并实行代邮，第三十期刊头即有"晋察冀边区邮政管理局第四十二号认为新闻纸类"的字样，显然已由分散的传送变为集中的邮局递送，流布范围当更为广泛。本期画刊还特别登出"代邮"通知：

> 本刊已使用自制之轻便机制版印刷，随军在前方出版。惟此次战报有鉴同志寄稿较迟，致使不少宝贵资料未及编入本期发表。今后务希注意迅速寄稿，必要时可将胶卷附详细说明径送野政画报社代洗，以便及时报道。各地方军区摄影工作同志及各业余的摄影工作同志亦请随时给本刊直接寄稿。[③]

至于 1946 年 3 月至 7 月出版的四期《晋察冀画报丛刊》，笔者推想其流布范围可能更广。这是因为，从四期《丛刊》的内容分析，可以说是对画报社成立以来的一个工作总结，同时也是晋察冀根据地自创建以来直到抗战胜利后各项工作的总结。第一期丛刊《八路军和老百姓》主

---

① 《画报》下，第 1085 页。
② 同上书，第 1094 页。
③ 同上书，第 1211 页。

要是"拥政爱民"和"拥军优抗";第二期《晋察冀的控诉》有"日本法西斯对晋察冀边区人民的种种暴行""无数次惨案中的一次——冀东潘家峪大惨案""无数次'扫荡'中的一次——1943年秋季大'扫荡'纪实";第三期《民主的晋察冀》有"普遍的、无拘束的民主选举",包括民主制度、大选运动、第一届参议会、三三制以及民主政权为民"兴利除弊"的各种活动;第四期《人民战争》从"到敌人后方去"直到"人民战争胜利万岁",是抗战八年晋察冀边区不同阶段战斗历程的图像缩影。据顾棣先生介绍,丛刊原本计划继续出版妇女、儿童等专辑大约十种,因战事紧张未能实现。第二期《晋察冀的控诉》大部分曾通过联合国战后救济总署发行世界各地。① 从形式上看,四期《丛刊》篇幅增大,画面趋大,编辑讲究,气派非凡。精心印制和广泛流布应当是"步调一致"的。

报刊的发行量和"流布"并不完全是一码事。晋察冀画报社资深资料工作者,现年78岁的顾棣先生谈及画报的流布情况时特别强调指出:战时状态下,各类画报虽然在数量上不可能与今天的报刊发行量相比(《画报》印行2000份、《丛刊》5000份、《画刊》10000份),但其宣传影响却不能与发行量"等量齐观"。这些画报曾作为重要的宣传品发放到连队和地方,是互相传阅,甚至是"组织学习",影响甚大。顾棣年轻时曾亲身经历过这样一件事:有一次,冀中七分区武工队到游击区征集公粮,开始群众情绪不高,当武工队召开大会宣传《晋察冀画报》有关内容,群众看到真实的战地照片后,群情激奋,纷纷响应。武工队很快征集到公粮两万多斤。②

最后还应提及的是,晋察冀画报社自1942年5月成立,一直到1948年5月撤销建制与人民画报社合并,前后整整七年时间。除了上述三种主要画报外,晋察冀画报社还根据形势发展的需要,陆续出版过定期不定期的各类专刊、增刊、月刊、半月刊、旬刊,甚至还有四期号外,统计总共114期。说它"创造出了解放区摄影历史上第一流的业绩"③,毫

---

① 2005年5月30日笔者对顾棣先生的访问。
② 2005年6月12日笔者对顾棣先生的访问。
③ 顾棣、方伟:《中国解放区摄影史略》,山西人民出版社1989年版,第234页。

不为过。

## 二 "笔杆机器":设备、技术、群体

1942年7月7日,晋察冀画报社成立大会上,全社同志纵情高歌《晋察冀画报社社歌》。这首社歌既可看作晋察冀画报社宣告成立的标志,又可视为《晋察冀画报》办刊宗旨的宣言。剥去那些战斗豪情和革命话语,社歌中最能体现画报本质的就是:"我们用双手大脑劳作,我们用笔杆机器作战。""笔杆机器"是支撑任何刊物必需的两个基本前提条件,《晋察冀画报》亦不例外。重要的是,在烽火连天的战争年代,在物资匮乏、技术粗笨、人手不足的情况下,画报社如何创立、发展、坚持下来?按照后现代视觉研究的说法,这也就是那个图像是"如何生产"的"实践过程"。

时代在前行,"文本"的书写形式也在不断演化。从结绳、甲骨、木刻、纸张、电视直到如今的网络时代,语言的载体形式在历史变迁的洪流中不断发展。面对眼下汹涌而来的"超文本阅读"或"多媒体阅读",我们是否还有足够的耐心去体悟纸质文本中的"义蕴闳深"?当我们用高级数码照相机或摄像机拍出精美的彩色照片时,以普通简陋相机拍摄的黑白照片是否仍能被我们欣赏?还是那句老话讲的,"时间真是太快了"。即使以今天的眼光和知识去审视60年前的《晋察冀画报》,"进入现场"回归氛围仍然是研究者必须小心恪守的学术法则,这亦可叫作"学术规范"。

晋察冀画报社的设备技术等"硬件"是与记者、编辑,包括工人这样一个群体紧紧联系在一起的。与其简单化地分而论之,倒不如以时间为序、事件为脉"捆绑"起来综而论之。

被誉为"中国革命摄影的开拓者"的沙飞同志,既是《晋察冀画报》的创始人,又是画报的主要摄影记者和编辑。虽然他在年仅38岁时即英年早逝,但谈及画报的创办和发展,沙飞仍是第一个绕不过去的人。据1942年3月沙飞向党组织递交的入党申请书自传记载:原籍广东开平的沙飞,出生在一个"经济状况是不坏的"城市商人家庭。1931年,因生活所迫,19岁的沙飞投考无线电专门学校,后来又爱上电影、木刻、摄

影。鉴于"摄影是非常重要但却没看到过一两个进步的摄影家",青年沙飞"决心做一个前进的摄影记者,用摄影作为斗争的武器,通过画报的发表和展览方式去改造旧社会,改造旧画报,同时改造自己"。1936年,沙飞在上海从事摄影和木刻工作,遂与鲁迅先生相识,后因发表鲁迅遗像被上海美术专门学校开除。1937年,沙飞在广州举行第一个个人画展,"改变了中国旧影展的面貌"。① 七七事变后再北上华北战场,拍摄了最早的一组平型关战役图片。

1939年1月,沙飞与另一位自延安来到晋察冀军区的摄影家罗光达在晋察冀军区驻地冀西蛟潭庄举行第一次新闻照片展览,"照片在街头展出后,观众踊跃,气氛非常热烈"②。随后,二人一起研制出一台土造放大机,将展览照片放大至六寸,在部队和周围农村巡回展览。聂荣臻曾将整理好的展览相册派人送到重庆和延安,毛泽东看后回信提道:"送我的一本照片正传观各同志。"这次摄影展览及其意想不到的效果,激发了沙、罗二人在解放区开展摄影工作的激情。2月,晋察冀军区、平西区、冀中区及各分区普遍成立摄影科或摄影组。机构、主要人员到位,而印刷机械、原材料和关键的技术人员却成为摆在眼前的另一个急迫需要解决的问题。

原北平故宫博物院印刷厂两名技术工人的出现,部分消解了沙、罗二人的急切心情。1940年8月,罗光达在百团大战前线采访时,偶遇前线进行宣传工作的康健同志。康健早年在故宫博物院印刷厂当制版技术工人,学徒期间即刻苦自学物理、化学和外文,尤其对制版所用各种化学药品的性能和成分比较熟悉,是筹建印刷厂难得的人选。10月,罗、康二人又在一次集会中遇见另一位同属故宫博物院印刷厂的制版技工刘博芳,刘不仅精通全套照相制版技术,而且在机械安装方面也很在行。师兄弟在战争前线不期而遇,自是兴奋欢快,刘自然愿意参加画报筹建工作。不久,刘博芳、康健就合作制造出第一台土造照相制版机,解放区从此开始有了铜版照片。铜版照片在报纸上出现后,新闻摄影事业走上了一个新的发展阶段,时人称"陕甘宁的广播,晋察冀的铜版"是八

---

① 《沙飞纪念集》,海天出版社、山西人民出版社1996年版,第94—97页。
② 顾棣、方伟:《中国解放区摄影史略》,山西人民出版社1989年版,第424页。

路军的两大创造。

　　照相制版设备和技术人员问题虽然得到初步解决，但没有大张地进口铜版、高级纸张、彩色油墨与印刷机器，画报的出版仍然没有可能。就在这个时候，军区领导和根据地各方的支持又一次推动了工作的进展。1941年1月，聂荣臻司令员特别召集沙飞等人到军区司令部开会，具体研究画报的编辑方针和编辑计划，明确了出版创刊号的任务。紧接着，军工部为印刷铜版画报特别制造了一台八页机；邓拓把晋察冀日报社的一套铅字支援给筹备组；包括原燕京大学艺专美术讲师何重生在内的七名技术人员也由平西调来；罗光达又从冀中运回了大批进口铜版、高级纸张、贵重药品等印刷物资。5月，政治部主任朱良才召集沙飞等人召开专门会议，正式宣布成立画报筹备组，沙飞主管全面工作，裴植任党支部书记。至此，画报社的成立和画报的出版，可谓"万事俱备，只欠东风"。

　　1942年5月1日，晋察冀画报社宣告成立，沙飞、罗光达分别担任社长、副社长。画报社下设编校、出版、印刷、总务四股，印刷股又分设制版、石印、铅印、排字、装订、刻字、铸字、缮写等组，全社上下总共达到百余人。① 为安全起见，画报社成立后即迁往更为隐蔽的碾盘沟。一个只有几十户人家的小小碾盘沟顿时沸腾起来，军民一家的情谊、自力更生的精神在这个小山沟得到了充分的体现：

　　　　老乡们把房子尽量腾出来给画报社住，大家又自己动手把被日寇烧毁的房子、牛羊圈用木棍柴草压盖起来当作制版、印刷、排字、装订、铸字的车间厂房，又自力更生制作了一些土仪器，用当地资源作代用品，如用瓶子塞上棉花倒滴水和漏沙的办法（仿古代铜壶滴漏）计算时间，用水壶两次提纯自制蒸馏水，用河滩的细沙代金刚砂磨版，用黑矾代替硫酸铜，用阜平红枣酒替代酒精，用山西老陈醋代替醋酸，量杯和天平也都是土法制造的。在大家的共同努力下，很快把一切工作准备就绪，一个在当时说来设备算是比较完善，

---

①　顾棣、方伟：《〈晋察冀画报〉的光辉战斗历程》，见中国新闻摄影学会编《纪念我们的先驱　学习历史的经验》，北京二二零七工厂1992年印刷（内部稿，顾棣先生提供），第15页。

规模也比较大的画报印刷厂就这样建立起来了。①

自1942年7月7日《晋察冀画报》第一期出版后不久,日本侵略者向根据地蚕食的据点推进到距碾盘沟只有二十几里的滹沱河南岸。1943年2月底,画报社又由碾盘沟转移到平山县的曹家庄。等到第二期《画报》出版后,因敌人的严密封,锁铜版又发生了严重不足的危机,如期出版第三期成了一个严重的问题。困难面前,画报社在主任沙飞的倡议下成立了以社领导和技术骨干为核心的"自然科学研究会",旨在集思广益,自力更生解决燃眉之急。果然,在大家的努力下,平版印刷法试制成功。平版印刷以铅皮替代铜版,使铅皮制版成为可能,克服了制版工艺中的一道难关,保证了画报的正常出版。与此同时,总技师何重生"又创制了轻便的平版印刷机(机身全以木质制成,而以铅皮代替石版),重仅四五十斤,较诸石印机轻六倍,而出品质量与数量有过之而无不及。此外正在设计实验中者还有远距离摄影机、轻便铅印机、多灯光植物油灯及排字房打字盘等。而新闻摄影学与平凸凹版印刷术等,亦已聘请有十年以上实际经验之专家编写"②。战时状态下临时动员的科研攻关,确实调动了大家的积极性和创造性,尤其是平版印刷法和平版印刷机的研制成功,极大地适应了战争环境中印刷机械轻便灵活的需要。为此,边区行政委员会特颁"匠心创造,贡献抗战"的奖状予画报社,并给何重生同志颁发了奖金。

战争就是战争。1943年,在"扫荡"与"反扫荡"的激烈交战中,画报社也是数次搬迁,历尽惊险。4月19日深夜,画报社驻地曹家庄突然发现敌情,沙飞、罗光达紧急动员全社同志坚壁清野,保护设备机器。次日上午,敌人进村之后大家又赶紧突围。下午,全体同志又返回曹家庄。6月初,曹家庄周围许多村庄被敌人蚕食,画报社再次转移到阜平县上庄村。8月,敌情又一次紧张起来,坚壁清野也又一次成为临时的对敌斗争手段。如果说曹家庄时期挖洞还来不及隐藏设备机器,那么这时备

---

① 顾棣、方伟:《〈晋察冀画报〉的光辉战斗历程》,见中国新闻摄影学会编《纪念我们的先驱 学习历史的经验》,1992年,第17页。
② 《晋察冀日报》1943年4月25日。

战挖洞，包括各式各样的井式洞、卧式洞、子母洞、洞中洞就成为主要的备战方式。为保密，挖洞必须在晚上进行。8月的冀西挥汗如雨，酷暑难耐，挖洞工作十分艰辛，但画报社官兵上下表现出的却是一种"愉快的"战斗情怀。指导员赵烈同志至今仍然保留着当年的日记，1943年8月12日，《赵烈日记》记道：

> 我今晚和大家一起打洞，吹了熄灯哨才出发。洞已打了不小，再有一天第一个洞就可以完成了。我们很快开始了工作，三个人一班，一次干半个钟头。三种不同的工作使人体力上发生不同的疲劳，在洞口锄土的要干上十分钟，腰部就觉得酸痛难堪；在洞里锄土老是弯腰站不起来；使锨子的是最费劲的工作，一回（会）儿就出满身大汗。我干了开头的第一班，手上磨了三个血泡。换班之后，用毛巾紧紧绑住打泡的手，好再坚持下去。满身淋漓的臭汗和着洞里潮湿的泥土，一直流到裤子里。这样的生活是艰苦的，也是愉快的。我们一直工作到天明，身上头上沾满了泥土，已经极其疲劳。一夜的成绩第一个洞是完成了，有的说，再待几天我们可以当工兵了。的确，我们现在应该是全能的，只要在任何环境下需要我们做任何一种工作，都应该是熟练的能手。①

1943年9月，晋察冀军区北岳区为时三个月的"扫荡"与"反扫荡"战斗打响，画报社附近的花塔山成了敌我双方周旋和争夺的阵地。9月16日，日寇开始从四面八方向根据地腹心阜平扑来，画报社即分散隐蔽在花塔山上。一面是敌人不断地进攻搜山；一面是画报社官兵巧妙地隐蔽和不失时机地出击。在将近三个月的时间内，画报社利用有利地形和事先挖好的各种土洞，成功地保护了人员和机械设备的安全。12月初，敌人为了掩护退却，向花塔山发动了最后一次猛攻，画报社接到军区命令，立即向外转移。9日清晨突围时，指导员赵烈及何重生等九位同志不幸牺牲，又有四位受伤，七位被俘。12月下旬，画报社搬至阜平东北神

---

① 顾棣、方伟：《〈晋察冀画报〉的光辉战斗历程》，第35页。据顾棣先生介绍，《赵烈日记》现存中国摄影家协会。

仙山脚下的洞子沟。花塔山突围，对画报社来讲是一次极大的损失。①

1944年后，敌后形势的逐步好转对晋察冀画报社的发展提供了有利的时机。此时，抗日战争已进入第七个年头，日军已无力再向根据地发动大规模的进攻，画报社和根据地一样，进入到一个环境相对安定、工作较为顺利的阶段。1944年，画报社不仅如期出版了四期画报，而且积极开展有关工作，对其他根据地摄影工作发挥了一定的推动作用。1月，《晋察冀画报·时事增刊》出版；2月，画报社《北岳区反扫荡战斗胜利》大型新闻图片展览在边区第一届群英大会期间展出；3月，画报社分别派出杨振亚、蔡尚同志到五分区和二分区开展摄影工作；6月，罗光达被军区派往冀东成立晋察冀画报分社，高帆从一二九师太行根据地到晋察冀画报社参观访问交流经验；7月，被我营救的美军航空员白格里欧到画报社参观；8月，在罗光达的推动下，冀热军区摄影工作开展起来；11月，晋察冀军区第一期摄影训练队在画报社驻地洞子沟开学，沙飞、石少华等担任主讲，下旬又有两位美国客人到画报社参观；12月，画报社向延安、重庆、国外和美军观察组发送摄影作品千余张；1945年5、6、7三个月，画报社连续出版了三期《晋察冀画报》月刊。

1945年日本宣布无条件投降后，画报社按照军区命令向北平进发，后因故转道张家口，在张垣接收日本司令部印刷厂一所，又接收日军一个照相馆及其楼房，设备条件进一步好转。

进入解放战争时期，为适应形势需要，晋察冀画报社在组织和人员各方面都进行了较大的改组，临时社址由张家口、涞源，再转回阜平坊里、花沟掌村，1947年年初又转到安国县马固村。也就是在此时，时效性更强的、以"为兵服务"为宗旨的《晋察冀画刊》成为画报社的主刊，机器设备如何适应行军随队的需要成为一个严重的现实问题。这一次，沙飞同志又成为解决燃眉之急的核心。4月，沙飞在平汉前线研制成功轻便印刷机、制版机、排字房。轻便印刷机在原来何重生制作的木构印刷机基础上进行改进，转轴、摇把部分分别加上汽车轴承和自行车链条飞轮，工作效率大大提高。制版机被改装成了折叠手提式，重量仅十几斤，

---

① 顾棣、方伟：《〈晋察冀画报〉的光辉战斗历程》，记"七位同志被俘"，顾先生现纠正为六位。根据笔者2003年6月12日对顾棣先生的访问。

制版时，开箱取出即可投入工作。轻便排字房把常用的词句排列起来，再用上等好纸印成数百张字样，需要时从字样上剪贴即可使用。① 沙飞等人制成的这些轻便机器设备，保证了前线制版印刷的要求，《晋察冀画刊》较之《晋察冀画报》的印制出版速度大大加快，有力地配合了前线的战斗。前线指战员"在《晋察冀画刊》上看到自己冲锋陷阵、立功受奖的照片，倍受鼓舞，常常在战壕里挥舞着《晋察冀画刊》兴奋地欢呼起来"②。

如果说战地摄影拍照是摄影创作第一步工作的话，暗室工作就是那必不可少的第二步。与战时状态"自力更生，艰苦奋斗"解决摄影机械设备一样，《晋察冀画报》社在暗室工作中也付出了大量的心血，经受了严酷的磨炼。1939年年初，沙飞、罗光达在晋察冀根据地驻地举行第一次摄影展览时，即遇到了没有放大机这一暗室基本设备的难题。是他们利用一家破产照相馆的六寸人像照相机与凸透镜，在当地木匠的帮助下，试制成功了解放区第一台土造日光放大机，随后又摸索总结出利用土造日光放大机进行相片放大的办法，并在晋察冀边区得到普遍推广。

除放大机外，暗室工作的其他设备也就地取材，十分简陋，但在战时却非常实用：

> 冲卷、洗像没有专用的药水盛器，就用碗筷来代替；量药没有天平，就用麻秆纸片用线穿起来做一个土星秤，用玉米或黄豆作砝码；没有量杯，就用墨水瓶标上刻度来代替；没有晒片卡，就用两小片玻璃来代替，等等。这些暗室设备虽然异常简陋，但行军打仗走到哪里都可就地取材，既节省摄影工作的经费，又减去行军时所携带设备的重量，非常适应战争环境。③

同摄影记者一样，暗室工作者为了及时将摄影作品洗印出来，常常把暗室建立在地道、战壕、芦苇荡甚至敌人据点前，枪林弹雨、炮火硝

---

① 顾棣：《晋察冀画报社史采访笔记之三》（手写本）。
② 顾棣、方伟：《中国解放区摄影史略》，第211页。
③ 同上书，第176页。

烟与需要宁静环境的暗室工作在战时神奇般地结合在一起。为了适应战争环境不断变化的需要,"行军流动小暗室""轻便行军流动小暗室"都被暗室工作者搬到了前线。1939年就结识沙飞并一起工作的吴印咸同志,40年后回忆起沙飞设计的"暗房",笔端流露的是浓浓的战友深情:

> 他在艰苦的战争环境里,努力创造条件开展摄影工作。为了适应行军作战,他专门设计了安全简便的行军用的帐篷式"暗房",不论白天晚上,不论走到哪里,只要临时架起来,就可以进行冲洗、印晒和放大。①

"忆往昔,峥嵘岁月稠。"晋察冀画报社自1942年成立起到1948年止,机器设备从无到有,从粗笨到轻便;临时社址从敌后到前线,从山沟小村到平原城市;战斗群体跋山涉水,聚散离合。七年的炮火硝烟,七年的光辉历程。这是一个英勇善战的群体,这是一个令人难以忘怀的群体。1944年,年仅15岁就已被沙飞选中参加画报社工作的顾棣先生在历经数年时间,访问上百名参与当年晋察冀画报社工作的老同志后,为我们开列了一个长长的"英雄谱":

> 在事业上有远大抱负,在摄影艺术创作上有卓著成就的人民艺术家沙飞同志,对晋察冀摄影工作的开拓,画报工作的创建,不愧是一员真正革命的冲将。
> 罗光达、石少华作为沙飞前后阶段的得力助手,同样对画报工作作出了重要贡献。
> 指导员赵烈同志是一个多才多艺,而又有高尚品德、高度革命热情的优秀的青年艺术家、记者和政治工作干部。
> 在编辑工作方面,因为有章文龙、赵启贤两个德才兼备的好干部,所以画报编得非常出色。
> 在制版印刷方面,拥有一批高水平的技术人才和业务骨干。何

---

① 吴印咸:《珍贵的镜头 光辉的道路》,见《沙飞纪念集》,海天出版社、山西人民出版社1996年版,第126页。

重生、刘博芳、杨瑞生、康健、高华亭、徐复森、张一川、彭启亮、侯培元、李志书等同志，是其中的代表。①

不该忘记的还有那些在资料、运输、后勤、缮写、刻字、排字、装订、通讯、保管、炊事等不同岗位上默默付出的许多同志。在摄影工作各领域作出贡献的劳动模范，甚至为摄影工作贡献出宝贵生命的先烈，更是永远令人肃然起敬和深切缅怀的。②

如果说，设备、技术和人员群体是晋察冀画报社如何"生产"各类画报这一"过程"的三大基本条件，那么，在思想意识，或曰办刊的主导思想层面，同样也突显着三大论域，这就是——战争、革命、生活。

## 三　三大论域：战争、革命、生活

让我们跟着摄影镜头从抗日战争时代步入20世纪80年代。

1998年，辽宁美术出版社隆重推出一部收录五百幅摄影作品的大型摄影集——《人民战争必胜——抗日战争中的晋察冀摄影集》。当年在太原创建"全民通讯社"并把沙飞介绍到八路军总部采访平型关战斗的周巍峙阅罢影集，怀着"极为崇敬的心情"挥笔祝贺：

> 我是怀着极为崇敬的心情看完这些照片的。在这里，我们可以听到祖国母亲在日寇铁蹄下的痛苦呻吟和被激怒了的中华民族在反抗日本帝国主义侵略时发出的强大吼声。在这里，有运筹帷幄的青年将领；有人民当家做主的生动政治局面；有克服物资困难支援革命战争的生产活动；有生动活泼的文化艺术场景；有不远万里而来的国际友人；有人民和子弟兵的鱼水之情。这里记录了日本帝国主义者骇人听闻的残暴，与此相对比，也有我军贯彻人道主义精神的崇高表现。它像一部巨大的历史画卷，生动地再现了抗日战争时期

---

① 顾棣、方伟：《中国解放区摄影史略》，第61—64页。
② 顾棣、方伟：《中国解放区摄影史略》，第四章第五、六、七节，第343—389页。

晋察冀边区军民威武雄壮和生气蓬勃的战斗和生活。①

尽管这部《摄影集》仅收录五百幅作品，但笔者以为，周巍峙还是准确地点明了《晋察冀画报》乃至包括整个晋察冀根据地摄影作品的三大主题：战争、革命、生活。

晋察冀画报社从创办、发展到结束的七年，是中国抗日战争和解放战争前后相续的七年。画报社伴随着硝烟弥漫、枪林弹雨的战争而成长壮大，战争的炮火则锤炼凸显了画报社的风骨与画报的主题。以形象明快的图像形式反映前线的战斗，以此鼓舞广大军民的战斗勇气，既是《晋察冀画报》创刊伊始就明确标示的目标，也是画报一以贯之突出的主题。1942年7月7日——七七事变五周年，画报社择定这样一个特别的日子隆重推出中、英文两种文字并行的十六开本创刊号即大有深意，紧随目录后面的、由晋察冀军区司令部特别绘制的最新"华北敌我形势图"，尤其是那篇饱含激情的"七月献刊"发刊词，仿佛又把我们带入那个"烽烟硝雾"的抗战岁月：

  是抗战的第五周年了，这是接近胜利的最后两年，也是斗争最激烈最艰苦的时期，也是要咬紧牙关坚持斗争的时期，也是要动员一切力量，积蓄一切力量，发挥一切力量的时期。所有抗日岗位上的战士们！拿起一切武器一切力量，准备作最后的决斗吧！
  在这黎明前的黑暗时期，在这民族抗战的节日，我们献出这第一件礼物。
  为着迎接胜利的到来，我们欢呼吧：
  万岁，战斗的新中国！
  万岁，战斗的晋察冀！

一页页地翻检《晋察冀画报》及其他副刊，以晋察冀区域为主的战争画面一一跃入眼帘：第一期画报以"抗日根据地在炮火中成长"的标

---

① 周巍峙：《人民战争的壮丽诗篇 民族精神的艺术再现——祝〈抗日战争中的晋察冀摄影集〉出版》，《沙飞纪念集》，海天出版社、山西人民出版社1996年版，第127页。

题，用11个页码28张图片的形式全面报道了抗战五年来晋察冀根据地的主要战斗战役。第二期开始，以"新闻摄影"专栏形式报道了冀中平原游击战，驰骋辽河，挺进热南，冀东战役，塞外烽烟，反蚕食斗争，狼牙山战斗，"反扫荡"战斗，神仙山战斗，克复城镇，摧毁堡垒，挺进坝外，攻克景陵，渤海之战，白洋淀水上游击战，三克肃宁，攻入深泽，火烧沙河大桥，收复妙峰山、五台山，保满路南线大捷，夏季大反攻，解放浑源，坑道围攻战，解放张家口、宣化、满城、阳高、兴和、涿鹿、赤城、天镇、蔚县、阳原、集宁、丰镇、平山、山海关、清风店，解放石家庄等大小战役。战事不断，炮火连绵，如今捧读，不禁浩叹！

1946年7月出版的《晋察冀丛刊之四——人民战争》，从八路军向华北挺进，到"解放城镇，解放村庄"；"把人民组织起来，武装起来"；"人民和八路军并肩作战"；"震动全国的百团大战"；"我们是怎样战胜敌人的'扫荡'的"；"粉碎囚笼"；"封锁政策"；"创造战争的奇迹——地道战"；"展开总反攻，走向胜利"。几乎是对抗日战争以来各阶段主要战斗战役的回顾性总结。以"为兵服务"为宗旨的44期《晋察冀画刊》也有大量反映各地解放城镇乡村战斗的报道。

战争是敌我双方殊死的搏斗，日本帝国主义为了达到消灭中国的目的，不惜以世间最残忍的手段对付中国军民，《晋察冀画报》以大量专题的形式揭露日本侵略者的种种暴行，意在唤醒一切可以团结的力量共同抗战。1942年，也就是晋察冀画报社创立之时，正是抗日战争进入最艰苦的阶段，同时又是侵略者最为疯狂残暴的阶段。第二期画报以"血的控诉"为题刊登五幅惨不忍睹的照片揭露侵略者在晋察冀烧杀劫掠的罪行，一组"如此'扫荡'"的漫画同样形象地把敌人的罪行展露出来。此后的各期画报还陆续刊登了"惨绝人寰——日寇烧杀潘家峪""控诉！复仇"等专题。值得特别提出的是，1947年3月出版的《晋察冀画报丛刊》第二期，是"日本法西斯对晋察冀边区人民的种种暴行"专集，扉页上一幅一个形似青蛙的日本鬼子口衔滴血的刺刀，手提刚刚抢劫到的两只鸡，九十度弯腰背负着各种掠夺物品，远方是村庄被烧的冲天大火的漫画，给人一种强烈的感官刺激。此期专集对"三光政策""无人区""人圈""毒瓦斯""飞机轰炸"及潘家峪惨案、1943年秋季大"扫荡"又进行了一次集中的图像报道。在每页一幅（间或两幅）的大幅照片下，配以简短的文字说明，简洁明快，直刺眼球。

中国人民的抗日战争是世界反法西斯战争的一部分。在大量报道中国战场敌我双方战争场景的同时，《晋察冀画报》还不时刊登了一些反映世界反法西斯战争的图片，国际友人对抗日战争的支援、白求恩医疗队在前线以及外国友人对画报社的参观访问等，在画报中也都有不同程度的反映。

20 世纪 40 年代的中国历史，是战争和革命的历史。革命是战争的延续，战争与革命总是纠结在一起而难舍难分。1942 年 5 月 2 日，毛泽东邀集延安文艺工作者"研究文艺工作和一般革命工作的关系"。毛泽东明确指出："我们今天开会，就是要使文艺很好地成为整个革命机器的一个组成部分，作为团结人民、教育人民、打击敌人、消灭敌人的有利的武器，帮助人民同心同德地和敌人作斗争。"① 就在延安文艺座谈会召开之际，5 月 1 日，晋察冀画报社正式成立。7 月 7 日，《晋察冀画报》第一期出版。我们虽然不好判断晋察冀画报社的成立和画报的出版是否就是延安文艺座谈会的直接产物，但《晋察冀画报》的办刊主旨和编辑方针受到毛泽东在讲话中提出的"我们的文学艺术都是为人民大众的，首先是为工农兵的，为工农兵而创作，为工农兵所利用的"② 这一指导思想的影响则是无疑的。1992 年，当年担任晋察冀画报社副社长的罗光达同志撰文《沿着〈讲话〉精神继承革命传统》，就把《讲话》与《晋察冀画报》直接联系起来：

> 今年是毛泽东同志《在延安文艺座谈会上的讲话》发表五十周年，也是《晋察冀画报》创刊的五十周年。……我记得当时我们只有一种朴素的摄影为政治服务的思想。正值日寇侵华，中华民族正处在民族危亡关头，抗日救亡是全民族的责任，是总的政治任务，摄影工作当然也要反映抗战、宣传抗战，为争取抗日战争的早日胜利服务。所以我们选择拍摄的题材，主要是八路军对敌伪英勇作战，

---

① 毛泽东：《在延安文艺座谈会上的讲话》，《毛泽东选集》第三卷，人民出版社 1991 年版，第 847—848 页。

② 同上书，第 863 页。

群众组织起来参战、支前、参军、劳军,揭露敌人的烧光、杀光、抢光的"三光政策"等残暴的野蛮行为。

这时正值边区党、政、军、民掀起了学习毛主席关于整顿三风、学习《讲话》以及作自我检查的高潮。我们也在一边学习、一边联系实际改进我们的工作,改造我们的思想、把党的文艺方针——文艺为政治服务、文艺为抗战服务、文艺为人民服务的思想贯彻到我们的摄影画报出版工作中去。①

抗日战争时期延安是"红色革命"的中心,也是确定毛泽东在中国共产党党内领导地位的重要时期。枪林弹雨的战争前线召唤英雄,需要英雄,中国革命的紧要关头也需要革命的英雄主义。我们不难发现,《晋察冀画报》体现的革命英雄主义主题——从毛泽东、朱德、聂荣臻到各式各样的战斗英雄,一个个都耀眼地出现在各期画报上。

1943年9月,为纪念"八一"建军节而出版的《晋察冀画报》第四期,扉页首次刊登"中国共产党领袖毛泽东同志"的大型标准肖像,并且配有一个页码的"毛泽东同志略历","八路军总司令朱德同志"的肖像也是一个页码,接着是"八路军将领"周恩来、王稼祥、彭德怀、叶剑英、林彪、贺龙、刘伯承、聂荣臻、萧克九位的肖像占用两个页码。尤其值得注意的是,《毛泽东同志略历》一文,在介绍了毛泽东生平事迹后,最后一段是总结评论性的话语:

> 毛泽东同志是中国共产党天才的领袖,也是全党和全国人民所敬爱的领袖,毛泽东同志所走的道路,就是引导中华民族走向彻底解放的道路。全党和全国人民都团结在毛泽东同志的周围,在他的英明领导下,争取中华民族和人类解放的彻底胜利。②

此后,《晋察冀画报》第五期继续在同样位置刊登毛泽东肖像和略

---

① 罗光达:《沿着〈讲话〉精神继承革命传统》,中国新闻摄影学会编《纪念我们的先驱 学习历史的经验》,1992年,第1—3页。

② 《画报》上,第178页。

历；第六期有肖像无略历；第八期扉页刊登"毛主席接待美国盟友"的两幅照片；第九、十期合刊有肖像无略历；1945年12月以后出版的三期画报已没有毛泽东肖像出现，显然是被另外一种形式——专集所替代。1945年12月22日由晋察冀军区政治部出版的《中国人民伟大领袖——毛主席近影集》，除刊登三幅毛泽东肖像外，主要刊登了毛泽东在中国共产党第七次全国代表大会及其他活动，包括8月28日由延安飞往重庆登机前向欢送者挥手告别的照片。

作为晋察冀根据地司令员的聂荣臻，《晋察冀画报》也给予了特别的宣传报道。创刊号画报在首先刊登聂荣臻等人的贺词后，即有一张身着戎装的"晋察冀抗日根据地的创造者与领导者聂荣臻将军"的标准照片，接着就是萧斯（邓拓）那篇超出万言的长文——《晋察冀舵师聂荣臻——敌后模范抗日根据地及其创造者的生平》。[①] 此后，有关聂荣臻活动的图像报道也不时在各期画报中出现。

在各种战斗战役中涌现的集体和个人英雄，包括普通战士和民众，始终是《晋察冀画报》宣传和报道的重要对象。爆炸英雄李勇、女战斗英雄吕俊杰、连长邓世军、射手安全福、神枪手李殿水、子弟兵的母亲戎冠秀、劳动英雄胡顺义、杀敌英雄王克勤、军人榜样吕顺保等，一个个英雄人物和事迹跃然各期画报中。

《晋察冀画刊》是一份专门面向指战员的"连队读物"，及时报道前线的战斗和战斗英雄是这份刊物的主要特征。1947年5月8日出版的第九期画刊曾特别刊出"关于功臣的报道"的通知，明确"本刊每期尽可能辟出篇幅介绍为人民立功的指挥员、战斗员和后勤人员"的办刊方向，以及如何拍摄功臣照片、如何编写功臣报道、如何寄送稿件等要求。神炮十三连、三排长张振江、弃暗投明的常有福、特等英雄李庆山、卫生员王玉峰、渤海部八连、热爱子弟兵的李大妈、平射掷弹筒的创造者刘维春、工兵功臣王惠文等，各种功臣和英雄都耀眼地出现在总共四十四期的《晋察冀画刊》上。

在艰苦卓绝的革命战争年代，英雄就是一面旗帜。既是英勇杀敌、建功立业的标兵，也是人们仿效学习的榜样。革命英雄主义在战争年代

---

① 《画报》上，第13—25页。

发挥了极为重要的打击敌人、鼓舞人民的作用,《晋察冀画报》突出的革命英雄主义主题同样具有重要的意义。正如第五期《晋察冀画报》刊登的一首"英雄赞"歌词中唱到的那样:

> 英雄在敌人面前不动摇,
> 英雄在胜利面前不骄傲。
> 英雄大声一呼喊,
> 群众的拳头举起来了。
>
> 英雄举起了战斗的火把,
> 敌人胆战心又跳。
> 英雄的故事光辉了中华,
> 英雄的人格比太行山还高。①

除战争和革命外,《晋察冀画报》另一个突出的主题就是战争年代根据地军民的社会生活。

"兵民是胜利之本。"抗日战争是中国人民抗击日本帝国主义侵略的民族战争,晋察冀根据地是中国共产党在敌后建立的重要抗日根据地。晋察冀抗日根据地的创立和发展得到了根据地广大人民群众的支持和拥护,司令员聂荣臻深情地回忆说:"人民群众一经发动起来,就有了足以抗击日本侵略军的'人山'和'人海'。"② 人民武装八路军只有和当地广大群众结成血肉相连的关系,才有可能在物质条件极其恶劣的穷乡僻壤立于不败之地。"晋察冀边区的人民和八路军"③ 是一个不可分割的整体,反映根据地军民社会生活的图像成为《晋察冀画报》的另一个主题。值得指出的是,根据地军民的生活是在战争和革命环境下的生活,也可以说是一种战争的生活、革命的生活。所以,《晋察冀画报》展示的军民生活总是围绕战争和革命而展开的生活。

---

① 《画报》上,第290页。
② 《聂荣臻回忆录》(中),解放军出版社1984年版,第572页。
③ 《七月献刊》,《画报》上,第5页。

根据地的社会生活首先是一种军民血肉相连的生活。犹如我们在许多红色电影和书籍中看到的那样,《晋察冀画报》也刊登了许许多多反映军民鱼水情深的人与事。1942年7月7日的创刊号就有一个五幅照片配有文字说明的专栏——"血肉相连:边区人民与子弟兵",其中类似专栏"编者按"的说明,足以代表画报的论域主题和实际生活:

> 边区人民普遍都将边区八路军称作边区子弟兵。
> 在战斗的日子里,子弟兵保卫人民的土地,而人民也跑到火线上送茶饭、抬伤员,鼓动他们争取战斗的胜利。
> 靠近火线的地方,设立了慰劳棚、慰劳站,老太太、小孩子在接待前线上下来的战士们休息。
> 胜利的捷报传来了,人民带着光荣花、新毛巾、新鞋袜,抬着猪、羊、烧酒,打着锣鼓迎接子弟兵的凯旋。
> 战斗之余,子弟兵便帮助人民做些工作,比方上课、教操、春耕、秋收,以及其他一切家事劳作,无不以最大热诚、最大努力去做。
> 有这样一个确定的意识,存在于边区的人民和子弟兵的心里:"八路军和老百姓是一家人。"①

"母亲叫儿打东洋,妻子送郎上战场",战争年代根据地最激动人心的生活场面莫过于此。在拥政爱民、"拥军优抗"方面,晋察冀根据地出现了无数可歌可泣的动人事迹,"子弟兵的母亲"戎冠秀、李杏阁等,一个个成为人们心目中的"拥军模范"。晋察冀画报社对此给予了极大的关注。1946年3月出版的第一期《晋察冀画报丛刊》就是"八路军和老百姓",《晋察冀画报》也陆续刊登过此类报道。

根据地的社会生活也是一种民主的生活。在抗日根据地创立和发展过程中,建立自下而上的各级民主政权,动员广大人民群众积极投入抗击日寇的民族解放洪流中去,始终是边区政府和画报社重视的问题。1943年1月20日出版的第二期《晋察冀画报》首先以"迎接胜利的一九

---

① 《画报》上,第40页。

四三年并献给边区第一届参议会"为题,对此次会议进行了较为集中的报道。《晋察冀画报丛刊》也有一期专门的《民主的晋察冀》,有五大专题:最广泛的民主制度;轰轰烈烈的大选举;民主建设的历史会议;为人民服务,为人民兴利除弊;在民主生活中发展向上。从公民、党派、信仰、性别、民族等多角度反映晋察冀边区和察哈尔、热河两省民主选举制度和民主生活,三三制政权、新民主主义纲领、减租减息、组织起来、信仰自由、贸易自由、合作社、扫除文盲、家庭民主、婚姻自由等都在《丛刊》中得到体现。本期《丛刊》最后一页以"歌唱民主的晋察冀"为题,下面是一幅手持枪杆、身背行军包的儿童团大合唱的图片,再下来是文字说明:

> 晋察冀的孩子们齐声唱着,到处唱着:
> 生活在晋察冀多么快活,民主的太阳照耀着我;
> 生活在晋察冀多么快活,民主的风儿吹拂着我;
> 生活在晋察冀多么快活,民主的雨水滋润着我……①

这是一幅反映晋察冀根据地民主生活以及对美好前途无限憧憬的生动画面。

总之,《晋察冀画报》是战争年代中国土地上少有的一份革命摄影画报。尽管以《晋察冀画报》为主的各类画报总计发表摄影作品四千多幅,但战争、革命、生活始终是各类画报突出的主题,也就是画报的主要"论域"。贴近现实的主题,生动明快的形式,使画报真正成了打击敌人、鼓舞人民的"活报"。

## 四 余论:兼及图像历史的一个讨论

图像与文献都属于文化遗产,但图像与文献在学术发展史上却经历了曲折的分合过程。

一般而言,图像被艺术学家看重,历史学家则对文献记载更为偏爱,

---

① 《画报》下,第918页。

或者说，艺术史着重处理图像材料，而历史学者着重处理的是文字资料。虽说中国古代文人就有"左图右史"的传统，但那毕竟只是一种理想境界。在西方，以兰克为代表的实证主义史学，强调历史就是客观的存在，为了让历史学在"科学"的殿堂里占有一席之地，他们并不惜把"艺术"推出历史书写的范畴。应当说，伴随着近代以来的学科分野和细化，图像—艺术与文献—历史这样一种学术史上的分类更加明显而清晰。当然，将过去遗存的图像当作文献资料同样看待并取得一定成就的史家在中西史学史上也曾有过，但那毕竟又是凤毛麟角了。近些年来，尤其是20世纪80年代以来，自西方兴起的文化研究和后现代研究正在逐渐改变着传统史学对图像研究价值的看法，图像与文献都有同等重要的史料价值，图像、插画、写真、地图、文物、遗址，甚至地理景观，与文字资料一样都是不同的"历史记忆"。换言之，图像也是一种历史的再现，图像也可以反映历史的真实，已经得到了史家的回应。

问题是，历史学和艺术学、历史学家和艺术学家观察研究图像的角度不太一致。一般的情况是，艺术史研究讲究的是图像作为艺术品的风格与象征，重视的是作品或作者想要表达的意义。这种把图像作为艺术的研究，形成了版画史、壁画史、山水画史等艺术史的专史论著，但它无法容纳更多更广泛的图像资料也是一个明显的缺陷。历史学家研究图像，也常常存在着"致命的盲点"，葛兆光先生在最近出版的《思想史研究课堂讲录》中指出：

> 很多研究图像的，常常有一个致命的盲点，这就是他们常常忽略图像是"图"，他们往往把图像转换成内容，又把内容转换为文字叙述，常常是看图说话，把图像资料看成文字资料的辅助说明性资料，所以，要么是拿图像当插图；要么是解释图像的内容，是把图像和文字一样处理。[①]

那么，史学家如何去研究图像？葛兆光从思想史的视角认为，"应当注意的是图像所表现出来的文字文献所没有的东西"，这些"文字文献所

---

① 葛兆光：《思想史研究课堂讲录》，生活·读书·新知三联书店2005年版，第138页。

没有的东西"是色彩、构图、位置、变形。① 我看，这样一种视角同样可以运用到其他史学研究的领域。

就本文讨论的《晋察冀画报》而言，笔者以为完全可以把它看作一种能反映历史真实的资料。这是因为：《晋察冀画报》首先是一种摄影画报，它所刊登的照片是战地记者奔向前线深入生活、用照相机拍摄的真实瞬间。而且，《画报》《画刊》《丛刊》属于一个整体，四千多幅摄影作品形成了一个在时间上持续不断、主题上相对集中的整体，可以较为完整地反映那个战火纷飞的年代根据地的历史面貌。如果说，我们可以在汗牛充栋的档案、文献、资料集，甚至包括韩丁《翻身——中国一个村庄的革命纪实》、柯鲁克《十里店——中国一个村庄的群众运动》、贝尔登《中国震撼世界》这样的纪实作品中看到一个以文字为载体的根据地史的话，那么，我们在《晋察冀画报》中也可以看到一个以图像为载体的根据地史。更进一步说，图像以真实明快的特点刺激读者视觉感官，往往能给人留下更为深刻的印象。读者可以看到：在白雪皑皑的山地，绵延无际的身着八路军军装的一支大军正在挺进太行山的急行军途中，走在队伍最前列的那个战士正远视前方，身后骡马和大车轮子清晰可见；在战争前线的坑道里，八路军副总司令彭德怀身着戎装，双手端着望远镜正在眺望前方战场，他左腿挺立，右腿顺势蹬在对面巨大的岩石上，布鞋、绑带、全神贯注的神情——跃然图面。这样的图像不能不使读者留下深刻的印象，比文字资料印象更深。

至于色彩、构图、位置、变形之类，从《晋察冀画报》的照片，包括木刻、版画等艺术作品中也可以发现其突出的特征。一般而言，正面的人物和事迹主要突出人物形象并占据画报的重要或显要位置；反面的人物和事迹则主要采用木刻、版画作品，往往利用夸张的手法给人一种幽默和联想的效果。

重要的是，《晋察冀画报》的"论域"和主题是我们万万不能忽视的。正如一件优秀的作品来源于现实一样，20世纪40年代出现在解放区的《晋察冀画报》，是战争和革命年代具有强烈时代气息的"活报"，鲜

---

① 葛兆光：《思想史研究课堂讲录》，生活·读书·新知三联书店2005年版，第139—141页。

明的时代和敌后生活特色使它在中国摄影史,乃至于中国文艺史上的突出地位更加显现。千家驹在 1937 年看过《沙飞影展专刊》后,以沙飞作品比照抗战前的摄影,看出一个时代的变化:

> "艺术"在中国本是"文人雅士"专利的东西,所谓"艺术神圣",或什么"为艺术而艺术",还不是有闲阶级的玩意儿。近年以来,"大众艺术"这一口号固然已有许多人在提倡,然而真能站在大众立场,以艺术为武器来描画大众生活与表现之矛盾的究竟有几个人呢?摄影近年在中国总算长足进展了,但我们只要随便拿起一本《良友》或《美术生活》来一看,上焉者不过摄几幅名胜风景,下焉者则登几幅名人照片或甚至什么名媛的时装表演,小姐的掷瓶剪彩,这真是大人先生们茶余酒后典型的清闲品。可是沙飞先生的作品,却与他们形成一个明显的对照,他分明是属于另一个时代与另一类型的。这是为中国"高雅"的艺术家所不屑取材的——虽然这却正是中国大众生活之真实的一面。①

笔者最后想要着重强调的是:就图像研究而言,只有艺术学跳出艺术品"风格"的框框,历史学者走出"看图说话"的误区,两者才有可能实现真正的对话与交流。就历史学对图像的研究而言,对色彩、构图、位置、变形等形式的分析研究固然重要,但对内容和主题的研究也值得重视。这是因为外在形式是内容和主题的反映,脱离开一定内容和主题的一切图像、插花、写真等艺术作品,都很难有吸引人眼球、给人以强烈震撼的艺术形式。我们很难想象,《晋察冀画报》如果没有鲜明的战争、革命和社会生活的主题,将是一种什么形式的画报。正是战争和革命,才使《晋察冀画报》成为一份贴近现实、贴近生活的"活报";正是《晋察冀画报》,我们今天才有可能读出图像中的抗日战争及晋察冀根据地史。

---

① 千家驹:《沙飞先生影展门外谈》,原载 1937 年 6 月(桂林)《沙飞影展专刊》。转引自《沙飞纪念集》,海天出版社、山西人民出版社 1996 年版,第 114 页。

# 走向田野与社会
## ——开展以历史学为本位的田野社会调查工作

这里将要论述的走向田野与社会,关键词是田野与社会。田野或田野工作,为文化人类学的范畴、术语,也就是要求人类学研究者应该到异域社会进行至少为期一年的实地观察与研究,其中参与观察是最重要的研究方法。而这里的社会也有两层意思:一是我们必须得关注现实社会,要懂得从现在推延到过去或者由过去推延到现在;二是从学科的角度来讲,从事社会史研究的,应该有敏锐的"问题史学"意识,从探求过去的社会事实延伸到对现实社会进程的关怀也是其固有的含义。还需要说明一点的是以历史学为本位的田野工作并不完全等同于社会学人类学研究中所谓的田野调查工作,我们更多的是要突出历史学研究对于地方社会变迁进程的理性关怀。

## 一 历史学的走向与现状

从中西方史学史的角度就历史学的发展脉络作一简要叙述,将有助于我们理解开展以历史学为本位田野调查工作的学理依据。众所周知,历史学是一门古老而悠久的学科,同时也是人文社会科学中最基础性的一门学科。史学大师司马迁倾数十年之心血所作的《史记》就是要"究天人之际,通古今之变",这是何等宏大的学科和事业! 马克思、恩格斯在其早期著作《德意志意识形态》一书中曾指出:"我们仅仅知道一门唯一的科学,即历史科学。历史可以从两个方面来考察,可以把它划分为自然史和人类史。但这两方面是密切相连的;只要有人存在,自然史和人类史就彼此相互制约。"① 因此，历史学确实是一门非常宏大而且综合性很强的人文学科。一般而言，无论西方还是中国，如果从史学史角度来看，都可以把它划分为大大小小不同的各个阶段，尽管我们可以发现中国与西方并不完全吻合。但是若从大的或宏观的层面来讲，我们又可以把中西方史学的发展划分为传统的史学与现代的史学两个前后衔接的阶段。

在西方，从古希腊时期的古典史学即以希罗多德的《历史》、修昔底德的《伯罗奔尼撒战争史》为代表，一直到神学时代或宗教时代的史学，后来又到了启蒙时期的史学，比如孟德斯鸠的《论法的精神》、伏尔泰的《路易十四时代》。再往后发展到了 19 世纪时期最有名的实证主义史学，即以德国史学家兰克为代表的实证史学。西方的传统史学基本上一直发展到这个时期。不管怎样，在不同的历史时期，每一个历史学家都有自己不同的历史观念，每一本著作都有着独特的写作风格。但是总的来说，20 世纪以前的史学尤其是兰克史学更多的是一种实证性的史学。那么，以兰克为代表的实证主义史学的特点是什么呢？其最大的特点就是历史是怎样发生的，研究者就怎样地来叙述，它回避探讨历史规律。实证史学注重叙述事件缺少推理分析；注重抄录史实不做概括归纳；注重研究个人而忽视研究集团；注重上层的研究忽视下层的研究。这是西方传统史学尤其是兰克史学的最基本特点。在这个历史阶段，它主要关注的是上层的历史，如政治史、军事史、外交史，即与国家有关联的历史。进入 20 世纪之后，世界发生了巨变。其中最大的变化就是两次世界大战的发生。在西方，两次世界大战不仅改变了地方社会发展的传统走向，而且在历史学界诸多学者也对自身进行了反思和批判。比如斯宾格勒的《西方的没落》，汤因比的《历史研究》，克罗齐的《历史学的理论与实践》，鲁宾逊的《新史学》等都是对 20 世纪以前尤其是兰克史学的一种空前的反思、批判。正是在这种不断的反思批判过程中，西方史学界产生了一个很大而又有影响的流派就是法国的年鉴学派。它的第一代创始人布洛赫、费弗尔于 1929 年创办《社会经济史年鉴》，始称年鉴学派。法国年鉴学派第二代最有名的代表人物是布罗代尔，其成名作《菲利普

---

① 《马克思恩格斯选集》第一卷，人民出版社 1972 年版，第 21 页。

二世时代的地中海与地中海世界》，还有《15 至 18 世纪的物质文明、经济与资本主义》等著作。现今法国年鉴学派的代表人物已经发展到了第三代、第四代，比如勒华拉杜里的《蒙塔尤》、勒高夫的《新史学》。可以说年鉴学派一直在西方史坛占据着主流的地位。那么法国年鉴学派的史学本质是什么呢？我们称之为总体史或社会史，它追求的是一种结构的、整体的历史叙述。

与西方史学发展脉络相类似，中国史学的发展也有着非常悠久的历史。最早的有《左传》《尚书》，随后有汉代司马迁的《史记》、班固的《汉书》，还有我们所熟知的编年体、纪传体、纪事本末体等，一直到汗牛充栋的《二十四史》。可以从清代以前的历史或者说 19 世纪以前的历史进程中发现，中国的历史几乎与西方的历史一样，也是一种传统的史学路径。司马光的《资治通鉴》就是一种"资治"之学，用来帮助统治者了解治理国家的。毛泽东也曾指出，传统的史学就是"帝王将相的历史"，没有下层的历史，没有群众的历史。因此，整个 20 世纪以前，不管是中国还是西方，传统史学的走向还是有其共同特点的。就像西方史学在 20 世纪伊始开始自我反思一样，中国的史学发展也开始了反观自我的道路。具体而言，20 世纪前半叶，中国的史学可以称作一种进化论的史学，进化论的思潮甚至影响了整整一代的中国人，包括政治、经济、文化、军事、教育各个方面。1902 年，梁启超号召进行"史界革命"，当时他写的一篇文章《新史学》在中国历史学界影响甚大。在《新史学》一文中，梁启超指出了传统史学的"四弊"和"二病"："知有朝廷而不知有国家、知有个人而不知有群体、知有陈迹而不知有今务、知有事实而不知有理想"；"能铺叙而不能别裁、能因袭而不能创作"[①]。而这与兰克为代表的实证主义史学极为相似。换句话说，如兰克所言，历史是什么，我们就写什么，只要求把它叙述出来，这就是历史。继梁启超之后，受进化论思潮的影响，中国出现了许多的史学大家，比如王国维、陈垣、陈寅恪、胡适、顾颉刚等。可以说，那个时代史学大家的创作可以和文学、哲学、法学、经济学、政治学甚至任何一门学科相媲美。他们的学术成绩到了 20、21 世纪之交的"文化热"中仍然是最大的，最值得敬佩的。

---

① 梁启超：《梁启超史学论著四种》，岳麓书社 1998 年 8 月版，第 241—247 页。

在20世纪,中国史学界还有一股潮流,那就是马克思主义史学的渐渐兴起。新文化运动时期,李大钊是第一位介绍马克思主义史学的学者。后来用马克思主义的理论、观点、方法来研究历史的大家也大有人在,比如郭沫若、范文澜、翦伯赞、吕振羽、侯外庐等。1949年以后,在这一代马克思主义史学家的率领下中国史学取得了巨大的成就,但是也走了许多弯路,尤其在"文化大革命"十年期间,史学完全成为为政治服务的"婢女"了。在当时那种政治氛围之下,中国史学和其他学科一样遭到了摧残,有些学科干脆就被去掉了,诸如社会学、人类学、法学、政治学等学科被粗暴取消。相比之下,史学的境地稍微好一些,不过也几近完全演变、淡化为政治色彩很浓的"影射史学"。所以在粉碎"四人帮"之后中国学界对史学研究再次进行了反思和批判,在较为自由和宽松的环境中才开始了社会史、文化史、城市史、农村史、家庭史等分支学科的研究。可以说,近二十年来不仅仅是中国历史学发展最好的时期,也是中国社会科学、技术、教育、文化、艺术等发展最迅速、最繁荣的历史时期。

## 二 社会史与区域社会史

下文有关社会史和区域社会史问题的论述主要侧重于中国社会史的研究状况,不再过多地涉及西方社会史的内容。

首先,我们来谈一谈社会史这个学科研究的基本特征。前面已经提到,无论是在西方还是在中国,对传统史学都进行了反思与批判。以前的史学只讲政治、军事、外交,只有上层历史没有下层历史,而社会史的特点可以说就是在对传统的政治、军事、外交等史学研究进行反思批判的基础上出现或者说恢复起来的。简而言之,社会史有三个最基本的特征:一个就是它注重自下而上地看历史。传统史学只关注帝王将相。社会史注重研究社会底层的东西,一般的普遍的东西,或者说老百姓是怎样生活的,社会是怎么运转的,因此称为自下而上。另一个特点就是它是一种整体史学,注重整体观方法的运用。社会史的整体观在西方,更多地强调结构,构建一种所谓结构主义史学。他们认为,社会就是一个结构,它形成了一个全面的完整的体系,不仅仅是政治、军事、外交,还有经济、文化、衣食住行、婚姻家庭等更为微观层面的东西，所以社会史也被当作一种全面的整体史学。社会史的第三个特征就是它的多学科交叉性或者称为社会科学化的社会史。仅有传统史学的那套理论和方法是远远不够的，社会史的研究必须得吸收多学科知识及其成果，甚至还包括某些自然科学的优秀成果。具体到中国社会史的研究，实事求是地来说，在19世纪或者说20世纪前半叶就已经涉及我们现在所谓社会史的部分内容，但是还没有系统化。粉碎"四人帮"以后，我们把社会史研究看作是重新复兴了的中国社会史研究。从1986年第一届中国社会史研讨会的召开迄今已有三十年时间了，其间共举办了九次社会史年会，我们可以发现中国社会史的研究队伍也越来越壮大，尤其是一批中青年学者已经成为社会史研究的主力军。社会史研究的论著，包括从西方译介过来的可谓蔚为大观。目前，社会史的研究已成为中国史学界最引人注目的领域，从《历史研究》《近代史研究》《中国史研究》《史学理论研究》等这批国内最有影响的历史刊物的论题中我们可以发现社会史的研究方兴未艾，因为它的研究方向从本质上代表了这个时代的学术潮流。

在此还需提及的是山西大学的中国社会史研究状况。早在20世纪80年代，著名历史学家、山西大学历史系教授乔志强先生就率先倡导并身体力行地开始中国社会史研究。尤其是乔志强先生主编的《中国近代社会史》（人民出版社1992年版、台湾南天书局1998年版）是国内第一部全面系统的社会史论著。直到现在，社会史在国内经历了近二十年发展，但无论在理论还是方法上取得了多么大的进展，研究的主要范畴仍大体上不出此书所构建的范畴体系。到了20世纪90年代中期，区域社会史的研究也逐渐兴起。1994年区域社会史研讨会在西北大学召开，由乔志强先生和笔者两人合写的《区域社会史研究的理论和方法》一文得到了与会者以及史学界的高度重视和广泛的关注（该文收入会议论文集，又在《史学理论研究》和《新华文摘》上刊登）。1998年年底，乔志强先生和笔者合编的《近代华北农村社会变迁》一书由人民出版社出版，学界称其为"此书堪称一部系统完整的社会史著作"，"全书史料之丰富、分析之细腻都是同类著作中少见的"。从整体上而言，我们所进行的区域社会史研究与社会史研究一样取得了可喜的成绩。尤其是近年来，我们把区域社会史研究的焦点放在了"生于斯、长于斯"的山西本土社会，获得了"身在此山亲体验"的学术感受，也已取得了初步的成果，其中《近代山西社会研究—走向田野与社会》一书，获得了学界普遍的肯定与鼓励。因此，山西大学有开展社会史及区域社会史研究的良好学术基础和条件。

　　山西作为一个区域社会研究的对象，有它很独到的地方特色的东西。最早开创中国历史地理学研究的谭其骧先生在20世纪80年代就写过一篇《山西在国史上的地位》的文章（谭先生就此主题也曾在山西大学作过学术报告），提纲挈领地论述了山西在整个中国历史发展进程中的独特地位和它所起到的非常重要的历史作用，对我们现在进行山西区域社会史的研究仍具有不可低估的指导作用。春秋战国时期，晋国是一个实力很强的诸侯国，法家的制度、思想实际上是在晋国奠定了根基，且不说晋文公、晋献公的辉煌业绩。山西与陕西仅一河之隔，从秦汉一直到隋唐时代，也就是与都城长安一河之隔，尤其是河东郡即现在的运城、临汾地区当时是非常繁盛的地方。在五代十国宋元时期，山西又是北方的游牧民族与中原地区的汉族进行大交流融通的核心地区。明清时期山西的晋商事业远近闻名，尤其是为中国金融业开了先河。明清以后的民国时代，阎锡山统治了山西三十八年，山西被国民政府评定为"模范省"。实事求是地讲，阎锡山统治时期在山西做的一些实实在在的事情直到现在对我们地方社会的发展仍有一定的影响。在抗日战争和解放战争时期，山西革命根据地为中国革命事业的胜利作出了难以估量的巨大贡献。新中国成立以后，山西在互助组、初级社、高级社、人民公社一直到后来的"农业学大寨运动"中，都曾出现过这样或那样的典型，也曾有过这样或那样的经验和教训。从学术研究的角度讲，山西也是从事区域社会史研究的宝库。

　　此外，进行山西区域社会史研究有两个特点需要把握：一个是农村；另一个就是资源。山西是一个农业社会，它的城市在全国没有什么优势，它的主体优势在农村，因此在山西做历史研究或进行地方经济社会发展规划必须得立足农村而不能脱离农村或忽视农村。谈到山西的资源特色主要涉及两个方面，即煤和水的问题。山西的煤储量很多，曾占到全国煤储量的70%左右，它可以造福于山西、全国乃至于全人类，但是若不能合理有限制地开采和利用，那就会给我们这个社会带来非常大的负面影响，比如说现在的环境污染问题就已经很严重了，而太原市就曾是全世界污染最严重的城市之一。山西的水也是一个很值得关注的问题，煤我们最丰富，可是水我们最缺乏。比如晋祠难老泉的水，在宋代时可以浇灌周围 36 个村庄的 6 万多亩耕地，到现在没水了。一些地区仍流传着"三七分水""油锅捞钱"等民间争水的故事。也就是说我们缺水的问题很久以来就存在了。另外还需提及的一点就是随着近年来山西省对外交通尤其是高速公路的开通，加大文化强省的力度，发挥地方资源优势，使国内外对山西地方社会发展的关注程度得以大大地提高，山西的知名度渐趋上升，学术界对山西社会也给予了极大的关注。比如说 2004 年 8 月由中山大学、北京师范大学、山西大学、香港科技大学、香港中文大学五家单位联合举办的历史人类学高级研修班的田野调查点就选在山西洪洞县的几个村庄；随后由山西大学和中国人民大学联合主办的区域社会史比较研究的国际学术会议在山西大学召开；紧接着一些北京和台湾地区的专家学者特意到山西进行了田野考察和学术讲座。因此，开展山西区域社会发展的历史研究既有其内在资源的优势，也紧随了国内外历史研究的学术潮流。

## 三 怎样开展以历史学为本位的田野调查工作

前文已指出，我们所提倡的田野工作并不完全等同于人类学社会学的田野调查工作。田野工作最初是由人类学家所发明的，一个最基本的初衷就是要求研究者尽可能地贴近被研究对象，至少要花一年或一年半的时间参与到研究对象的日常生活中去，去体验、观察异域对象的行为和思想。社会学的田野调查尤其是在西方更多的是采用问卷法、访谈法、观察法等去研究社会进程中的事实。而我们开展以历史学为本位的田野工作主要凸显在两个方面：一个体现在对已经过去的社会事实的文献收集。这就要求我们必须走进田野社会，尤其是区域社会史的研究可以把被研究对象集中在一个村落、一个家庭甚至是一个具体的人。这些活生生对象的存在，我们从书本上是找不到的，只有走到田野里去。另一个集中体现在对人类学社会学田野调查方法的借鉴和利用上。我们也要像人类学家社会学家那样，深入民众、深入田野、深入社会，力求去体验去观察日常社会生活是怎样发生和相互关联的。比如现在的口述史研究，还有所谓后现代叙述史学，那些亲历了历史上所发生的大事件、小事件的人，如果还活着，就可以做口述史的调查与研究，不下去是万万不行的。还有大量散藏在民间的家谱、碑刻、文书、日记、账簿等都是值得我们重视和研究的。简而言之，收集地方文献和田野体验是我们进行以历史学为本位的田野工作的两个主要目的。一般而言，我们现在能收集到的文献大都是明清以来的，尤以现代的为多，元代以前的民间文献可能很少，也许能零星地发现一些宋代的东西（这些文献绝大部分已经躺在图书馆和档案馆）。因此我们的关注点集中放在新中国成立前后，一直到1979年左右的这段时间，整整三十年的时间，在此基础上再上推下延。套用一句话就是"上穷碧落下黄泉，前后左右去发现"。

之所以选择这么一个长时段为中心，是基于以下的学术考虑：从新中国成立后直到改革开放伊始的三十年时间是中国历史上的所谓集体化时期。新中国成立初期所进行的土地改革（包括老区的土改），再到后来的互助组，初级农业合作社，高级农业合作社，以及人民公社，实行大食堂制度，工分制等等这些历史事件背后所隐藏的日常行为逻辑对于我们了解现今社会和解决具体问题有着十分重要的理论意义和现实意义。这样一个特殊的历史时段在新中国成立以前从没有过，1979年以后随着中国社会的日益开放和不断发展将来也不会再次出现。这就是我们所界定的这样一个三十年长时段的价值之所在。恰恰就是这样的时代，或者说关于新中国成立后至1979年前的这近三十年的学术研究主要存在两种话语：一个就是侧重从政府行为立场出发较多地采取简单肯定或否定的二元对立的方法，更多的研究成果是对高级领导人和国家政策的讨论和诠释；另一个话语就是仅仅体现一种控诉历史，控诉那是一个充满黑暗和万恶的年代。实际上还没有历史学家或以历史学为本位的客观的、公正的研究话语出现。因此，我们倡导的田野调查与研究就是要客观的、实事求是的、在宏观背景下充分关注微观层面地去研究历史事件和社会事实，去研究中国历史上这样一个特殊的历史阶段。

需要引起我们充分注意的是，1949—1979年这样一个相对我们较近的历史时期，散落在广大农村社会大量的、珍贵的第一手文献也在快速地流失和消失过程当中。中国改革开放以来，发展速度加快，走进田野和农村，我们会强烈地感受到农村社会翻天覆地的巨变。解放以前、甚至是 1949 年以后的旧房舍迅速地被新一代具有现代生活气息的建筑所替代，有的富裕农民二十几年来甚至搬迁了两三次（乡、镇、大队、村委会也是如此）。也许我们可以发现一些旧的农民住宅，甚至在相对偏僻的地区还可以看到个别古村落，但那毕竟属于少数。很可能，当你走进这些旧的农民住宅和古村落的时候，你会发现已是"人去楼空"，甚或"人去村空"，他们已经连人带物搬迁别处，留下来的只是闲置的、有些可能是作为旅游开发的景物。可怕的是，每一次的搬迁都伴随着一次物什更换，同时也是一次文献资料的散失，这些珍贵的第一手地方文献在农民搬迁过程中不经意地不知流向何方，也许汇聚到了废品收购站和造纸厂。这是我们文化工作者，尤其是史学工作者深为痛心和遗憾的事情。只要我们具有"走向田野与社会"的学术关怀，只要我们具有社会科学工作者的责任和良知，就有可能在这方面作出我们应有的贡献。

山西大学中国社会史研究中心在近期就收集到了一批很可观的第一手农村文献资料，比如说有关清徐县东于镇 20 世纪 50—70 年代相对完整系统的资料，合作社时期的账簿，人民公社时期的劳动、预算、分配情况，以及大队劳力工分登记情况等；还有临汾地区龙子祠水利建设方面的完整系统的文献资料，各种水利渠道的开发和改造、渠图规划和工程账簿等。这些资料对于研究集体化时期一个村庄是如何体现国家与社会的运转和互动、权力的介入与实践、农田水利建设的变迁状况及沿渠周围乡镇村庄发展进程所受到的影响有着非常珍贵的价值。另外还收集到了一些清代有关土地、房屋买卖的地契、房契等文书资料。尽管我们只是刚刚起步，但是这些文献资料对于我们做历史研究有着十分重要的参考价值。其实，类似的文献资料收集有一条捷径，那就是从我们身边的社会做起，从自己的家乡及所在的村庄做起，因为这对于进行田野调查的人来说是得天独厚的。所以，此种路径也可谓一种传统人类学田野方法的创新。

现已故去的山西大学历史系前辈阎宗临先生曾就史学研究提出过如下建议："爱国先从爱自己的家乡做起，爱家乡先从了解家乡做起，封建时代的读书人还懂得恭敬乡梓，社会主义时代的史学工作者不更应该热爱自己的故乡吗?"① 还有我们大家所熟知的史学大师陈寅恪先生也曾对一个时代的学术潮流做过精辟的论述:"一时代之学术,必有其新材料与新问题。取用此材料以研究问题,则为此时代学术之新潮流。治学之士,取预此潮流,谓之预流。其未得预者,谓之未入流。此古今学术之通议,非彼闭门造车之徒,所能同喻者也。"② 因此,本文所谈论的"走向田野与社会——开展以历史学为本位的田野社会调查工作"这样一个主题,就是要倡导用我们这个时代的新材料,研究我们这个时代面临的新问题,这些史学大家的经典论述对于我们现今开展社会史研究所具有的指导意义是不言而喻的,也是我们在走向田野与社会对这个时代进行学术积累和理性关怀时应当铭记在心的。

总之,山西大学在开展社会史及区域社会史方面已经有了一定的学术积累,山西在开展区域社会史方面也具有得天独厚的优势。只要我们研究者身体力行、锲而不舍地去努力工作,一定能够为中国历史学、人文社会科学在新时期的发展作出相当的贡献。

---

① 任茂棠、行龙、李书吉编:《阎宗临先生诞辰百周年纪念文集》,山西人民出版社2004年版,第124页。

② 陈寅恪:《陈垣〈敦煌劫余录〉》。

# 从社会史角度研究集体化
# 时代的中国农村社会

近些年来，从不同学科，不同视角展开对20世纪后半叶集体化时代的中国农村社会的研究已蔚然成风。"横看成岭侧成峰，远近高低各不同。"不同学科有不同的理论和方法，也会有不同的判断和结论，但多学科的关注和发力，无疑会推动研究的深入。稍有遗憾的是，对这样一个重要历史时代的研究，历史学本学科却基本因袭传统的框架，难有突破，这也是近些年来学界普遍感受到的问题。

本文试图提出一个新的视角，这就是从"自下而上"的社会史视角研究集体化时代的中国农村社会，意在将中国社会史的研究从古代、近代引入现当代，进一步丰富我们对中国历史和中国革命史的认识。

## 一 已有成果的不足

所谓集体化时代，即指从中国共产党在抗日根据地时期推行互助组，到20世纪80年代人民公社体制结束的时代。此间约四十年时间（各地时间不一），互助组、初级社、高级社、人民公社、农业学大寨前后相继，一路走来，成为中国历史上空前的也许是绝后的独特时代。从历史发展的进程而言，这是一个难以分割的时代，也是一个难以忘却的时代。

检索多年来对集体化时代的研究成果（不包括一般性著述），可以概括为以下三种类型。

一是中国革命史或中国共产党党史的模式。自20世纪40年代延安时期六届七次中央全会通过的《中国共产党中央委员会关于若干历史问题的决议》，以及20世纪50年代初胡乔木的《中国共产党的三十年》，中国共产党党史和中国革命史的撰写形成了一个基本的框架。这一框架模式的基本特点是，它以重大事件和中国共产党历次代表大会为线索，以章节体的形式撰写这段历史。几十年来，以《中国革命史》《中国共产党党史》命名的数百部著作，更多的是不同类别的诸多教材，大多陈陈相因，难脱此框架。因袭既久，渐成定式。公正地说，这样的历史著述为人们认识中国共产党带领中国人民进行民主革命和社会主义建设的历史提供了基本的史实，也曾在革命和建设中起到了积极的教育作用。但是，这些著述大多限于对重大事件和上层路线方针政策的诠释，骨架虽有却缺乏血肉。革命史和党史毕竟不能代替全面的完整的历史，除了政治还有经济，除了革命还有生产，除了斗争还有生活，除了中央还有地方，除了一呼百应还有无声的反抗，除了领导人的个人生活还有百姓生活的众生相，历史本来就是有血有肉，丰富多彩的画卷。

二是海外学者有关人类学社会学的著述。海外学者对集体化时代中国农村社会的研究早在 20 世纪 60 年代即已开始，虽数量有限，但都是在亲身经历的基础上著书立说，自有其人类学社会学的明显特色。迈德尔（Jan Myrdal）夫妇 1962 年即深入陕北柳林的村庄进行了为时一个多月的田野调查，1965 年在美国出版《一个乡村的报告》，1973 年又出版《中国：继续的革命》，以人类学民族志书写的方式记录了一个普通村庄在共产党领导下革命和生产的真实画面。韩丁和柯鲁克夫妇则以观察员身份直接参加根据地土改，分别成就了《翻身：中国一个村庄的革命纪实》（北京出版社 1980 年版）和《十里店：中国一个村庄的革命》（上海人民出版社 2007 年版）两部纪实性作品。时隔三十年，1991 年弗里曼（Edward Friedman）等人的《中国乡村，社会主义国家》英文版出版（中译本，社会科学文献出版社 2002 年版），又是一部在 10 余年田野工作基础上多学科专家合撰的社会人类学著作。该书考察的重点是人民公社时期的典型河北衡水地区饶阳县五公村，但理论视觉和基本判断已与前三书迥异。还有一些海外学者在 20 世纪 80 年代初期利用能到中国乡村进行田野调查的机会，在收集丰富的口述资料基础上撰写了这方面的著述，代表性的有黄树民的《林村的故事：1949 年后的中国农村变革》（生活·读书·新知三联书店 2002 年版）等。此类著述最大的特点是在亲身经历或田野工作的基础上，对某一个村庄的革命进程进行深入的社会人类学研究,韩丁就觉得他的作品"无论在风格上或内容上都很像一部纪录影片"①。但是,中国的村庄形形色色千姿百态几万万,"真实的"是否就是"全面的"？况且,尽管是亲身的经历和大量田野的工作,海外学者的关注点和眼力毕竟也是有限的,他们到底能做到多大程度"同情的理解"？这些都是后来的研究者不断追问的问题。

三是近些年来出现的新的著述。美籍华人学者黄宗智继"过密化""内卷化"理论后,又从"表达与实践"的角度论述从土改到"文化大革命"的农村历史,他认为中国革命应视为1946年到1976年的三十年社会结构变迁,正是因为"表达性现实"与"客观性现实"之间的偏离和这种偏离的不断加大,才导致了"文化大革命"如此的政治运动。②张乐天的《告别理想——人民公社制度研究》（东方出版中心1998年版）,借助自己家乡浙江北部联民村20世纪50年代以来的档案资料,试图以"外部冲击——村落传统互动模式"解释人民公社时代农村生活的实践逻辑。阎云翔的《私人社会的变革:一个中国村庄里的爱情、家庭与亲密关系,1949—1999》（上海书店2006年版）,以自己生活和调查的黑龙江下岬村为个案,细密地讨论了一个普通村庄的个人及情感生活,是一部典型的乡村民族志著作。清华大学郭于华等人则注重对口述资料的收集与研究,他们对陕北农村妇女在20世纪50年代的社会生活也进行了相关的探讨。③另外,近年来有关专题的论文也在不断发表。此类著述均以资料见长,或档案,或口述,或田野,或综合,尤其是更加注重理论的探讨,值得学界进一步地期待。

历史本身与历史研究一样,时间越久远看得就越清楚。几十年来,对集体化时代的研究已积累了一批成果,尤其是近些年来出现了一些新的作品,多学科的综合研究方兴未艾。稍有遗憾的是,历史学科本身对此研究仍然不能尽如人意。

---

① ［美］韩丁:《翻身:中国一个村庄的革命纪实》,韩倞等译,邱应觉校,北京出版社1980年版,第4—5页。

② ［美］黄宗智:《中国革命中的农村阶级斗争——从土改到"文革"时期的表达性现实与客观性现实》,《中国乡村研究》2003年第2辑。

③ 代表性的成果有郭于华《心灵的集体化:陕北骥村农业合作化的女性记忆》,《中国社会科学》2003年第4期。

从社会史的视角研究集体化时代的中国农村社会,并不是要否定现有的研究成果,而是要在吸纳现有成果的基础上,从"自下而上"的社会史角度对此进行探讨,以丰富我们对这个重要历史时代的研究。

## 二　前后相继的集体化时代

对于中国农村社会而言,集体化时代是一个非常特殊的时代,也是一个前后相继,不可分割的时代。互助组、初级社、高级社、人民公社、农业学大寨是这个时代不同阶段的表征,也是这段迭浪相逐的历史长河中呈现出的波涛。只有从社会发展的角度将此看作一个整体的历史时代加以探讨,才能看清它的面貌与特性。

中国封建经济是"自给自足的自然经济占主导地位"。其中最大的特征就是一家一户的小生产,"农民不但生产自己需要的农产品,而且生产自己需要的大部分手工业品"[①]。"男耕女织"是这种小农经济的具体表现。中国共产党领导千百万农民走向集体化的道路,就是要打破这种封建的小农经济,实现共同富裕的集体经济,这既是一种理想,也是一个伟大的社会实践。

互助组。劳动互助本来是农民在生产生活中长期形成的习惯,虽然江西时代中国共产党人就在当地有意识地组织了互助社、耕田队那种带有互助组性质的劳动组织,但后来的万里长征毕竟没有使其延续下来。当互助组织在抗日战争相持阶段在各根据地形成一个运动的时候,其性质就发生了根本变化,这个变化不仅体现在它的有组织性、领导性,而且尤其体现在它的目的性。1943 年 11 月底,在各根据地普遍建立各类互助合作组织的基础上,毛泽东在招待陕甘宁边区劳动英雄大会上发表了著名的《组织起来》的讲话,他明确地指出,几千年来的个体经济,使农民陷入永远的穷苦,"克服这种状况的唯一办法,就是逐渐地集体化;而达到集体化的唯一道路,依据列宁所说,就是经过合作社"[②]。互助组

---

[①] 毛泽东:《中国革命和中国共产党》,《毛泽东选集》第 2 卷,人民出版社 1966 年版,第 586—587 页。

[②] 毛泽东:《组织起来》,《毛泽东选集》第 3 卷,人民出版社 1966 年版,第 885 页。

的目标就是集体化，这是中国共产党人在根据地时代即已明确的方针。我们不能因为互助组仍然以生产资料私有制为基础，就把它和后来的初级社、高级社割裂开来。正所谓"不知有汉，无论魏晋"。

互助组织的大量出现又是与大生产、减租减息、土地改革这样的群众运动联系在一起的。从这里出发，中国农民开始由一家一户的个体生产走向集体生产；妇女开始从家庭走向田间和社会；贫雇农开始成为农村社会变革的主力军；地主、富农、恶霸、懒汉、二流子成为斗争和改造的对象。互助组、合作社、供销社、信用社、妇救会、民兵、工作组、农村诊所等社会组织的大量出现，群众大会、群英会、劳动模范、冬学识字、破除迷信、土改、诉苦、村选、平等、翻身等前所未闻的事物，广大农民都有了第一次的亲身经历。这是对千百年来沉睡的中国广大农村社会的革命洗礼，也是传统的农村社会结构开始松动并最终被新的社会结构所取代的开始。互助组时期的一整套做法合乎逻辑地延续到1949年后的初级社、高级社乃至于人民公社，真有那种风大浪高不达其岸不能遏止的态势，1949年之后中国共产党施政的政治、经济、军事、文化等路线方针政策在互助组时期都已有了雏形，我们不能人为地以1949年为界将其拦腰截断。

初级社。1949年中华人民共和国的成立，是中国历史上一个划时代的事件。在一系列军事斗争、政权建设、建章立制的同时，老区的互助合作组织仍是基层社会生产生活的主导，互助合作运动仍在如火如荼地进行，而新区则一如老区走过的道路一样，"分田分地真忙"，互助合作正酣。1948年新年伊始，毛泽东为中共中央起草了《关于目前党的政策中的几个重要问题》的指示，明确指出："平分土地以后，必须号召农民发展生产，丰衣足食，并劝告农民组织变工队、互助组或换工班一类的农民互助合作组织。"1950年6月底，中央人民政府公布《中华人民共和国土地改革法》，紧接着，8月4日，政务院通过《关于划分阶级成分的决定》，每一个以家庭为单位的农户都有了对号入座的地主、富农、中农、贫农、雇农所谓的"阶级成分"，全中国大江南北的广大农村社会经历了革命风暴中的结构性转换。

初级农业生产合作社是"半社会主义性质的农业生产合作社"，土地入股，统一经营，有较多公共财产为其基本特征。初级社在老区互助组的基础上发展而来，目标仍是集体化。但如何将具有社会主义萌芽的互助组提高到具有半社会主义性质的初级社，在理论和实践上都经过了激烈的争论。山西革命老区敢为天下先，率先在晋东南老区进行试点，这一举动引起山西省委和华北区，乃至毛泽东和刘少奇之间的激烈争论。毛泽东支持山西的做法。1951年9月，中共中央召开第一次农业互助合作会议，通过《中共中央关于农业生产互助合作的决议（草案）》，毛泽东特为印发决议草案写下通知，指示全党"把农业互助合作当做一件大事去做"。直到1954年10月，中央连续召开四次全国互助合作会议，在争论中推动，在争论中前进。截至1955年春，全国初级社迅速发展到67万个。

初级社阶段是新中国刚刚成立，实施第一个五年计划，恢复重建、百废俱兴的过程。镇压反革命，抗美援朝，尤其是在广大农村社会进行的土地改革，形成了社会总动员的浩大声势。民族统一实现，恶霸地痞受惩，农民分到土地，农业增产增收，生活得到提高，社会控制增强，社会组织增加，思想更加统一，人口数量增长，婚姻生活自由，家庭关系松动，识字接受教育，如此等等，社会层面的变动丝毫不亚于政权的变更。那个时候，人们真诚地拥护中国共产党，爱戴新中国，热情之高，干劲之大，可谓空前。一切生产生活都是从真诚的朴素爱国情怀出发，爱国丰产、爱国公约、爱国卫生等，无不透露着建设社会主义新中国的激情和热情。

高级社。高级社阶段虽然时间短暂，但却表现出来势更猛、规模更大、速度更快的特点。1955年7月底，毛泽东在中共中央召集的省委、市委、自治区党委书记会议上作《关于农业合作化问题》的报告，批评合作化过程中"小脚女人走路"的做法。10月，七届六中全会通过《关于农业合作化问题的决议》，提出各地要有重点地试办高级农业生产合作社，分期分批地把初级社转为高级社。同年9月到12月间，毛泽东两次编辑并亲写序言出版《中国农村的社会主义高潮》，又为总计176篇材料中的104篇加写按语，中国农村的社会主义高潮到来。到1957年年底，参加高级社的农户迅速达到全国农户的98%。

以主要生产资料完全集体所有制、集体劳动、按劳取酬为基本特性的"完全社会主义性质"的高级社，较之于半社会主义性质的初级社规模更大，发展数度更快，面临的困难也更大，从中央到地方也都存在着激烈的争论，但"一九五五年，可以说是破除迷信的一年"。"现在全国农村已经出现了社会主义改造的高潮，群众欢欣鼓舞。"（毛泽东《所谓落后乡村并非一切都落后》一文按语）在这样一种形势下，高级社里的广大农民生产生活发生了不同以往的变化：土地、耕畜、农具全部为合作社所有，使他们远离世代相依的基本生产资料；集体劳动，"上工一条龙，干活大呼隆"，"地里歇的多，活儿干得少"成为生产常态；按"大概工"的工分分配，干多干少一个样，干好干坏一个样，出工不出力成为普遍的现象；干部独断专行，作风粗暴，"合作社是阎王殿，社主任是阎王爷，队长是小鬼"，类似的牢骚和抱怨在各地开始出现；粮食统购统销后，粮食、棉花、油料等主要农产品及糖料、烤烟、生猪、桐油、木材、茶叶等其他农产品均由国家来统一收购统一销售，农民失去了处理余粮和农副产品的自由，割断了他们与市场的联系；自留地、传统的集市被限制甚至取消，自由散漫的农民成为一个集体的人，如此等等，对于小农而言都是第一遭。于是，1956年秋收前后开始一直到1957年春夏之交，全国各地普遍出现了以富裕中农为主体的"闹社退社"风潮，集体请愿、集体查账、集体讨饭、罢工集会、游行示威、联名告状、围攻干部、殴打干部，形形色色，好不热闹。为了平息这场风潮，1957年夏季开始，便有了全国范围的"整风整社"，便有了在农村进行一场大规模的社会主义教育运动的准备与动员。

  1957年7月，毛泽东在青岛召开的省市委书记会议上，在布置全国范围的反右斗争的同时，明确表示要在农村进行一场大规模的社会主义教育运动。1958年8月8日，中共中央正式发出指示，要求对合作化过程中出现的主要问题进行大辩论，具体的做法是提问题、摆事实、讲道理、对比回忆1949年前后和合作社前后的变化，以解决"农村两条道路谁战胜谁"的问题。大辩论的形式如同城市反右运动一样"大鸣大放大争"。其结果是，对合作社生产管理方面有意见、主张包产到户的干部群众被视为"企图走资本主义道路"。富裕中农被视为农村资本主义自发势力的代表力量受到指责，平均主义成为大行其道的流行意识和行为。

  高级社阶段虽然仅有三年时间，但它从争论、发动、一窝蜂到"闹社退社""鸣放""社教"，确是一场"革命运动"的完整轮回。以往的研究过多地关注中央高层的有关争论，而对基层农村社会，尤其是下层干部群众的思想和行为，以及由此导致的政治、经济、社会、文化等方面的深远影响缺乏应有的研究，而这些恰恰是农村和农民的"深层记忆"。

人民公社。如果说初级社、高级社的启动还经过了一些争论，甚至是激励的争论的话，在经过了高级社阶段的运动轮回后，人民公社化就成为顺利推进顺理成章之事。1958年5月，经过成都会议、南宁会议对反冒进的批评后，八大二次会议通过了"鼓足干劲，力争上游，多快好省建设社会主义"的总路线，在一片"破除迷信"的声浪中，"大跃进"在神州大地全面铺开。8月初，毛泽东视察冀、鲁、豫乡村，称赞河南新乡七里营人民公社好，一夜之间，由高级社合并而成的人民公社遍地开花（8月12日，山西省第一个人民公社成立，9月13日，全省实现人民公社化）。8月底的北戴河会议通过《中共中央关于在农村建立人民公社的决议》，接着就是全民动员大炼钢铁，大办公共食堂，大办农田水利基本建设，"放卫星"，"大跃进"，"敢教日月换新天"。

初期人民公社体制的最大特征是"一大二公"和"一平二调"。生产资料和生活资料全部为集体所有，分配采取供给制，即在公社范围内实行贫富平均分配，公社以上各级政府可以无偿调拨生产队乃至社员的人力物力。在还来不及回味高级社的滋味时，广大农民已开始品尝人民公社"共产主义天堂般"的生活。打破社、乡，甚至县界的大兵团水利工程建设；贡献小家庭内的锅碗瓢盆土法炼钢，甚至徒步数十里外的上山找矿、挖煤、砍树烧炭、炼钢；深翻土地，开荒种田；妇女脱离家庭劳动，投入生产第一线；公共食堂集体大锅饭，田间地头分饭送饭等，整个一个生产集体化；生活社会化；行动军事化；分配平均化的"共产主义大协作"。

人祸与天灾相连。"大跃进"和人民公社运动烟尘未消，1959年遭受了大面积的自然灾害，国民经济和人民生活遇到了1949年以来前所未有的困难。于是有了1962年9月十届十中全会通过的《农业六十条》：公社、大队的规模开始缩小；基本核算单位由原来的生产大队下放到生产小队；分配制度上取消供给制和公共食堂；允许社员经营一定数量的自留地和家庭副业。农民、农村、农业在经过一番"共产"和困难后稍有舒缓。困难时期对农村社会带来很大影响的另一个政策是 2600 万城镇人口下放农村，它既是全民大炼钢铁大办工业，增加生产任务而大招工所必需，又是面对困难不得不采取的措施。正式工、合同工、临时工开始在那个时候出现，"六二压"成为一批特有的群体。接着就是继高级社后期"整风整社"为主的社教运动后，1963 年开始的以"四清"为主的整风整社的第二次农村社会主义教育运动，资本主义和社会主义的两个阵线在农村社会更加分明，"山雨欲来风满楼"的大气候日益逼近。

十年"文化大革命"中，农村社会最引人注目的就是"农业学大寨运动"。农业学大寨仍然属于人民公社体制内的事件，但其严重的政治化倾向同时带来了严重的社会后果。平心而论，大寨自力更生、艰苦奋斗的精神并没有什么过错，但大寨的一些所谓经验，如没收或者减少社员自留地，限制农民所有家庭副业；自报公议，评工记分的计酬办法；坚持以生产大队为基本核算单位的社队合并等做法，在那个年代却成为阶级斗争的附属物，大寨经验成为不得违背的金科玉律，一刀切地向全国各地推广，甚至后来发展到"普及大寨县"，使得农业学大寨染上了浓厚的"左"倾色彩。大寨所属的山西省，在树立典型、推广经验的整个学大寨运动中，更是不甘人后，直到 1980 年联产责任制才在最为落后贫穷的吕梁山区出现，经验教训耐人寻味。

人民公社体制下的农村社会是高度集体化和贫困化的社会，农民生活也是高度统一和简单化的生活。困难时期农村人口大量流失，甚至出现饿死人的现象，人口出生率相对减缓，死亡率相对提高；婚姻家庭生活受到严重限制，运动中夫妻反目，家庭解体不在少数；物质生活领域衣食住行等方面十分贫乏，有限的物资需要严格的平均发放供给；精神生活方面高度统一，阶级斗争政治挂帅统领一切，人们不能也不敢有任何异于主流意识形态的语言和行为，各种各样的政治性学习和集会充斥着日常生活；集市贸易和自留地被取消，尚未取消若去经营即被视为"资本主义尾巴"；大兵团密集型的劳动力投入，换来的却是低效率的农业生产率，如此等等，最终只能是它在 20 世纪 80 年代的解体。

人间正道是沧桑。从生产资料私有制为基础的集体劳动的互助组，到土地入股、统一经营的半社会主义性质的初级社，再到生产资料完全集体所有，集体劳动，按劳取酬的完全社会主义性质的高级社，最后是

"一大二公""一平二调"的人民公社被联产承包责任制取代。四十年时间,中国共产党人领导亿万农民走完了集体化道路的一个轮回,我们不能把它看作是历史回到了原点,但却是一个付出了沉重代价的历史过程。完全的轮回已不再可能,历史的过程却令人感叹、耐人寻味。

## 三 "自下而上"的社会史视角

从"自下而上"的社会史视角研究集体化时代的中国农村社会,就是试图突破现有"自上而下"的研究框架,换个角度看中国,换个角度看农村,换个角度看农民,期望进一步丰富和完善我们对这个特殊时代的研究与认识,进而丰富对中国革命的认识。

我们不能不承认,长期以来形成的中国革命史、中国共产党党史的研究框架,更多的是研究上层领导或者是高层领导的思想与活动和重大历史事件,尤其是中国共产党为主体的历史事件,甚至中国共产党的历次代表大会成为党史和革命史的叙事主线,说到底是一条政治史的主线。经济、军事、文化在这种历史研究中只有附带的笔墨,基层农村社会,尤其是以芸芸众生身份生存的亿万农民,他们的生存环境,他们的衣食住行,他们的人际交往,他们的精神心理状态,他们的日常生活等,我们了解和研究的仍然十分有限。"自下而上"地研究这个时代的历史,就是要给基层农村和广大农民更多的关注,从农村和农民的角度,从"理解的同情"出发,站在地下看天上,站在地方看中央,上下贯通,左右相连,整体地、全面地了解和认识这个特殊的历史时代。

从社会史的视角研究集体化时代的中国农村社会,就是要从农村社会发展变迁的实际出发,而不是仅仅从政权更易的事件出发,人为地割裂这个完整的历史时代。1949年新中国的成立无疑是中国历史上可以彪炳史册的事件,也是重要的历史分期年份,也就是我们通常所说的中国现代史的开端。但从"自下而上"的农村和农民的角度来看,互助组、初级社、高级社、人民公社是一脉相承、前后关联、不可分割的历史时代,直到1949年以后中央召开的有关农业的四次会议,仍然称为"农业互助合作会议",毛泽东更明确地说:"一般规律是经过互助组再到合作社"，"办好农业生产合作社，即可带动互助组大发展"①。互助组的目的就是引导农民走向集体化的道路，具有半社会主义性质的初级社正是在互助组的基础上转变发展而来，这是一个逻辑的存在，也是一个历史的存在。与此同理，"文化大革命"后期的全国农业学大寨运动，也是在1958年开始后的人民公社体制内进行的，只不过它另有了严重的政治化、运动化色彩而已。社会史的研究有其自身的研究对象与内容，具体历史时段的划分也要从它的研究对象和内容出发，而不是以政治史或党史革命史的划分为准绳，生搬硬套、简单借用。从"自下而上"的社会史视角出发，从农民和农村社会实际的变迁过程出发，从互助组到人民公社期间四十年时间，就是中国共产党带领亿万农民走向和实现集体化的过程，这是一个特殊的不可分割的历史时代。

从"自下而上"的社会史视角研究集体化时代的中国农村社会，就是要在研究上层的同时，更多地关注下层农村社会的实态。平心而论，现有研究更多的是对上层中央领导和重大事件的研究，研究的资料基础大多是业已公布的领导人文集、报章杂志、少数档案、统计数字，且不说这些资料离全面利用仍有很大距离，即使有一定数量，它的全面性、真实性又如何考量？中央下面仍有省、市、县、公社、生产大队、生产小队，即如当今的流行语一样，"上有政策，下有对策"，中央的路线方针政策在各级政府和基层农村社会有没有争论，执行得又如何？汇总上来的数字、公布出来的数字是否就是真实的数字，基层生产队是否真有"两本账"？除了"两报一刊"类的主流话语，是否还有不同的声音，除了一呼百应是否还有抵触抱怨、"众声喧哗"？事实上，瞒产私分、小偷小摸、"偷奸耍滑"等无组织的、非系统的、个体的、长期的无声反抗在在皆有，高王凌说这是人民公社时期中国农民的"反行为"②，斯科特（James C. Scott）则把它称为"弱者的武器"③。在斯科特看来，这样的日常反抗才是农民最经常的反抗手段，它是一种相对平静的、日常的、微

---

① 毛泽东：《关于农业互助合作的两次谈话》，《毛泽东选集》第5卷，人民出版社1977年版，第116—117页。
② 参见高王凌《人民公社时期中国农民"反行为"调查》，中共党史出版社2006年版。
③ [美] 詹姆斯·C. 斯科特：《弱者的武器：农民反抗的日常形式》，郑广怀译，译林出版社2007年版。

妙的和间接的表达，地方官员往往对此"睁一只眼，闭一只眼"。这种去集体化的过程，往往首先从地方开始，从村落开始，而且是从村民开始。我们可以进一步引申斯科特的说法，正是因为这种日常的、长期的、无声的反抗，才导致了人民公社制度在中国农村的解体，解体之后便有了性质不同的联产承包，安徽小岗村包产到户的手印就是如此产生的。历史的研究不能只停留在上层人物和重大事件的表面，只有"从政治形式的外表深入到社会生活的深处"，才能"取得现代历史著述方面的一切真正进步"。① 在高度政治化的集体化时代，基层农村社会和亿万农民仍有其自身的生存环境和生活方式，大势所趋的汹涌波涛底下仍会有潜流或暗流的涌动，全面地、完整地看待历史，这是"自下而上"的社会史研究的基本要求，也是我们更加全面地、完整地认识这个时代的基本出发点。

　　从社会史的视角研究集体化时代的中国农村社会，需要我们对农村和农民的日常生活给予更多的关注。从互助组、初级社、高级社到人民公社，集体化时代的这些不同时段和事件，本身都有不同程度的运动成分，政治化的色彩十分浓厚。也许正因为如此，我们从现有著述中了解更多的是这些运动如何由发动、辩论、推进、高潮，再到另一个高潮，以及有关的会议、方针、路线、政策。农村社会的反应如何，农民的切身感受和日常生活怎样，往往多是轻描淡写或湮没不彰。从"自下而上"的视角出发，农村人口的消长与流迁，耕地水利，婚姻生活、夫妻生活的状态，家庭结构、家庭关系的变化，宗族势力的消长，阶级成分划定，职业结构变化，集市贸易，副业生产，服饰的质料式样，食物的多寡、结构及其制作，收入分配及其形式，住房面积和结构，交通工具及利用率，日常生活用具，家具、农具、照明等，不同年龄段农村成员的文娱活动，戏曲小调，标语口号，基础教育，卫生医疗，鳏寡抚养，宗教信仰，自然灾害，社会治安，集团冲突，党团妇青民兵组织，工作队，巡逻队，斗争会，汇报会，学习班，外调上访等，都应该从社会史的角度引起重视并加强研究。已有研究者指出，对于当代社会

---

① 《马克思恩格斯全集》第12卷，人民出版社1962年版，第450页。

史的研究,"先分门别类地研究专题史,然后再在这个基础上综合地研究总体史,那么,大型的、权威的当代社会史便指日可待了"①。我不敢奢望那样的当代社会史在短时间内可以出现,但这些基本的社会史研究内容,这些农村和农民的日常生活应当是社会史研究的出发点,也应该是全面的、完整的中国当代社会史的基础。

从"自下而上"的社会史视角研究集体化时代的农村社会,还有一个基础的,也是很重要的工作就是对基层农村资料的收集和整理。研究集体化时代的中国农村社会,学界最缺乏的就是基层农村的档案资料。就现代史的档案而言,南京第二历史档案馆存有大量民国时代的档案,各地省级档案馆主要收藏1949年以前的官方档案,县级档案馆则收藏县一级,少量是乡(公社)级1949年前的档案,最基层的农村,也就是集体化时代的生产大队和生产小队的档案基本处于随意留放和散失的状态。随着近年来农村社会经济的发展,旧房重建或者再建不断加快,大批档案散失或者干脆送往造纸厂,一些发达地区的农村已经很难见到此类资料,抢救这批档案资料的工作显得十分迫切。然而,数量在减少,并不等于完全没有,只要肯下功夫,坚持不懈地到农村去调查收集,仍然可以有些收获。近些年来,山西大学中国社会史研究中心全体师生不避寒暑,栉风沐雨,坚持"走向田野与社会",广泛收集散落在全省各地农村的基层档案。目前为止,已经收集到涉及全省南北各地一百余个村级历史档案,如果按每一件内容不同的就是一件档案的标准来计,总量当在数千万件以上。这批档案最早的在明清时期,绝大部分则属于集体化时代,内容包括农村总账、分类账、分户账、日记账、工分账、社员往来账、实物收付账、现金收付账、实物明细账等各类纷繁多样的账册;中央、省、地、市、县、乡(公社)、生产大队、生产小队各级政府的文件、计划、总结、制度、方案、意见、报告、请示、指示、通知、讲话等各类文书,政治、经济、军事、文化、宗教、教育、社会方方面面无所不包;大量阶级成分登记表、斗争会、批判会记录、匿名信、告状信、决心书、申请书、判决书、悔过书、契约、日记、笔记等个人与家庭档案无奇不有;宣传画、宣传册、领袖像、红宝书、红色图书、各地不同

---

① 田居俭:《把当代社会史提上研究日程》,《当代中国史研究》2007年第3期。

时期各种小报、各类票证等也有一些收藏。① 黄宗智先生曾在不久前发表的一篇专题论文中说:"关于单个村庄的客观阶级结构的资料相当有限。现存关于每个村庄的阶级成分详细而准确的资料,多是在土改时收集的并在四清中被系统核实过的。然而这些资料并不容易获得。""直到现在,我们能够掌握的确实可靠的资料只有几十个村庄的数据,这些数据主要来自于解放前完成的人类学实地调查。"② 我想,黄先生若再来敝中心访问(2006年6月初访),一定会修正自己这一看法。

陈寅恪先生在为陈垣《敦煌劫余录》一书所做序言中讲道:"一时代之学术,必有其新材料与新问题。取用此材料以研究问题,则为此时代学术之新潮流。"系统深入地研究集体化时代的中国农村社会,需要我们有一种抢救和保护历史资料与文化遗产的责任感和职业感,我们不能眼睁睁地目睹资料的流失而无动于衷、袖手旁观,"走向田野与社会",甚至"集体调查"地毯式的收集都是我们应该非常重视的。事实上,年鉴派大师费弗尔就十分重视这种"集体调查",并将此看作"史学的前途"和"指导性的史学":"它是指以集体调查为基础来研究历史,这一方向被费弗尔认为是'史学的前途'。对此《年鉴》杂志一开始就作出了榜样:它进行了对土地册、小块田地表格、农业技术及其对人类历史的影响、贵族等的集体调查。这是一条可以带来丰富成果的研究途径。自1948年成立起,高等研究实验学院第六部的历史研究中心正是沿着这一途径从事研究工作的。"③ 从社会史的角度研究集体化时代的中国农村社会首先应当从资料的收集做起,这是深入研究的基本出发点。

还要提及的是,目前也有一些学者采用口述记录的方法开展集体化时代的农村社会研究,应该说口述史也是历史著述的一种形式,但在仍有文献资料存世的现时代,把历史档案文献和口述结合起来不是更有利于事实的把握和客观的研究吗?

---

① 详细一点的介绍见行龙、马维强《山西大学中国社会史研究中心"集体化时代农村社会基层档案"述略》,《中国乡村研究》2007年第5辑。
② 黄宗智前揭文。
③ [法]雅克·勒高夫等主编:《新史学》,姚蒙编译,上海译文出版社1989年版,第14—15页。

## 余 论

中国社会史研究复兴二十多年来，已经取得了令人瞩目的成绩。将历史研究的聚焦点由精英人物和重大事件转移到普通民众和下层社会；将单纯的政治史、军事史、外交史扩展到社会生活的方方面面；将"自上而下"转换为"自下而上"的视角，从而构建整体的历史，正是社会史研究的魅力所在。遗憾的是，二十多年来，中国社会史研究的焦点主要集中在中国古代史和近现代史领域，虽有研究者呼吁从社会史角度开展中国现当代史研究，但有分量的著述依然不多见。

社会史是一门"问题史学"，"通过过去来理解现在，通过现在来理解过去"，正是年鉴派史学的信条。第三代年鉴派代表勒高夫明确地指出，社会史"比任何时候都更重视从现时出发来探讨历史问题"[①]。现当代史距离我们当今的现实社会最近，现实社会中的许多问题与过往不久的中国历史紧密相连、不可分割，把社会史研究引入中国现当代史，是中国社会史研究必须引起重视的问题，也是社会史研究者应当持有的一份社会关怀。

集体化时代是中国社会历史发展过程中一个特殊的不可分割的历史时代。从"自下而上"的社会史视角研究这一重要的历史时代，并不是要否定现有的研究成果和各种方法模式，更不是要否定那个光荣与梦想交织的时代。"存在的就是合理的"，历史自有其自身发展的客观规律，后人可以不断地、多角度地去认识和研究集体化时代的中国农村社会，正是为了更加全面地、完整地理解这段历史。

中国自古就是一个农业大国。今天，"三农"问题已成为全面建设小康社会，构建社会主义和谐社会的难点和重点。中国乡村社会发展道路及其走向，关系着国家的发展和民族的命运。事实证明，中国的问题不能靠西方的经验和理论去解决，这里没有先验之谈，也没有一定之规。中国农村发展之路，必须从中国的国情出发，也必须从中国的历史出发，这就是我们从社会史的角度研究集体化时代的农村社会的出发点。

---

① [法] 雅克·勒高夫等主编：《新史学》，姚蒙编译，上海译文出版社1989年版，第13页。

# 追寻集体化
## ——剪子湾村田野调查札记

剪子湾村的田野工作始于2004年9月初。① 笔者选择该村作为研究个案，有一个偶然性因素。著名历史学家章开沅先生为了寻访、拜祭曾在山西为官多年并死后葬于山西太原东门外沙河村（即剪子湾）墓地的先辈，遂委托笔者代为询问墓地具体地址所在。之后，笔者多次前往剪子湾村了解章先生所托之事，并就整个村庄的现状和历史变迁进行了初步的田野调查。但是章先生的祖辈曾经下葬的墓地如今已是楼房林立、了无踪影，而且剪子湾作为一个城乡接合部的小村庄，即将在"城中村"改造工程中消失。作为一个颇具地理特色的古村落，跨越不同历史时期，总会有其自身实践进程的演绎逻辑，尤其是在现代化、城镇化、工业化和市场化的制度安排下，它是如何以固有的地理区位去适应大社会的诸多变革？或许这就是剪子湾村进入笔者学术视野的最直接的问题关怀。让笔者感兴趣的另一个因素是当时村委会领导向笔者反映了一个让村民堪忧的信息，即一条高速公路将要从村中经过，高速公路工程几乎要将剪子湾村原址全部覆盖，以土窑洞为主的旧村落随时都面临着将要"终结"的命运。

出于一种对乡村社会历史的理性关怀和学术累积，笔者先后带着三名学生在剪子湾村进行了长达半年的田野考察，并就村落原貌中的所有家户做了较为系统的影像记录，目的就是要在现代化的冲击波中，为传

---

① 本文中所引用的集体化时期剪子湾村的档案资料均来自山西大学中国社会史研究中心"地方文献资料专柜55—64号"，文中引文不再具体注明。按照学术惯例，文中所有人名均为学名。

统村落留下一份真实的历史记忆。众所周知，在新史学逐渐突破传统史学藩篱的过程中，经济史、社会史、文化史、城市史、家庭史等史学研究领域纷纷兴起，这种学科的分化和转向对纷繁复杂的历史图景给予了丰富的、多向度的阐释，更加充分地发挥了历史学在现实经济社会进程中的学术价值和现实意义。自20世纪80年代初期中国社会史学复兴以来，尤其是90年代后区域社会史研究的兴起，中国历史学研究呈现出了蔚为壮观的景象；同时，与社会学、人类学、政治学、经济学等学科的结盟也大大地拓展了史学研究的学术空间。本文即是立足于剪子湾村田野调查和文献资料的综合分析进行的一项有关集体化时期中国乡村社会经验的社会史思考，试图通过小地方看到大历史的影子。

近年来，集体化时期的中国社会研究已经成为众多学者的一种自觉行为，并且取得了较好的研究成果。比如张乐天的《告别理想——人民公社制度研究》一书就是作者以自己的家乡为个案，运用"外部冲击—村落传统互动模式"的理论框架翔实地论述了人民公社制度在一个沿海村落二十多年的生命历程。黄树民的《林村的故事》和美国学者弗里曼、毕克伟、塞尔登等人的《中国乡村，社会主义国家》也是研究集体化时期中国地方社会的力作。前者采用人类学的参与观察法，从个体生命史的视角考察分析了闽南地区乡村社会在集体化模式的制度实践中与国家博弈的真实图景；后者是著者在对河北饶阳县五公村长达十多年的学术关注的基础上形成的，它十分细腻地构建了一个华北村落在国家—社会的理论架构中如何接受国家意志和行动并对其做出适应和调整的历史画面。此外，孙立平等人进行的"20世纪下半期中国农村社会生活口述资料收集与研究计划"中关于陕北地区农业集体化时期的女性记忆、土改等政治运动的"诉苦"研究也具有一定的代表性。可以说上述研究成果的一个典型特征就是其研究视野超越了"党史"和"国史"单一的、宏大的历史叙事，而主要从微观史学的角度出发，立足基层社会变迁，"自下而上"地建构集体化时期中国社会的生存图景。但我们必须承认，目前学界对于这一时期中国社会的历史研究仍局限在一种国家层面的、领导人物的、宏观的、政治的、单向度的并且意识形态倾向浓厚的路径中，缺少微观的、社会的、底层民众的以及从地方社会实践出发的历史研究，即一种以"微小实践"为取向的区域社会史研究。① 正如有学者认为："在当代史的史学领域，个案研究的工作也有学者开始做了，但比之上层的和宏观的研究，像样的研究成果还非常少。能够下十年磨一剑的功夫的微观研究，就更少见了。"②

集体化时代，即指从中国共产党在抗日根据地时期推行的互助组，到20世纪80年代人民公社体制结束的时代。作为中国历史上一个极为特殊的时期，无论冠之以集权统治模式还是其他，但有一点毋庸置疑：中央和地方、国家和社会、集体和个人、政治和经济等应有的界限在持续不断的政治运动中荡然无存，剩下的只有数亿国民凭借被动员起来的热情所支持的中央、国家、集体和政治。而复杂多样的社会生存图景则隐匿在了宏大的、政治式的、单一的现代化工程的追求之中。因此，作为一种学理性的关注和研究，并非仅以现时的眼光就能对集体化三十年社会历史进行合理全面的构建；我们应该走向田野，回归历史，努力以一种"价值中立"的客观视角重新审视和解读集体化时期的中国社会尤其是基层乡村社会日常生活实践的逻辑和结构，从而为将来社会的发展和变革提供前瞻性的学理思考。③

可以说，我们在剪子湾村长期的田野调查工作中就融入了上述有关集体化时期中国社会研究的问题意识。随着田野工作的不断深入，以及连村干部都不知着落的大量剪子湾村档案资料的发现，使得笔者更加坚

---

① 文章引用的"微小实践"（minor practice）概念出自塞尔登，即指"一种构成社会生活基础的社会过程"（De Certeau, 1984）。（转引自孙立平《"过程—事件分析"与对当代中国国家农民关系的实践形态》一文。）笔者认为，这种"微小实践"作为一种基础性的社会过程，是通过地方性实践和事件的不断操演而实现的。本文借此概念意在倡导集体化时期中国社会研究的一种微观路径，即从普通民众的视野去反观国家的权力意志和宏观的制度性设置在日常生活中的真实境况。

② 王海光：《时过境未迁——关于中国当代史研究的几个问题》，见《当代中国史研究》2005年第1期。

③ 有关集体化时期中国社会研究"价值中立"问题的困境和出路，王海光先生指出："当代史的研究，与现实政治有密切关系，政治敏感度本来就高。而历史话语的政治语境就更加重了它的政治敏感度。在这种语境下，要避免历史研究和现实政治的相互干扰，是相当困难的。缺乏客观的、价值中立的叙述语言，学术研究不能合理规避现实政治的话语，实在是一件令当代史研究者十分苦恼的事情。所以，从意识形态的政治话语体系中完全剥离出来，建立科学的话语系统，成为当代史学科建设的关键问题。"参见《时过境未迁——关于中国当代史研究的几个问题》一文。

信以微观取向进行集体化研究的学术价值和现实意义。当然，微观史学的个案研究必须以占有丰富的民间档案文献为前提，只有如此，才可能扭转仅以官方文献、内部档案和历史人物的日记、回忆录、文稿等为中心的"自上而下"的史学路径。

本文所记述的剪子湾村地处山西太原市郊东山脚下的丘陵地带，其区位结构凭借村中央长600多米高80多米呈南北走向的土崖分为上下两部分。土崖上的村落大都是在20世纪80年代后兴建的具有现代气息的砖瓦房建筑，而土崖脚下的则是被村民所乐意称道的剪子湾村的原生态形貌，单那村民所栖息生活的整齐划一的土窑洞就足以让外来者流连忘返。《太原市南郊区志》记载："剪子湾——原名沙河。百余年前，由山东来一打剪匠落户，技艺超群，故名。"[①] 据村中老人讲，原先叫沙河村主要是因为土崖对面的一条季节性河流，河两岸淤沙丰厚，人们曾依靠河沙种植蔬菜水果维持生计，此种生活来源一直持续到新中国成立后的50年代初期，即农业合作化运动之前。尽管沙河村何时形成现已无据可考，但其地理环境的特征则真实地体现了该村落历史的沧桑变迁。沙河村有两个鲜明的特色：一是地处东山丘陵地区，地势险峻；二是与太原市区毗邻，用时兴的话来讲，就是城乡接合部或者说是城乡过渡带。那么，从社会生态学的角度而言，有山有水的地理因素使得人们有可能到此定居下来；加上该地与市区相邻，使得生存条件较差的居民能够依附于城市而获得生业，但他可能处于社会的边缘。据地方志所载，山东一打剪匠在沙河落户生活，开启了村庄的历史，则从个体经验的层次证实了剪子湾村的生态学意义。剪子湾村地理环境衍生的另一生计特征就是坟地的形成与看护。因地处山区，又与市区接壤，太原城东的富人、官员、商人等死后均葬在剪子湾，血缘谱系和宗族观念驱使着人们要为死去的人寻求一个合适又便于祭拜的墓地，而剪子湾村的自然环境符合这一需求。在田野工作中，我们了解到该村落最早的家户有七家，并且都是从外地逃荒避难来的，到此之后大都为城里人看护坟地以维持生计。村中殷伍老人说："这地方好生存，离城很近，外地逃来的人一开始就是给人

---

① 太原市南郊区地志编纂委员会编：《太原南郊区志》，生活·读书·新知三联书店1994年版。

家看坟地，帮着锄草，别让坟地给荒芜了，依此挣口饭吃。时间一长，与村里人熟悉后，就租别人家的窑洞住下，或者费些周折自己打一孔窑洞定居下来。"因此，剪子湾村特有的生存方式使之成为外来人的避难所，就像村里人自己说的，这是一个"移民村"，全都是外地人，都是没法活下去了才来到这寻求生计的。在"四清"运动中，剪子湾村在工作队的带领下进行了阶级成分复查和登记，之后，"九省十八县"便成了剪子湾村人口状况的代名词，而"蛮子坟"（即在山西经商、为官的南方人死后葬在此地）则成了剪子湾村落景观的一个重要组成部分。剪子湾的地理位置、生态环境、职业构成等，一定程度上决定了村落社会构成和权力分配的特点，使得1949年以后，村庄的历次政治运动具有自身的逻辑。

1949年4月底，随着共产党领导的解放军攻破阎锡山部队所设防的以"百里防线"为枢纽的第二战区，作为东山战役中的重要军事据点剪子湾村获得了解放。1950年春天，剪子湾村在外来工作队的组织下进行了近一个多月的和平土改，结果在全村38户中，划为贫农33户，147人；中农4户，15人；上中农1户，5人。有趣的是该村的阶级成分较为单一，不存在什么地主富农现象。但是，"土地改革的基本内容，就是没收地主阶级的土地，分给无地少地的农民。把封建剥削的土地所有制变为农民的土地所有制，借以解放农村生产力，发展农业生产，为新中国的工业化开辟道路。这就是实行土地改革的基本理由和基本目标"①。那么因为地主富农阶层的空缺，剪子湾村土改工作就存在一个根本性问题，就是分配谁家的土地给那些无地少地的村民，如何贯彻"中间不动两头平"的原则，其土改工作是否有其自身的适应特征？就这一问题，我们专门访问了剪子湾村老支书安新顺，他说：

> 这村是穷苦人的村，都是外地来的，不像周围的淖马、长江、山丈头等村那样都是本地人，家族关系重，有大户人家。但是解放了，剪子湾村也得进行土改，分地分窑洞呀。没有被没收和征收土

---

① 中共中央文献研究室编：《建国以来重要文献选编》第一卷，中央文献出版社1993年版，第290—291页。

地的斗争对象，也得想办法，最后就是把全村人所有的耕地都集中起来进行丈量，不管是贫农还是中农，然后再按照各家人口数和具体困难情况依次重新分配。当时就是这样。①

从剪子湾村土改档案资料中可以发现，1949 年全村共有 38 户 167 人，占有耕地 762 亩，每人平均 4.56 亩。具体而言，贫农 147 人，占有耕地 342 亩，每人平均 2.33 亩；而中农 15 人，共占耕地 240 亩，平均每人 16 亩；上中农 5 人，占有耕地 180 亩，每人平均 36 亩。可以看出，占人口总数 88.02% 的贫农所拥有的土地仅占总数的 44.89%，其人均占有耕地数仅为全村人均田地数的一半；而占人口总数 8.98% 的中农占有的耕地数却占到了全村总数的 31.50%，其人均占有田数为全村人均数的近 4 倍，为贫农的近 8 倍；上中农仅占人口总数的 2.99%，拥有的田亩数竟占到了总耕地数的 23.62%，其人均占有数为全村人均数的近 10 倍，为贫农的近 20 倍。由此可知，剪子湾村的土地所有权和分配数极不平衡，但是村中并没有地主富农阶级的存在。之所以出现"村中无地主"的现象，一者可能是因为划分阶级成分时并不单纯以占有田数的多少，更重要的是土地所有者的经营方式；另一方面则与剪子湾村的社会生态环境密切相关。如前所述，该村地处东山丘陵地带，而在村中落脚的外来人除了依城乡接合部的地理因素营生之外，还可以在此开荒种地，以便长久地生存下来。因此，那些以农业为生的村民凭借自己的勤劳和汗水是可能拥有大量耕地的。从发生学的角度而言，这里并不存在纯粹政治意义上的土地所有权和分配权。而这正是剪子湾村在集体化制度安排初期的一个与众不同的地方。土地改革作为集体化早期基层社会中一项伟大的"农业革命"和"一场系统的激烈的斗争"在剪子湾村则显得风平浪静。

---

① 安新顺老人说他是一个坚定的忠诚的毛泽东路线政策的执行者。尽管自己不识字，没文化，但凭借其强壮的身体和强烈的责任心以及高度的政治热情，他先后担任过生产队小队长、大队长、村主任、村党支部书记等职。据安老讲，他幼年随父逃难到剪子湾，在"蛮子坟"给别人看护坟地。后日本人打进来占领了剪子湾村，并在"蛮子坟"等地修建军事基地，其父在给日本人修炮楼期间被活活饿死。在同乡人的帮助下，成了孤儿的安新顺被送给了剪子湾村一家姓安的人家当儿子，从此安新顺老人便在剪子湾村生活下来，一直到现在。

集体化时期的三十年间，党和国家领导人带领各地民众积极投入到以实现新中国工业化、现代化为目标的宏伟实践中，主要从土改开始，再到互助合作，之后又实行了由初级社到高级社的农业生产合作化运动，再后来又进入了以"大跃进""共产风"为特征的人民公社，随着后来"三年困难时期"困境局面的逐步好转，全国上下又卷进了所谓的"社会主义教育运动"即后来的"四清"运动，直至"文化大革命"的爆发把全国民众带进了长达十年的非常态的社会运行之中。上述各阶段在中国社会发展史上具有浓厚时代特色，但是我们必须清醒地看到在这一纷繁复杂表象的背后始终存在一种实践逻辑，即以政治化运动为主要推动力的两条路线的斗争、阶级斗争和乌托邦式的现代化构想。这种以意识形态为表征的实践逻辑不断得以操演的前提条件就是阶级斗争对象的确立和高度集中统一的国家权力的全面干涉和渗透。可以说土地改革的一个直接政治后果就是确定了阶级身份的差别（即地主、富农、富裕中农、中农、上中农、下中农、贫农、雇农等身份的确立），而这一符号象征生成性的最大功能就在于它成了集体化时期中国社会持续不断的仪式化的政治运动的逻辑起点。尽管剪子湾村土改之后所生成的阶级差别较为单一，仅有贫农、中农和上中农之分，而且重新分配土地的做法也与"依靠贫雇农，团结中农，中立富农，有步骤有分别地消灭封建剥削制度，发展农业生产"的土改政策相去甚远，而且与1950年《土改法》第七条"保护中农（包括富裕中农在内）的土地及其他财产，不得侵犯"[①] 相违背。也就是说在国家的权力意志和政治策略与地方乡村社会的具体情境不一致时，剪子湾村的实践说明作为普通民众又是如何因地制宜地去执行和应对国家力量的。这样一种生成性的实践过程单凭自上而下的国家视角是无法解释透彻的。通过在剪子湾村长期的田野经验，笔者认为以自下而上的研究路径认真审视集体化过程中基层社会复杂多变的微观实践，可能会大大丰富和深化有关集体化时期中国社会的历史构建。

土改后的剪子湾村民继续沿着国家制度安排中的路向前进。从1952年春开始，村里组织了两个互助组，共有20户80人加入互助组进行生产

---

① 中共中央文献研究室编：《建国以来重要文献选编》第一卷，中央文献出版社1993年版，第337—338页。

合作。到 1954—1955 年，村里依然以两个互助组进行农业生产活动，不过这时全村所有家户均入了互助组，1955 年有 43 户 145 人在组内互助生产。村民张宝忠老人说：

> 剪子湾村 1954 年春天成立初级社后仍旧以原先的两个互助组为主，只是到了 1953 年之后国家就不允许像以前那样让村民单干了，土地入了社里，牲畜、农具等生产资料折价也入了社。干了一年多，到 1956 年秋天又由初级社转入了高级社，村里所有的人都入高级社。又干了一年多，1958 年秋村里和别的村一样，一下子进入了人民公社，当时剪子湾村为一个生产队，就叫永红大队。后来就是"大跃进"，走食堂，吃大锅饭，大炼钢铁运动，当时公社从村里调走了 50 个壮劳力到东山上参加全公社组织的炼钢铁竞赛，吃住都在山上。乱哄哄折腾了几个月什么都没炼成，后来运动一过，人们也重新回到村里。

可以看出，剪子湾村的农业合作化和人民公社运动与其他村庄一样，也经历了一个蛮干冒进的过程。

不过，在剪子湾村民遭遇"三年困难时期"的过程中，村里发生了一件让大多数村民吃惊的事情。事情是这样的，在 1960 年春的一天，村里突然来了一辆警车和一些公安人员，以"瞒产私分"的罪名逮捕了生产大队长陈昌春、支书吴文祥和社员章汶，并判刑 14 个月。正在艰难度灾荒的剪子湾村民根本没料到仅有百十口人的村庄居然会出现如此大的"政治事件"，就连陈、吴、章三人事前也没有得到任何风声。原来，作为大队干部的陈昌春和吴文祥二人，为了帮着村民度过灾荒年，经过研究后决定将村里的储备粮以每家 300 斤发放到各家各户，但是这一行为的代价却是判刑坐牢，开除党籍，而且"瞒产私分"的罪名名副其实。也许陈、吴二人天真地以为给村民发粮度荒尽管有悖国家政策，但对剪子湾村百姓而言是一种实事求是的工作，不会有什么麻烦滋生，而且"与其让粮食放在仓库里让虫子咬、老鼠吃，不如拿出一些来分给村民。总不至于让人活活饿死吧"。但是，事情并没有像大队长陈昌春等人想象得那样简单，持续不断的政治运动无疑会在村队干部、社员以及干部和社员之间隐藏下危机。比如在互助组、初级社、高级社、人民公社的单向转型中，有的社员被强制入社，有的想搞副业屡被禁止，有的单干遭到批斗，还有的村干部因走"资产主义路线"被批判等，这些由村干部代表国家意志实践的政治行为所引发的不满和冲突并不会因为一种表层的"共同文化"的生成而消失殆尽；相反，一旦时机成熟，它们将会以同样的方式生成事件。张宝忠老人凭借其集体化时期的生活经验道出了这一事件的逻辑：

> 那会就是那样。你斗我，我斗你，你揭露我，我揭露你，上面政治风声一紧，村里人都不得安静，甚至人与人之间最起码的信任感都不见了。其实，没什么大不了的事情硬要往阶级斗争的路线上整，真是不敢想象那会儿是咋过来的。比如说陈昌春他们给村民分粮食的事情，困难时期，饥饿得很，人们吃不上东西，分点给大家，等度过灾荒之后再把储备粮补上不就得了。结果还被逮走了，还名正言顺。这不明摆着有人暗地里整人吗？农村里的事情复杂呢！

不过，我们在1970年剪子湾大队落实三个照办的会议记录中发现了陈昌春被作为重点对象的摸底资料。其中陈1960年因"瞒产私分"被判刑一事有了另一种定性，即"陈昌春，外号'陈混分'，男，39岁，贫农。60年因瞒产私分、贪污盗窃、乱搞男女关系、好逸恶劳等被判刑一年。释放后恶习不改，善于伪装，在'四清'运动中竟窃取了'四清'委员会副主任之职"。但是在调查中发现了一个很有意思的现象就是陈昌春刑满释放之后，尽管不断有村贫协代表和社员积极分子多次揭发陈的"罪行"①，认为

---

① 比如贫协会代表钟贵声在政治会议上多次说："陈昌春从法院回来，游游晃晃。不好好劳动，带着一些妇女们，不好好劳动。妇女们说他好因为他带上能休息的时间长。就说切草，让他负责，让妇女们切草，糟蹋了不少。干完了还找不见他在哪儿。工作中总是游游荡荡。……陈昌春从法院出来，我没听说他是组长还是选了他是组长，就领着一帮妇女，有妇女队长为啥让他领着。'四清'运动以后，他也是领着，革命委员会成立后，也是领着一帮妇女。在翻盖饲养院时也是他领着一伙妇女。我也不知道他是不是组长。……他自从法院回来后，不经过劳动改造，反而比一般干部还高，想指派谁就指派谁。工作组来了，他告诉大家说工作组来了，咱们可得好好干呀，干了几天和工作队挂了钩，干一天休息半天，工作组要走，把工给了他，也不知道是什么工。"

其没有当干部的资格，但陈在村里仍旧担任了主要领导。例如，"四清"期间，陈昌春担任委员会副主任；1973年陈担任大队革委会主任；1974年陈担任革委会副主任；1975—1977年陈担任革委会主任。也许这一问题的合理解释还需做进一步的深入研究。但笔者认为集体化时期中国乡村社会中充满政治色彩的日常生活实践尽管在很大程度上因政治语境的变化而变化，同时村落固有的传统文化和关系网络也扮演了重要角色。也就是说我们可以从基层社会事实中看到在新中国进行现代化追求的实践中，它并不像"传统与现代"二元对立的理论预设那样，仅仅是一个现代化进程中传统式微的过程。

土地问题历来是中国社会尤其农村社会发展中的一个根本性问题。早在20世纪30年代，我国著名的社会学家李景汉先生在《定县土地调查》报告中就土地问题的重要性就有精辟的见解。他说："农村问题的中心是农村经济问题，而农村经济问题的核心是土地问题，土地问题足以撼动农村社会的基础。土地问题得不到解决，则农村一切问题无从谈起。"[①] 不可否认，这些论述仍有着十分重要的借鉴价值。众所周知，近年来中国农村社会中一个突出的问题就是土地问题。在大力实行"发展是硬道理"的现代化进程中，片面地追求经济指数，盲目地扩张城市空间，单一的"城中村"改造工程等，这些"宏伟"计划的实施除了带来暂时的经济利益之外，另一个后果就是更加重了城乡关系的失衡，表面上的统筹兼顾是以掠夺乡村资源和牺牲乡村社会为代价的。而这样一种发展模式恰恰是集体化时期中国社会城乡关系的一个重要特征。当前从国家视角多次修订的有关农村征用土地制度的政策以及如何更好地维护农村地权和保证失地农民的补偿兑现等问题正好凸显出了现代化建设中的"畸形"现象。剪子湾村的土地问题也是我们在田野调查中发现的又一个值得深入研究的问题。据调查了解，剪子湾村的所有耕地到了20世纪90年代初期已被征用殆尽。所有村民得到的一个值得他们骄傲的回报就是拥有市民身份，而市民身份获得的一个前提条件即是土地被征用。曾在任十多年的老村主任汪稼宝告诉我们："给村民转为市民户口是在土地

---

① 李景汉：《定县土地调查》，参见杨雅彬《近代中国社会学》（上），中国社会科学出版社2001年版，第245页。

被征用谈判中的一个重要条件。地没了，农业税也不用上交了，转成市民户对世代为农的村民来说多少是一个安慰。"但是从老村长的话语中可以想到的另一问题就是村民获得了市民身份之后也会像城里人那样享有一系列应有的保障和优惠政策吗？毕竟，村里市民身份的生成与城里人的市民身份机制还是有本质上的不同。不过剪子湾村里的一项例行工作多少给我们的疑问提供了答案。在逢年过节的时候，村领导都会组织专人为每家每户发放定量的米、面、油等日常生活用品，并且对村中鳏寡孤独的老人进行特殊的补贴和照顾，还有就是每年要组织60岁以上老年人到外地观光旅游等。很显然，村落承担了类似于"单位"性质的诸多保障功能。

  从档案资料中可以发现，剪子湾村的土地问题有一个历史发展的过程。我们知道，自1953年第一个五年计划实施起，新中国的工业化建设便大张旗鼓地开始了，加上苏联工业技术专家的援助，中国的经济发展在新中国成立后的第一个五年间取得了令世人瞩目的成功。"国民收入年平均增长率为8.9%（按不变价格计算），农业和工业产量的增长每年分别约为3.8%和18.7%。"[①] 但是，巨大成功的背后隐藏着各地乡村社会的多重实践和自我表达。剪子湾村的土地即为一例。我们知道，初级社与高级社的一个根本区别就是土地所有制由农民所有、土地分红转变为集体所有、土地分红取消。当然，其间的社会关系更加趋于一种平均主义。剪子湾村的土地就是从高级社开始大规模征用以用于工业化建设。有的家户耕地全部被征购，仅有农具、牲畜等折价入社，有的家户部分土地被征购，剩下的全部入社。据资料记载，从1956年起，剪子湾村的耕地面积直线下降，1957年全村总田地数不及1949年的一半，仅为321亩；到1959年全村耕地仅剩下203亩。之后，该村土地数基本上在250亩左右，一直到90年代初全村土地消失为止。尽管在1960—1965年剪子湾村拥有的土地数曾上升到了398亩，但是这并没有改变失去土地的命运。而这一短暂上升的现象则与"大跃进"后期"三年困难时期"的警醒以及随后实行的"调整、巩固、充实、提高"八字方针带来的稳步效

---

① [美] J. K. 麦克法夸尔、费正清编：《剑桥中华人民共和国史（1949—1965年）》，中国社会科学出版社1990年版，第161页。

应直接相关。不过，这种稍显平衡的发展势头终究还是被之后更加激进的政治运动所压制和破坏。比如在1963年春天，为了响应"三级所有，队为基础"的政策，剪子湾村由一个大队分为两个生产小队，而令村民感到欣慰的是他们得到了数量极为有限但具有转折意义的自留地。同时，村民也可以在集体性生产之外进行一些范围有限的自产自销的生产活动。但是，当村民自给自足的生产能力稍有回升的时候，随着"四清"和"文化大革命"运动的到来，剪子湾村又由两个小队合并为一个大队，所有的自留地重归集体，并且禁止了社队集体化生产之外的一切生产行为。

人类学家马丁·金·怀特（Martin King White）曾用"科层制"和"反科层制"的理论范式对"文化大革命"时期中国社会的科层体制进行了详尽分析，他认为集体化时期国家内部严格的科层制组织的理性化趋向是不断地通过官方认可的反科层制活动加以平衡的。怀特指出，在中国这样一个人多地广的国家，要使整个社会作为一个整体运作，实现其预期的经济目标，建立这种庞大的科层组织是完全必要的。只有通过这种手段，国家才能避免工作的重复和地方之间的竞争，才能组织劳力投入到大型工程，也才能保证物资和劳务分配的大致平均。但是，为了避免这种严格的等级制挫伤民众的政治热情和生产积极性，毛泽东又制定了一种反科层制的政策。"文化大革命"的一个主要目的就是打破科层制的成规，政府官员必须定期下放，通过体力劳动或政治学习，清除自身的资产阶级倾向；老百姓也可以用大字报的形式揭发官员的错误，以此试图将科层制所带来的消极结果减少到一定程度。[①] 我们从剪子湾村土地问题的档案资料中发现了类似于"科层制"和"反科层制"现象的存在。1983年12月31日，剪子湾村的大队领导向太原市南郊区人民政府呈送了一份"关于剪子湾大队土地被侵占向市属有关各级领导的呼吁书"。其呼吁事实为"我村地处省城东山脚下，东大门周围各厂矿（包括东山煤矿、铁路工程队、轧材厂、陶瓷研究所、煤建公司、北城区福利厂等）在十年动乱中非法侵占我村土地共45.29亩"。据资料记载和田野调查，在十年动乱中，东山煤矿趁"共产风""战备风"和"重点风"等名目，

---

① Martin King White, "*Bureaucracy and Anti-Bureaucracy in the People's Republic of China*", 1980, 参见黄建辉《政治人类学》, 厦门大学出版社1999年版, 第170—171页。

在剪子湾村南"扩建煤场，乱倒煤渣"，致使该村南沙河河床改道北冲。同时又在河床内修建了两个滴水坝，造成河床大面积下沉，并把村南边的道路冲断，更严重的是把剪子湾村民的副业沙场（即前文提及的村民依此种植蔬菜营生之地）冲刷殆尽。结果，"该矿非法硬性占去土地27.4亩，村南无路可通，而且河两岸的树木被洗劫一空"。村领导就此事与东山厂矿交涉几十次均未得到任何解决。正如村民所言，大矿非法侵占，小厂也随着乱占。陶瓷研究所非法占去1.84亩；铁路工程队占去5.79亩；轧材厂占用了9亩并且把该村西大道截断；煤建公司煤场扩占了7亩；北城福利厂则利用关系等手段假报城建局，把耕地报成荒地非法侵占1.89亩。剪子湾村的土地被各厂矿随意乱占，按照常理，作为村领导和村民一般不会坐视不管，毕竟与所有村民的生活息息相关。但是为什么这样的非法行为迟迟得不到解决呢？村领导在呼吁书的自我表达则暗示了一种科层制与反科层制的复杂关系给剪子湾村民带来的损失和希望，即"东山煤矿以大矿压小村。又利用'文化大革命'时期大乱，趁无人管理之机，对我村（土地）进行无偿占用。近几年来我们向各级政府、法院奔走告状解决，但始终得不到解决。区政府曾向东山煤矿、轧材厂等函告通知，但两家还是不给解决。我们在无奈的情况下，才向各级有关部门呼吁，请派人到我村实地调查解决"。

可以看出，"大矿压小村""文化大革命"大乱等因素是剪子湾村土地被非法占用的一个结构性限制，也预示了城市扩张过程中村庄即将消失的命运。因为要发展大型工矿企业建设，而且在政治语境下的工业化建设中，村民对于土地问题没有主体性的谈判权。至少可以说，村民深深地处于科层体系的严格控制之中，但是反科层制度一经生成，以普通民众为主力的一种诉求行为就会不断地上演，以寻求权益的维护与满足。从剪子湾村的土地问题档案资料中可以明显地发现，村民就本村土地被随意侵占或征用问题的利益诉求和表达得以实现则是在20世纪80年代初期开始的，而这一时期正好是集体化时代渐趋解体和人民公社制度终结的时期，也是一种反科层制不断上升并力求对科层制所带来的负面后果加以平衡和弥补的时期。比如1986年山西省农牧局根据中共中央、国务院《关于加强土地管理、制止乱占耕地的通知》制定的《关于对非农业用地进行检查清理的意见》和太原市土地管理局制定的《关于处理土地纠纷问题的意见》等政策文件的出台，从国家的立场为剪子湾村民给"土地翻案"提供了可能。集体化时期曾担任村会计多年的殷伍老人给我们讲述了一些当时的情况。他说：

> 村干部在土地下户之后才开始不断地向各级部门反映剪子湾村以前土地被乱占的问题，这么做主要是因为政策允许了，文件也下发到了村里。明文规定要对1982年底以前非农业建设用地进行彻底的清理，凡有违法占地的，要主动检查，立即退地，进行相应的补偿，并且要补办征地手续，否则从重处理。这样村里才陆续要回了一些被擅自占用的耕地，有的要不回来就进行了相应的赔偿，至少村集体里能增加一些收入。但是在土地没下户以前，村里曾就土地问题与有关厂矿交涉过，但大都不了了之，并且十分困难。人家总会拿"为了国家建设，最终实现新中国的工业化和现代化"等口号和村里理论，之后问题就一直拖着，村里也不能怎么样，不然就是"挖社会主义的墙脚"，破坏生产，那罪名可就大了。不过，好歹现在时代不同了，非法的问题还是要讨个说法的。

从老会计的言辞中，我们可以清晰地看到国家、地方社会和普通民众之间如何受制于结构性的制度设置以及其改组后所引发的新一轮互动关系的生成。

当然，从剪子湾村所获得的田野经验对集体化时期中国社会的言说还不足以全面完整地再现那段充满激情和恐慌的岁月，但是我们至少可以从小地方的日常生活实践中看到宏大的国家政策和制度安排在中国乡村社会中是如何生成并产生巨大作用的。而且笔者坚信，这种立足具体区域社会的微观史学研究对于我们建构集体化时期中国社会丰富翔实的整体景观至关重要。

# 怀才不遇：内地乡绅刘大鹏的生活轨迹

## 引言：《退想斋日记》的发现与研究

刘大鹏——一个生活在清末民初内地乡村的普通文人，随着《退想斋日记》的发现，成为近年来学界研究的一个小焦点；在其家乡太原市晋祠镇赤桥村，顺应当地社会经济及旅游业的发展，刘大鹏的故事也成为街谈巷议的一个大热点，这对于一生怀才不遇的刘氏而言肯定是意想不到的事情了。

中国知识分子有着"一日一记"的悠久传统。其中以清代日记数量最为宏富，刻本之外，手稿本和手抄本为数尤多，且多为亲身经历或见闻，史料价值不言而喻。刘大鹏的《退想斋日记》正是这样一种手稿本。《退想斋日记》始于光绪十七年（1891），终于民国三十一年（1942），连续51年。日记以大32开纸张线装而成，凡"二百册"。其卷帙可谓浩繁，其发现整理亦可谓好事多磨。笔者二十年前就读乔志强先生门下，应《中国社会科学家传略》编辑组之约，曾为先生作传。在谈及先生早年收集山西义和团史料时，乔先生曾这样回忆道：早在20世纪50年代，一次参观晋祠圣母殿，在殿前众多碑石中偶然发现《刘凤友先生碑铭》，便有收集刘氏文献的念头。巧合的是，山西大学图书馆线装书库有位老先生薛愈同志，世居毗邻赤桥的古寨村，人熟地熟，两人一拍即合。不久，薛愈老先生在一位刘大鹏的亲戚家中找到这批珍贵资料。以后很长的一段时间中，由薛愈从收藏者家中临时借来数册，乔志强先生不分昼夜地在学校摘抄。这便是业师乔志强先生1980年以刘氏《潜园琐记》为基本史料出版《义和团山西地区史料》的基础。80年代，业师发表的《山西地区的义和团运动》《从"潜园琐记"看义和团》《辛亥革命前夕学堂的兴起》等论文，大多引用了这批资料。

《退想斋日记》及刘氏其他部分手稿后来辗转入藏山西省图书馆。1980年代初，乔志强先生有关开展中国近代社会史的学术思想渐已成熟。1982年，笔者正式拜师先生门下，此年的研究生招生简章即明确标示"中国近代社会史"。记得在一年级后半学期，先生便安排我到省图书馆抄录刘大鹏《乙未公车日记》和《桥梓公车日记》。两部公车日记抄录完后，先生又安排我和同窗徐永志抄录《退想斋日记》中的"有关社会史资料"，次年又有下一届研究生崔树民、王先明的加入。直到1985年四五月间，仍有近半数日记未能抄录。是年暑期，我又从历史系本科高年级中请到三位同学去省图书馆整日抄录，事遂告终。采铜于山，求学如斯。如今想想二十年前整日骑着自行车往十里开外的省图书馆跑，午间随便吃上点什么，再从不收门票的迎泽公园后门进入闲逛，不到下午开馆时间便又等候在门口，每天竟然能抄出近万字，那真是一种求学时代的辛劳与快乐。《退想斋日记》按照乔志强先生的意见抄录完毕后，他又再次标点注释并予删节（由原来的近80万字删节为近50万字）。1986年6月，王庆成先生受邀至山西大学主持中国近现代史硕士生答辩，在一次乔志强先生的早餐席间，笔者曾聆听两位先生关于出版《退想斋日记》的交谈。这就是1990年6月由山西人民出版社出版的《退想斋日记》的大概过程。这里还要提到的是，早在1982年，由中国社会科学院近代史研究所《近代史资料》编辑组编辑、中国社会科学出版社出版的近代史资料专刊——《义和团史料》上册，即已收录《退想斋日记》光绪二十七年（1901）、光绪二十八年（1902）有关山西义和团的资料（实际也是摘录）。

乔志强先生标注的《退想斋日记》出版后，也许是因为印数不多（仅1500册）的缘故，并未引起学界太多关注，笔者知道的只是先生及同门弟子的有关论著中有所引用。直到1995年，罗志田先生在台湾新竹《清华学报》第25卷第4期发表《科举制的废除与四民社会的解体——一个内地乡绅眼中的近代社会变迁》及《读书》上发表《近代中国的两个世界》，《退想斋日记》方为学界重视。罗志田前文以《退想斋日记》所记科举制废除前后二十年的社会变迁，探讨四民社会解体这一社会结构变迁的历程，并进而通过透视刘大鹏的心态变化，提出了中国近代史研究中应当引起反思的若干问题。后文又以刘大鹏日记为典型，论证近代中国存在着以京师和通商口岸及其影响辐射区为一方，以广大的内地为一方的"两个世界"的观点。英国学者沈艾娣（Henrietta Harrison）对刘大鹏及其日记情有独钟，20世纪90年代中期以来先后数次来太原实地考察收集资料。2000年2月，英国《过去与现在》杂志发表了她的《中国农村的报纸与民族主义》，该文通过分析刘大鹏日记所载各类报纸、传言、谣言、信件等传播方式，挑战近代民族主义只是通过报纸这一近代化人士操持的主媒体传入中国农村的传统观点。最近，沈艾娣的另一篇论文《华北的村落认同：刘大鹏日记中的地方感》（作者提供原文）又被收入科大卫、刘陶陶主编的《中国城乡——地方认同与地域观念》一书。此文从京师、省会（太原）、县城（晋源）、镇（晋祠）、村（赤桥）的系列行政空间入手，通过对刘大鹏日记和其他相关资料的分析，指出城市和乡村、工业化、现代化、城市化等现代性的概念与区分，有其重要的社会历史根源。由行政区划到城乡区别，实际上是一个空间重建的过程。对刘大鹏而言，就是那样一种"地方感"。北京大学教育学院刘云杉先生《帝国权力实践下的教师生命形态——一个私塾教师的生活史研究》一文发表在《中国教育：研究与评论》第三期（教育科学出版社2002年版），该文分失意、守志、末路三部分，通过对刘大鹏日记的解读研究，彰显了科举制度废除前后私塾教师所体现的文化、国家、社会的种种权力，以此透析绅士与国家的关系。另外一篇发表在网上的论文《一个乡绅的心情——以〈退想斋日记〉为案例》，从心理学的角度，将刘氏日记的每一篇所表露的情感状况分高兴、平和、生气三类以曲线形式记录下来，以此分析其情绪变化。虽不失为一种大胆的尝试，但在我看来，其研究的前提就值得打个问号。因为，作者现在看到的日记只是摘抄部分而非全书，在一天的日记中，刘氏也可能此事高兴，彼事则生气，何况日记本身就无所不包。又，《中国农史》2003年第4期发表的任吉东先生的《近代太原地区粮价动向与粮食市场——以〈退想斋日记〉为中心》一文，也不失为一篇构思巧妙的论文。

物换星移。《退想斋日记》发现近半个世纪后才开始受世人关注。去年，欧盟开展"中国农村可持续发展研究计划"，在陕西、河南、江西、福建等省选取的七个普通乡村中，笔者申报的赤桥计划有幸被选中，刘大鹏及其日记又一次成为我必须解读和研究的重要文献。也许，冥冥之中我注定与业师持续着学术情缘，选取赤桥作为个案，实在是缘于刘大鹏及其日记早已注入我的脑海。鉴于学界从"问题意识"的角度对《退想斋日记》已多有谈及，本文"避重就轻"以叙事的方式勾勒刘大鹏怀才不遇的一生，或许这是基础性的但又是必需的工作。

## 一　奋志青云：五次科考

刘大鹏出生于清咸丰七年五月十八日（1857年6月9日），世居太原县赤桥村。赤桥村邻晋祠，傍官道，人多经商，少务农，加以有丰富的稻草作为原料，造纸业相当发达，形成重商轻学的乡风，"才华秀美之子弟，率皆出门为商，而读书者寥寥无几，甚且有既游庠序，竟弃儒而就商者"。就是在这样的社会环境中，刘大鹏从9岁开始受业同里刘丽中先生门下，读经史诸书十余年。23岁时，进入桐封书院学习，得到王效尊山长的赏识。次年，他进入省城崇修书院学习，亲聆杨深秀等诸师的指授十余年，学业大进。光绪二十年（1894）刘大鹏中举，实现了人生重要的一次跨越。①

按照清制，考取举人就有参加会试的资格，有了博取进士同时也意味着仕进的机会。1894年的秋天，刘大鹏的心情是快乐的。登科中举，依照礼节拜客访友，则是理应之事。先在乡里"清晨即出门拜客，行遍里中，共拜二三百家……去东里拜吾友"。然后"来太谷城内遍拜诸客"，又"省垣拜客"，乡里左右之邻村十二个村庄他都去走动了。② 人生得意之情由此可见，同时这也是对乡里"视读书甚轻、视为商甚重"，认为"读书之士，多受饥寒，曷若为商之多得钱，俾家道之丰裕""读书无用论"的一个反证。科考仕进和业商致富到底哪个更容易实现，在关注日常生活的多数乡民观念中，无疑选择了后者，故而"为商者十八九，读书者十一二"。但一旦真正金榜题名，乡民会略去读书穷困无聊的过程，

---

① 阎佩礼：《刘友凤先生碑铭》，见刘大鹏遗著、乔志强标注《退想斋日记》（以下引文简称《日记》），山西人民出版社1990年版，第613页。

② 《日记》，第613页。

而去艳羡这一甜美的收获。刘大鹏在遍拜诸客的道贺声中,可能体会最多的是别人未得的书中滋味。他以自己证明了读书应该是令人羡慕的,读书是快乐的,读书可以"得志以行其道"。从此,他生命的触角伸向了更辽阔的空间,而他作为一个绅士,作为一个文化人的思想觉悟有了一种自觉,责任意识有了一种强化。此后,他一生的作为和思想都和科考,都和士以及与之相伴的角色、觉悟、意识紧紧地捆绑在一起。

1895年,也就是中举的第二年,他开始了进京会试的历程。这是希望与失望交织的旅程,是一次走出封闭世界的游历,是对自身学识的考查检验以及明了差距之后的追赶,对于贫穷度日的农耕家庭来说更是一次奢侈的盛宴。第一次,人生有许多第一次,唯独这个第一次让刘大鹏欣喜、新奇,一路春光,马不停蹄,从乡里走向帝国的中心,胸间是乘风破浪的壮志。一路上,他看到了商人依附公车逃税,在会试往京十六日的行途中,平定州新兰镇税局客商报税,不税公车;固关"长城守关吏役稽查严密,往来商人无钱不得过,故上京商人往往与会试者相偕",图免一番征敛之苦楚;卢沟桥"西设税局,无论品官行商,一律纳税,独不税及公车,凡商窃附公车而过桥者甚多"。抵京入门,官吏稽查出入亦"需索税钱,惟会试年不及公车"。对此,刘大鹏颇多感慨,以为"我国家待士之厚,于斯可见一斑也。商人至此莫不回顾徘徊"①。在家乡社会,他以学以士自持自重,不仅经受着地方社会风气的逼仄,同时也常常面对自己对价值取向作出判决时的心灵拷问。商人依附公车过关而回顾徘徊,可能只是些小商小贩,也许富商巨贾对此不屑一顾,但有一点是明确的,会试公车享受着难得的特权,面对这一细节他心中所有的困惑释然而解。

山一更,水一更,半个月的行程,一生的梦想,与北京,与会试紧紧联系在一起。这位乡间士子审视着北京,感觉着北京,品味着北京。"京都宏壮,街巷纷歧,车毂击,人肩摩,连衽成帷,举袂成幕,炊烟成云,吐气成雨。"刘大鹏的笔下是京都宏壮给他的巨大视觉冲击。京都的风情更深深地吸引了他,琉璃厂里如山如海的经史子集,使他恍入兰台石室,目眩神迷,"有生平未见之书,浏览翻阅,爱不释手者甚多,恨己

---

① 《日记》,第35页。

贫穷，莫能多购"。百货丛集，游人甚众的护国寺庙会，万寿山、颐和园的美丽风景，刘大鹏和几位年轻的士子犹如欢快的鱼儿。①

游玩只是偶尔的闲情逸致，来京会试才是头等大事，刘大鹏对考试之事"一事未晓"，一切全靠后来成为他的好友的郝济卿指示，才得以措置，拜座师，拜同乡京官，拜同乡商人。在这些必需的礼节中，他厌恶"最讲虚体面"的习俗，厌恶京都奢华的风俗。② 但这些只是会试中的小插曲，而对于参加科考的刘大鹏来说更关心考试本身。考试场面宏大、隆重、严肃，是刘大鹏感受最深的。在考试过程中，细心的刘大鹏敏锐地注意到"乡试场中一切官员及一切号军差役呼应试者为'先生'。会试场中一切官员及一切号军差役呼应试者皆称'老爷'"。称呼不同，称呼和社会地位、角色密切相关，这种他者的确认和期待，这种层次的区别，实际上是对社会地位以及角色自我认知的折射，并且在不同层次的考试中体现、确认、强化。细节需要敏感地捕捉和仔细玩味，宏大的场面则是直接的视觉冲击与心灵震撼，"会试场中较乡试局面甚大，官员亦多，贡院门口红顶戴者不少，闱中亦多红顶官长"，而且，"贡院中一切铺排，色色雄壮，办差臣工，莫不敬慎将事"。面对此种场景，刘大鹏由衷地感叹："取士之典，何等郑重！""国家取人，亦可谓之郑重矣！"

京都为学之士以习字为先（应试策略与技巧）引起了刘大鹏的注意。令人深可回味的是，在京考试之前，刘大鹏就已"见夫人才荟萃，其多如林，倍觉自己愚昧无知，无地可容，抚衷自问，抱愧良深"。这一直觉可能已经预示了以后的科考结果。科举制最明显的特征莫过于分层选拔，但因为地域空间、知识结构等方面的差异，属同一层次的士子并不一定在同一水平，应该说刘大鹏清醒地意识到这一点。但他没有选择这样的视角，而是把关注点放在他最大的发现——习字。在他看来，京都"为学之士，写字为第一要紧事，其次则读诗文，及诗赋，至于翻经阅史，则为余事"。联系到科考，他以为"我朝开科取士，乡试会试外，大率以字取者居多。殿试则是取字，朝考亦然，京都取士，总以字为先，以诗

---

① 《日记》，第38、592、594页。
② 同上书，第595、600页。

赋为次，文艺又次之"。殿试重小楷其实是晚清考进士殿试的常识，① 刘大鹏对京都为学之人，科举之士以习字为先困惑不解。在他的心目中，字诚然要写好，但字好只是末技，重要的是"诚心读书以求根底""求义理之精""翻经阅史"，② 京都所见"问写字不问所读何书"的学风和平素的学习观形成了一种倒置，深深引起了他的注意和感叹。事实上，他的字应该是不错的。1938年，有日军名吉实富藏者在刘大鹏家中座谈，并向年届82岁的刘大鹏祈写四个大字，刘氏辞以写字太拙，久坐不允，日人遂去。③ 由此推知，刘大鹏对京都学士习字为先的学习风气持批评的态度。李鸿章早在洋务运动时期就批评道："小楷试帖，太蹈虚饰，甚非作养人才之道。"④ 刘大鹏并非批评科举制度本身，但他对京师学习风气的担忧应该说并不多余，而且颇有识见。⑤

1895年刘大鹏赴京会试，适逢甲午战败，在现辑刘氏的日记里没有提及康有为"公车上书"这件事，但对甲午风云多有记载，对议和一事扼腕愤恨。国难之年，刘大鹏结束了他的第一次科考，下第士子，一路偕行南返，各归其家。

自京而返，经过了首次会试的洗礼，刘大鹏似乎成熟了很多，他开始在舌耕之余，精心地打理着下次科考的行囊。他托弟子武人瑞从北京捎买了一箱书籍，《御纂七经》十六套、《御批通鉴》两大套共二十四本、《皇朝经世文编》四套共二十四本、《皇朝经世文续编》两套共二十四本、《康熙字典》一部。这书单背后是他周详的读书计划以及奋志青云之心。他用心研读丁日昌、冯桂芬、李鸿章、倭仁、刚毅等名臣大吏的奏疏例议，揣摩着谋篇布局遣词造句。此时，中国社会悄然发生的变革已波及科举考试。在会试前夕的1897年，刘大鹏已经得知是年京师秋试设算学

---

① 罗志田在《权势转移——近代中国的思想、社会与学术》（湖北人民出版社1999年版）一书中，认为刘大鹏看到京都士子科举以习字为先，是缺乏科考常识，这一观点一经提出，多为其他学者接受，而这一点值得商榷。因为他在日记里提及京都士子习字之后，再没有提及自己练字的事，若是赞同"以字为先"，刘大鹏应该日日练字才对，但日记里没有发现有关内容。这和他大量购买新学书籍和研读时务之策形成了明显的对比。

② 《日记》，第42、594、595、596、598页。

③ 同上书，第21、41、48、55、64页。

④ 李鸿章：《筹议海防折》，《洋务运动》第1册，上海人民出版社1961年版，第53页。

⑤ 《日记》，第530页。

科的新例。他也听说了京师金坛书院取超等洋务一名,题为"子贡问师与商也孰贤",文以行师通商立论的事情,有人也劝他教子弟学习洋务,儒学的传统地位受到了西学的挑战和冲击。面对新变化新挑战,刘大鹏保守着孔孟正学,显然已落伍了。①

1898年,一场春雪中,刘大鹏开始了二次入京会试的行程,应付了程式性的礼节,就开始紧张的三场考试。他记录了三场考试的题目,考试内容极具"经世致用"的味道,充满了时代色彩。在头场考试中,刘大鹏自言"文虽不佳而却平妥"。第二场考试因为寒冷难寝,手足冷冻难以写字,似乎受到了影响。而第三场的策题五道,问经问史问学校问兵制问钱币,已使刘大鹏"精神疲困,惟欲偃卧,无一点兴致也"。第二日"五更醒来对第五题策,天晓尚未半篇,至辰刻而完"。对于会试结果,刘大鹏认为"中与不中亦惟听天命而已"。从中可见刘大鹏的此次应试状态着实不佳,面对紧密联系时代命题的考卷,言语之间他已显得力不从心、底气不足,考试的结果也可想而知了。②等待放榜的间暇,他和几位同年乘火车去天津游观,入东洋饭馆用餐,"浅陋耳目颇觉较前扩充"。接着,下第而归,"度居庸关,经上谷郡,至云中,历雁门、勾注诸山川,俯仰古今",当然还有一路的吟咏。③

世纪之交的义和拳运动在山西引起了严重的教案。受洋夷之扰,晋省正常的考试秩序受到了破坏,1901年晋省乡试停考,1902年移至秦省,他的儿子在这次乡试中登科中举。④ 1903年春节,里人吹吹打打送来了"父子登科"的匾额以示祝贺,刘大鹏率领诸子敬诣祖茔祭告,而以节俭为本的他在"情理之不能已"的境况下,宴请邻里乡党百十余人,共二十一席。父子登科也意味着今年的汴梁会试,是父子同行的历程。先是亲友来送,门间填委,应接不暇。一路行程,到了汴梁,觅屋而居。他所住的棚板街,西通北大街,成为京、津、沪、汉之书商的麇集之地,时务等书,汗牛充栋,凡应会试者,皆到书肆购诸书,以备场中查对新

---

① 《日记》,第40、61页。
② 同上书,第62、65、68、73、74页。
③ 同上书,第614页。
④ 同上书,第79—85页。

法，而书商、书局乘势抬价，书商的名利之心令他厌恶。太原县参加会试的就是他父子二人。对于第三次会试，刘氏没有太多地讲述应试答题的细节，他详细地录存了考题，绘制了会试卷面、履历格式，描述了考试的场景并和以前北京的会试比较，他似乎是在对他科考生命做最后整理，他没有提及中与不中的话题，此起彼伏的民变让他备感焦虑。① 而当他返回家乡时，他的母亲带着对子孙的期盼离开人世，这让他伤心不已。

  刘大鹏三次会试下第而归，他并没有更多的嗟怨。1895年会试同馆十人均名落孙山之外，愧言令馆减色，而刘大鹏则道："科名有定，岂在人谋，况吾省只取十名，下场者二百七八十人乎？"② 究其原因，固然存在着罗志田所说的种种外在因素，诸如："像刘大鹏这样从中国腹地山西出来的读书人，就可能因买不到新学书籍，或买到而熟悉程度不够而竞争不过久读新学书籍的口岸士子"③，"那些举人以下未曾出省应试的读书人，大概就只有等到考试内容正式改变的通告出了后才能认识及此，他们也就更加无法与口岸地区的发展同步"④，"场中所考既然多为新学，两地读书人已不可同日而语，内地读书人与口岸读书人更已不在一条起跑线上"⑤ 等，但是就刘大鹏本人而言，对科考中与不中定于天命的认识、对新学强烈的排斥和抵触情绪、其自身知识水平和应试能力较为低下（有两个"世界"的因素，但山西每科仍有进士十数名）、为考试而考试的"应付"态度、"碰"的思想等在内的"科考观"，也都是不可忽视的重要因素。所以，刘氏"叹自己志大而才疏"应是切实之语。他关注的似乎已不是科考结果，而是科考的过程、细节、场面，"尽管官场更不可能授予多数人以官职，但科场却成了每个考生都程度不同要去分享的柯林斯所说的'身份文化'的场域"⑥。以此来看，刘大鹏奋志青云科考仕进，不如说是周期性地进入科场场域体认自己的身份而已，如果说这成

---

 ① 《日记》，第604—612页。
 ② 同上书，第101、112、116页。
 ③ 罗志田：《权势转移——近代中国的思想、社会与学术》，湖北人民出版社1999年版，第171页。
 ④ 罗志田、葛小佳：《西风与东风》，生活·读书·新知三联书店1998年版，第260页。
 ⑤ 同上书，第261页。
 ⑥ 刘云彬：《帝国权力实践下的教师生命形态》，见丁钢主编《中国教育：研究与评论》第3辑，教育科学出版社2002年版，第155页。

为一种例行，一种过场，其结果应该是情理之中。

废除科举，是一个划时代的事件，它破坏了社会上升性流动的机制，使得许多士人"布衣卿相"的梦想化为碎片。刘大鹏听到下诏停科的消息后，"心若死灰，看得眼前一切，均属空虚"，"生路已绝"①。在失意的叹息声中，他无奈地走向自己的下半生，但他仍驻在科考的夜里，科考也驻在他的夜里。民国二十一年（1932）12月15日一个寒冷的梦里，年老的刘大鹏竟然"夜梦登科之日，老伯孙君九和送钱两次，一次十七元大洋，一次十三元"②。

## 二 舌耕度日：塾师廿年

"在整个19世纪中为数颇可观的绅士以教业取得收入。"③ 尽管山西经商的绅士所占比重较大④，像刘大鹏这样"为贫所迫"的绅士还是在读书科考之间隙选择了坐馆教书。但在刘大鹏的日记里，二十余年的塾师生涯却是在迫不得已的情况下的无奈之举，他真情的流露给我们了解19世纪末20世纪初一位内地乡村塾师的生活及心灵世界打开了一扇窗户。

"家有三石粮，不作童子王。""家有三石粮，不当猴儿王。"⑤ 教书一事，并非刘氏所愿，而是为贫所迫，借舌耕度日，不过"暂为糊口计耳"，正如他所言："吾家虽非赤贫如洗，究竟不甚宽绰有余耳，不然余何必出门教书也。""暂为糊口计"，这是刘大鹏坐馆教书的理由，但他也曾坦言"读书之士若能于他处寻出糊口之需，即不可从事于一途矣"，无意间也显露出无路可行的实情。这或许是刘氏虽有厌烦教书生活种种理由，仍能支撑二十余年的主要原因。⑥

1892年，刘大鹏开始设帐授徒，1896年开始在太谷县南席村票号商

---

① 《日记》，第42、43页。
② 同上书，第146、147页。
③ 张仲礼：《中国绅士——关于其在19世纪中国社会中作用的研究》，李荣昌译，上海社会科学院出版社1991年版，第220页。
④ 同上书，第222页。
⑤ 《日记》，第463页。
⑥ 同上书，第59、451页。

人武佑卿家塾中任塾师。由于1909—1912年日记的缺失，刘氏具体什么时候结束塾师生涯，我们不得而知，但以1914年刘大鹏自述心志的日记中所说"藉舌耕为恒业垂二十年"为据，他大约是在1911年失去东席之位的。在1914年一则自述心志的日记里，刘大鹏则明确地写道："迄宣统三年，革命党起，纷扰中华，国遂沦亡，予即无舌耕之地，困厄于乡已数年矣。"① 由此看来，他在1911年结束了塾师生涯。

在长达二十年的光阴中，刘大鹏塾师生活的主要内容应该是教书授徒，承担"传道"这一崇高的社会责任并付诸实践，思索道统在学生身上的传承延续、考虑包括练字、读书、作文等在内的初级的系统的训练等教学内容、教学方法等问题。事实并非如此，他以教书为生计，不是没有一点"传道"的意识，但"流落教学一途，受东家之气，被弟子之恶"使他对此产生了怀疑："或谓教学足以传道，而道之传者几何？"② 教书在刘大鹏的眼中没有崇高的感觉而成为苦累不已的烦事。在刘大鹏看来，坐馆授课有几方面影响：影响自身志向、学业、德行，即所谓"舍己之田，耕人之田，已涉自待之薄，志之卑、计之疏莫甚于教书一事"。此事不但耽误自己的工夫，而且大损己德。"读书之士不能奋志青云身登仕版，到后来入于教学一途，而以多得几脩金为事，此亦可谓龌龊之极矣。"③

不能尽孝事亲。"教书一事累人太甚，今因母亲大人之病，而去来不能自如，殊令人闷闷。"此后刘氏业已打定主意，准备待来年将馆辞了，躬耕以事其亲。后来他的想法并没有实现，所以不能事亲尽礼常使他抱愧不已，每逢节日，此情尤浓："今日为中秋佳节，家家户户，率皆陈肴设酒，为之庆贺，而余乃在外教书，远离二亲膝下，不能以菽水称欢，此心所大抱歉者也。"而在母亲离世后之清明佳节，刘氏虽有追源报本之思，因做教书客，往返不便，故缺此礼。在中元节，俗皆上坟祭祀，他在外授徒，未能旋家。而当众人皆上坟祭烧，为先人送寒衣之时，他在

---

① 《日记》，第54、55、57、59、70、71、140页。
② 同上书，第198页。
③ 同上书，第72页。

馆中，不能诣先墓为其母送冥衣，"哀痛之情，何其有极！"①

依人门户，自卑其身。刘大鹏视自己坐馆之事为"依人门户度我春秋，终非久远之计"。而在刘大鹏的家乡"重商轻学"的风气必然导致"轻师"，"当此之时学校颓废，士风不振，故有子弟者，虽请先生教书，亦是做为浮事，何尝郑重其事，敬礼先生哉而为先生者亦以东家有钱，非惟不嫌东家不致敬，不有礼，而反谄媚东家"。对此刘大鹏慨言："师道之衰于今益甚。延师者视师甚轻，并不知敬重之礼。为师者自待亦卑，往往将就人馆，聊得糊口之资，以度岁月，世道之凌夷可谓甚矣。"② 结果，教书之人虽然往往被人轻视，甚且被东家欺侮，却犹坐馆而不去，而作东家者遂以欺侮东席为应分。这在刘大鹏本人看来"真有负于读书矣"③。他自己的亲身感受则更为真切：刘大鹏的东翁家资数十万，家中无一吸鸦片者，不染骄奢淫逸之习，勤俭持家，极得刘大鹏称赞。应该说东家对待刘大鹏是尽礼而且厚道的，但不愉快总是有的。有次他可能向东翁提出辞馆，东家不太乐意，因而处处冷淡，一切饮食莫不与前大异。有一位张姓东翁，十余年间每年年底都要送刘氏礼物，刘氏赞其待师之厚，但其他东家非皆如是，刘大鹏颇为慨叹："余在南席（村）十一年，阅数东家，脩金而外，别无一物之馈遗，富汉无礼，于斯概见！"④ 富汉无礼，刘大鹏终没有辞馆，从他的行为和心理可以看出，他确然不同于那些自卑谄主者，但在长达二十年的塾师生涯中，似乎并非全是东翁东席之间的"礼"的契合，既然刘大鹏认为自己教书是依门户度日，这一个"依"字就道出了实情和无奈。既然有所依凭，势必要自卑自轻，这是传统社会下层教师共同的群体特征。

劳苦不自由。对刘大鹏来说，教书不难而是烦，就是出题课徒，为之删改，指其是非这样的分内之事，刘氏也认为"教书者之日事劳苦，不能间暇有如此者"。而其"教书一事束缚此身，不得自如，凡有些须别事，则受累不小"的牢骚，颇有"久在樊笼里，不得返自然"的味道。

---

① 《日记》，第57、59、71页。
② 同上书，第55、56、61、108、127、130页。
③ 同上书，第57、66、140页。
④ 同上书，第66、72页。

作为一种读书与科考之外的副业，在他看来设帐授徒以来的十五年，是所历艰苦不堪枚举的十五年。①

刘大鹏似乎对自己二十年的塾师身份难以产生自我认同，言辞间始终耿耿于怀而不能释然，尤其是中举以后，这种感觉更为强烈，因为这与自己的身份不符。他鄙夷周围一些塾师的道德和学问："训蒙之人多不早起，亦不能早起。系由膏粱子弟出身，及长困穷，乃藉舌耕度日，究其学业不过粗识几字，而于学之根柢未之能知。"而更为可悲的是许多塾师自轻诒主，为贪求修金而丧失了独立人格。把刘大鹏和他们归为一类，刘氏显然不愿意。这也是刘大鹏对塾师这一职业不能产生认同的原因之一。

废除科考意味着刘大鹏科举仕进梦想的破灭，也宣告了他依人门户暂为糊口计的塾师生活的结束。以前自己对担任塾师一事所有的轻屑、厌烦，转而化作眷恋、追爱，对一些塾师的鄙夷、斥责，也变成了同情、宽容。实际上，早在戊戌变法时期，光绪帝已下诏变法，其中一项主要内容就是将各地大小书院改为兼习中学和西学的学堂，后来由于变法失败而没有推行，但这一措施在社会上还是形成了不小的冲击。"近有废学校，裁科举之谣"，"人心摇动，率皆惶惶"，谣言真假不论，但这已令刘大鹏本人"二三其心"。周围之人有的"竟欲废读书而就他业"，而依刘氏对形势的判断，认为"士子习业已久，一旦置旧法而立新功令，自有不知适从之势"②。这是1896年的事。到1905年直隶总督兼北洋大臣袁世凯奏请立停科举，推广学堂，认为"科举一日不停，士人皆有侥幸得第之心……学堂绝无大兴之望"③。朝廷迫于形势，遂下诏于1906年停止科考。于是"同人失馆者纷如"，"家有恒产尚不至于冻馁，若藉舌耕度岁者，处此变法之时，其将何以谋生乎？"往日旧友因实行新政，失馆无业可为，"竟有仰屋而叹无米为炊者"④。相较而言，刘大鹏要幸运一些，没有马上失业，在1907年，他尚在馆中，但"弟子来读者无几，藉事不

---

① 《日记》，第24、88、101、156、157页。
② 同上书，第61、71、155页。
③ 朱寿朋编：《光绪朝东华录》，第5册，第5390页。
④ 《日记》，第57页。

来者有之，托病间旷者有之"，已是一幅颓废的景象。不过，由于1909—1911年日记缺失，我们不知道这几年他充任塾师的生活情况。1913年，他已经充任晋祠蒙养小学教员，"日日晤对小学生，口讲指画，以四书五经为本而教科书为末，倒觉消闲"。但省里的巡视人员有时会到县里检查，仅许办理新学，不准诵读经书。他和检查人员玩起了捉迷藏的游戏。① 1914年新年伊始，他想起年前交涉脩金的事，计划以后的路怎么走，陷入了沉思："人之一生，皆有恒业以养身家，予藉舌耕为恒业垂二十年，乃因新学之兴，予之恒业即莫能依靠，将有穷困不可支撑之势，遂令图生计，度此乱世。"② 失去了才懂得珍惜。原来的"暂为糊口计"，此时已是养身家的"恒业"。他最终认同了这一身份，但已是回眸一望的绝唱。1931年，他夜宿县城一个朋友的家中，此处是民国以来城中仅有的家塾。③

## 三　亦农亦商：晚年岁月

科考废，民国立，恒业失，惶恐、失落、无奈的情绪总要直面生活的困厄，为谋生计，刘大鹏下田耕种土地，以"老农"自称；入山经营煤窑，与"窑黑"共穴，过着亦农亦商的生活。

亦农亦商，其实是刘大鹏无可奈何的选择。舍此而外，刘大鹏不是没有他途别径。清亡而民国兴，但从政者"清廷臣工，十居八九"，在刘氏看来，若辈"系家无儋石之储，不得已而作二代之臣也，口腹之累，致使失节败名而亦莫能之顾矣"④。他在评点从政者名节之高下时，还是点出了生活所迫的实情。从政者如此，那么像刘大鹏此类的学绅，身处社会大变革的时代，以生计而论，他该如何实现自身的转向呢？刘大鹏是做过一些尝试的。1913年在"不得已而允"的情形下他担任了县议会之议长，但因坚持整理财政与众不合，其所行之事不能达所抱之志，只

---

① 《日记》，第147、148、149页。
② 同上书，第159、180、184页。
③ 同上书，第191页。
④ 同上书，第433页。

是"竭一己之心力,勇往直前,能进一步则再求进一步而已"。不能苟容于世,只能萌生退志,辞议长而去。刘大鹏在他的后半生担任了许多社会职务,繁乱纷扰,这与他前半生亦读亦师单调而宁静的生活形成了鲜明对照。这大概是近代社会变革中绅士阶层共同的经历。他曾充任省咨议局议员、县议会议长、县教育会的副会长、县财政公所经理、公款局经理、县商会特别会董、县保存古物委员会委员等职。对大多数职务,刘大鹏多任职不久旋即辞退,这与刘大鹏正直的性格有关。一任一辞间,反映了科举废除民国肇兴的变革中刘大鹏矛盾的心态:从政之路,上则维持自己的绅士地位,下则为谋生计,关键是能造福乡梓。[①] 然而"民国之绅士多系钻营奔竞之绅士,非是劣衿、土棍,即为败商、村蠹,而够绅士之资格者各县皆寥寥无几,即现在之绅士,多为县长之走狗"[②]。劣绅与贪官、土棍、流氓、村长一起侵渔百姓,民不聊生。[③] 源自各种名目的费征,只要关乎政府的运行,就只能袒护而不加追究,结果是"在县服务之人,绅士而反成痞棍,痞棍而竟成绅士!"在这样的大环境下,若不能自贬其身沉瀣一气,那就只能独善其身,以自己的标准去践履"如何是绅士"。

退一步来讲,教书一职对他来讲可能是最好的归宿。刘大鹏在辞退议长后曾充任过晋祠小学堂教习,颇感清闲间似乎找回了二十年私塾生活的感觉,也彰显了在新式教育兴起过程中,像刘大鹏这样的私塾先生转变为学校教员的历程。然而半年的清闲并没有取得应有的教资,刘大鹏"因无款辞谢其任,谋再办别物以求糊口之资"[④]。过了几年亦农亦商的生活后,1921年本县知事聘请刘大鹏为县立女子高等学校长,学生仅十数人而已,从有关的信息来看,他担任此职的时间很短。而他再次执教已是76岁了,在家中教育四个乡里的儿童。他称自己所为是"罪恶之大者也",而且自嘲"家有三石粮,不做猴儿王"。依然是生活所迫的无奈。[⑤]

---

① 《日记》,第196页。
② 同上书,第178、179页。
③ 同上书,第336页。
④ 同上书,第427、468、470页。
⑤ 同上书,第180、186页。

1914年，新年伊始，又添一岁，正月初八，里中商号开市，张灯结彩，爆竹声声，纷纷扰扰，一幅太平景象。57岁的刘大鹏此时正盘算着一年的生计。回顾自己走过的路，他又一次陷入了沉思。停科举，兴学堂，使得大量的塾师失去坐馆之业，"竟有仰屋而叹无米为炊者"。刘大鹏并没有像其他人那样立即丢掉了饭碗，至少在1908年，东翁仍然遣车来接赴馆。1911年清朝灭亡，他丧失了西席之位。1913年他开始充任晋祠初等小学校的教师，聊以糊口，但他的薪水似乎在年底发生了问题，原来说好的款额在年底仅拿到了一半。为了拿到另一半束脩，除夕之夜他还在晋祠催讨，但他至二鼓而归无果而返，其心情肯定是颇为复杂的。对于一个绅士来说，若不是穷困所迫万不得已，肯定不会做出这样咄咄逼人有失斯文之举。①

　　此前，刘大鹏的父亲于1908年正月初一离世，其父生前于光绪十年（1884）十月在太谷李满庄②经营一家木店，店号"万义生"③。这家木店在他父亲死后继续存在，但刘大鹏好像并没有亲自经营。1915年正月，他曾在李满庄住过两宿，估计是去料理木店的事。1917年由于生意凋零，应铺伙之约，刘大鹏曾去李满庄商量整顿店铺事。此后十余年，木店生意如何不得而知，但木店在1926年仍然存在，一位姓李的"号掌"（店铺负责人）夜宿赤桥村，曾谈及木店经营状况。由于"工人甚形绌少"，店内木工工资涨价太高，"去年（1925）一年除号中日用伙食及木匠之工资外幸获余利数十两"，而镇上的木店多行亏累。在商号倒闭纷纷，获利艰难的情形下，万义生木店能获薄利已属不易。1929年，万义生号遇到了一些麻烦，因买木料有纠葛，经人调停也莫能解决，后来刘大鹏召集木行之人公同合议，众皆以为买木系商家正当行为，不属盗买。后经李满庄村长及各位友朋从中调解，风波终得平息。1934年冬季，刘大鹏前往李满庄，可谓物是人非。李满庄原为太谷县大村庄，刘大鹏父亲在此营业时村中富户甚多，村有二千户，而此时仅有二百来户人家，且率皆

---

① 《日记》，第451、454页。
② 《日记》，第384页为"里满庄"。
③ 《日记》第317页店号为"万意生"，第383、384页的记载均为"万义生"，在第242页又称之为"万义和"。

贫困，无一富户。此后，李满庄在刘大鹏的日记里再没有出现。万义生的故事实际上反映了刘大鹏家庭经济状况的变迁，从1892年他到太谷去看望父亲到1930年代，万义生至少经营了半个世纪，成为支撑家庭的一项重要收入。①

刘大鹏家中的土地数量不是很多。在1902年春种时，刘家又添了几亩土地，数量总共十亩。其中，旱田有三四亩，水田有四亩左右，种植水稻、小麦、玉米、谷子以及豆类、蔬菜等。每年种植小麦的亩数不尽相同，但大致保持在二亩到七亩，小麦的亩产量因年景的好坏而时高时低，正常的亩产量应该为一石左右，总产量在200—800斤。而保持六亩左右的小麦种植规模，所获五石左右小麦，也仅供全家数月之食。当然除小麦之外还有其他农作物，如水稻、谷子等，但日记对其产量的记载不详，可见小麦在解决全家之食中占有很大的比重，而其产量有限，仅能维持全家数月之食，这也说明仅仅依靠十亩土地，刘大鹏根本不能养家糊口。②

在刘大鹏的日记里，赤桥村并不是一个农业为主的村庄，造纸业是村庄的主导产业。里人皆以造纸为生，"务农事者十之一二，造纸者十之八九"③。但造纸业时好时坏，纸价时起时落，似乎不很稳定。虽然有关家乡造纸业的记载很多，但从中看不出他的家庭造纸的迹象，纸价的起伏并没有影响他的家庭。

这样看来，他二十年"舌耕"为业，所得脩金的确是一笔不小的收入。在他看来，担任塾师不利自己的学业、志向和德行，仰人鼻息，不能躬身尽孝，但他一年的修金为一百两银子④，所得不菲，正因为如此，他才能自卑其身二十年，为的就是养家。在他看来，出门教书暂为糊口计，非希图发财，"若希图发财，自当别求一途寻发财之事，余志犹在，乌容使财迷心哉！"言语之间流露出舍利求理的思想，我们不难发现其间"耕读"思想的脉络，刘氏曾自述其心志："余家以耕读为业，不耕则糊

---

① 《日记》，第149、167、190、191页。
② 同上书，第206、242、317、383、384、491页。
③ 同上书，第44、107、194、232、263、328、445、450、451页。
④ 同上书，第6、26、54、90、170、212、259、273、436、463、477、480、552、591页。

口不足，不读则礼仪不知。"① 但是其"耕读为业"的思想以及坐馆舌耕，又和科举制度相随相伴，倘若这一制度崩溃，耕读之路断绝，他的经济生命链也必将打破。

刘大鹏是一个独生子，没有兄弟姐妹，在日记里他总是一个人承担着家庭的重任。到了他的儿女辈，他的家庭规模不断扩大。1913年7月，他有五子、二女、二孙男、二孙女，加上他的妾、三个儿媳，男妇大小共十六口。这显然是一个大家庭，"每日米面所食甚多，费用亦巨"②。所以，家庭"常受紧逼莫能宽裕"。此时，他已丧失了西席之职，万义生木店的经营每况愈下。1908年他的父亲、妻子先后离世，1913年"长妇云亡又娶一妇，次妇又亡，且嫁一女，婚丧之事即俭亦不能无费，此所以积债不少也"③。看来，要养活十六口之家，除了耕种十亩田地外，他不得不另图生计，实现生活的转向。

1914年对刘大鹏个人来说是一个根本的转折点。在生计窘困的情形下，他情非所愿地由"耕读为业"转向"亦农亦商"。从这一年开始，他在西山和一个名叫韩实成的人共伙开采德昌庆煤窑，刘氏占三分之二的股份，韩氏占三分之一。1930年，韩的弟弟因听人闲语而与刘大鹏发生龃龉。刘氏回顾了十六年来煤窑的经营状况："虽未大发财源，却年年稍有盈余，尚未亏累。"④ 由此可见，刘氏经理煤矿还是达到了舒缓生计的目的。

经营煤窑不是件轻松的事，刘大鹏常入山进峪，驻于窑中。或窑中采煤，或查找矿石，或催讨债务，或管理公事，不一而足。为应对苛虐的税敛，他和其他窑户一起成立了煤矿事务公所，公所章程出自他的儿子之手。后来为免衙役之害，他又与众窑首将煤矿公所附设本县商会⑤，他本人在1921年至1927年担任了南四峪煤矿事务所的经理。像担任其他职务一样，始以推辞未果而担任，终因人心不正有人捣乱而辞谢。煤窑在极不稳定的社会环境中运营，煤厘局人常因公事而加厘，加征加税，

---

① 《日记》，第88页。
② 同上书，第45页。
③ 同上书，第185页。
④ 同上书，第190页。
⑤ 同上书，第399页。

日甚一日。① 由于军阀混战，运煤之车因各县应兵差到处拉车不敢入山拉煤，以致煤积存而不能畅销是。② 尤其是1930年后，由于无处贷钱以供采取煤矿之资本以及层层的勒逼，煤窑经营状况愈下，"所放之账不能收回，该外之债无法偿还，又无商家抵佃米面"，以致闭歇者多而开采者少，人皆困苦不堪。③ 正是在这一时期，他经营的煤窑数量也在不断地增多，规模也不断扩大，1929年经人说合收买了一家煤窑的部分，后来又买下了三眼煤窑。④ 但从别人出卖煤窑的情形，结合刘大鹏的日记来看，刘大鹏是在煤窑生意不佳的时机做了错误的购买决定，因为扩大规模花费了他相当的资金，这可能是导致他后来愈加贫困的一个重要原因。1929年年底，煤矿的效益已开始下滑，业主由于无处贷钱以供采矿之资，加之煤矿事务所的管理存在一些问题，到1936年，煤窑多行倒闭或者歇业，所留者亦不挣钱。⑤ 1937年抗日战争爆发后，煤窑所在的山峪成为红军打击日军的根据地，日军经常进山"入剿"，一些煤矿仍然惨淡经营，但刘大鹏自己的煤窑可能早已倒闭。

刘大鹏虽然在形式上实现了从"耕读为业"到"亦农亦商"的转变，但他的思想观念仍然定格在"耕读"二字。他在1914年年初的日记里这样写道："予因穷，厄于乡，无一食之处，不得已而就煤窑之生涯，故常常入山整理其事，处于乱世，所学不行，聊藉一业，以藏其身。《中庸》谓：'居易以俟命也'。"⑥ 在刘大鹏的眼中，经营煤窑乃不得已而为之的"谋生之术"。虽然他在入山觅矿、驻窑经管的过程中，美丽的山景颇使他陶然于胸，但在内心深处他对自己经营煤窑之事常常心中不安而且歉疚不已。⑦ 他宁愿自称为"老农"⑧，赴田种豆，督工拔谷，在田耘草，灌溉麦田，呼儿率孙。当他年届七十之时，因雇工甚缺，在农忙之际，

---

① 《日记》，第214、215、218、219页。
② 同上书，第224、280、368、390、402页。
③ 同上书，第322、390页。
④ 同上书，第474、475、489页。
⑤ 同上书，第391、394页。
⑥ 同上书，第474、493、495页。
⑦ 同上书，第192页。
⑧ 同上书，第203页。

常到田工作，甚而终日在田，未尝一歇。① 75岁的他因佣工之人甚缺，暂作农人，自认"虽不能抵一个工，抑且能抵半个工"，既省工资，又省饮食。② 八十岁时仍常在田中工作，毕竟年事已高，"身受劳过重"，朝醒不愿起床，"久之乃起，仍觉疲乏"③。躬耕东亩，入山营窑，即使这样的劳苦，亦农亦商，竭力筹划，刘大鹏的家庭生活困厄还是日甚一日。

刘大鹏家庭经济状况向来不宽裕，如他所言，"吾家虽非赤贫如洗，究竟不甚宽绰有余耳"，后来他丧失恒业，又加之婚丧嫁娶、家庭规模的扩大、物价飞涨等因素，刘家"穷困日甚一日，自民国以来，屡遭厄运，无一日之穷舒"④。仅吃饭一项，"所食甚多，费用亦巨，此所以常受紧逼而莫能宽裕也"⑤。地中所产，也仅够数月之食，"值此物价异常昂贵之时，寻常受窘，往往告贷以度春秋"。对此刘大鹏责己"龌龊无能，空生于世而愧悔弥深者矣"⑥。愧疚并不能改变现状，刘大鹏的债务之多用他自己的话说是"有应接不暇之势"⑦。于是年关在即，外债来逼，新年已过，家极贫穷，将有冻馁之虞⑧，有绝粮之患，欲购无钱，欲赊无处⑨。1938年3月9日，乃至"今朝无米为炊"，目睹其口食之艰，一些友人纷纷接济，赠钱送面，令刘氏感恩不已。⑩

刘氏身虽劳苦，但他对耕作一事从未卑弃过，他早年未中举前在田耕种时，就有人指责他"毋乃不类"，自降其身，而他认为"余家以耕读为业，不耕则糊口不足，不读则礼仪不知"。在他看来，耕种为谋生之正途，而其余皆非是，这就决定了刘大鹏后半生是"商皮士农心"。当他在麦田里守望着自己的精神家园时，"耕读"已成为一种文化的符号和精神的象征。他也始终因为经营煤窑而沦为商人歉疚不已。正是在自己的经

---

① 《日记》，第187、262、263页。
② 同上书，第331、332页。
③ 同上书，第431页。
④ 同上书，第495页。
⑤ 同上书，第269页。
⑥ 同上书，第185页。
⑦ 同上书，第228页。
⑧ 同上书，第239页。
⑨ 同上书，第401、403页。
⑩ 同上书，第494页。

历中,在和士、农、商的比照下,他清楚了自己的归属。在农耕和经商的外衣下,依邻晋祠而居的刘大鹏始终跳动着一颗士子之心。

1915年6月16日,刘大鹏接到王少鲁、张友桐、常赞春三人从北京寄来的信函,信中说到,王少鲁等人在北京南城下斜街云山别墅设立山西文献征存总局,并于省城省议会故地设立分局,征求晋省文献,请刘大鹏将本县诸先儒著述悉数搜求,所有独行、孝义、孝贤、烈女,素有传说可考者,也延求访问整理成书寄往局中。刘氏为此事专门谒见了县长李桐轩,告之王少鲁函告他本人办理此事的情况。县长虽言此事可办,但一句改日再议,不了了之。

但这一信息无疑给予这位经历"民国之变"的乡间绅士以莫大的鼓舞和振奋,强化了刘大鹏对地方文化收集整理必要性、正确性的认识,也坚定了他做好这一工作的信心。①

赤桥村紧邻晋祠,历史的传说与美轮美奂的建筑,自明朝以来数百年的以晋祠为中心的地域社会祭祀活动,近代以来洋夷的频频造访,无疑激发了生于斯长于斯的刘氏强烈的地方文化自豪感以及一个文化人整理保护地方文化的责任感。这与绅士在地方文化中的领袖作用以及撰修志书的传统正好契合,也使得刘大鹏在他一生中留下了最亮丽的色彩。

晋水流域有三十多个村庄,得益于晋水灌溉。刘大鹏创辑《晋水志》十三卷,又创《汾水河渠志》《重修孙家沟幻迹》。他曾经营煤窑的西山不仅富于矿产,而且兼具名胜,为此他撰写《柳子峪志》八卷,《明仙峪记》四卷等。刘大鹏早在1902年开始撰写《晋祠志》②,他自嘲"于课读之暇,消磨岁月",其实在编撰过程中以古人著书的精神砥砺自己,"著书非一次即成,必易其稿,且非一易,易之又易也"。他手不停挥,删繁就简,甚而三更乃寝。难能可贵的是,为了周知情形,刘大鹏一有闲暇则奔赴晋水流域的村庄调查采访,时达四五年之久,不辞劳苦,不厌烦渎。③ 这种求真务实的精神在我们今天看来也是值得敬佩和学习的。

刘大鹏的著述并不限于乡邦文献,他还著有《梦醒庐文集》八卷、

---

① 《日记》,第45页。
② 同上书,第233页。
③ 同上书,第131、133页。

《卧虎山房诗集》三十五卷、《从心所欲斋妄咏》五十卷、《啄玉闲咏》八卷、《衔恤录》十卷、《寄慨录》十二卷、《随意录》四卷、《潜园琐记》六卷、《游绵山记》二卷、《唾壶草》二卷、《遁庵随笔》二卷、《迷信丛话》十七卷、《愠群笔谭》二十五卷、《乙未公车日记》四卷、《戊戌公车日记》六卷、《桥梓公车日记》四卷、《刘氏世系谱》三卷、《黎照堂家训》二卷、《梦醒子年谱》十二卷、《退想斋日记》二百册！① 可谓著述连篇，卷帙浩繁！刘大鹏生前将《晋祠志》四十二卷，重行整理为十六卷，删繁就简，意在印刷时价廉而工省，"予本贫穷，无力刷印，拟醵金以刷印，未知能否办到"②。可惜，刘大鹏的著述生前皆未杀青，良可浩叹。藏往知来，文献足征，修葺庙宇，保存古物，刘大鹏践履了文化的职责，完成了一个地方绅士的文化使命。

1942 年，记载了一场淙淙滴滴的秋雨后，这位八十六岁的乡间绅士，远离了他的那个时代。

## 结　语

刘大鹏的一生深深地烙上了时代的印痕，既反映了绅士阶层变迁的普遍特征，又突出了内地乡绅鲜明的个人色彩。他奋志青云五次科考，舌耕度日二十年，过着科考与舌耕相济相需的生活。科考废除，恒业丧失，他始终面临着生存的危机，"绅士地位不一定来自财富，也不一定带来财富"③。这一点在刘大鹏身上是最好的体现了。在奔竞纷扰之世，他没有效俗趋时而劣化，也没成功实现自身的转型和生命的蜕变，而是无奈地选择了持守和敛藏，过着亦农亦商的劳苦生活，在调适、矛盾、挣扎、困厄、落寞、固守中，践履着绅士的文化职责，诉说着一个内地乡绅怀才不遇及其时代的故事。

---

① 《日记》，第 615 页。
② 同上书，第 239 页。
③ 张仲礼：《中国绅士——关于其在 19 世纪中国社会中作用的研究》，李荣昌译，上海社会科学院出版社 1991 年版，第 220 页。

# 在村庄与国家之间
## ——劳模李顺达的个人生活史

李顺达，一个逃荒要饭的农家孩子，一个为了生存养家的贫苦农民，以其求生的本能和渴望，与命运抗争，与剥削争斗，与灾害较量，与穷困搏击，其曲折、勤劳、拼搏的一生与共和国的命运连在了一起。李顺达由一个普通中国农民成为一个家喻户晓的劳动模范，其个体生活、生产实践也深深地烙下了一个时代的印记。笔者对李顺达个人生活史的历史阐释意在构建农民、村庄与国家在共产党领导的革命和建设中的相互关系和生存图景，从而为当前社会主义新农村建设提供一份经验文本。

## 一 翻身前后

李顺达原是河南林县合涧东山底村人，1915年12月23日出生在一个贫苦农民家庭。家里人多地少，主要靠父亲李发全的木工、泥瓦等手艺赚钱，养家糊口。李发全领着一伙人长期在山西晋城做包工生意，到1929年，十四岁的李顺达也跟着父亲到晋城帮工学艺。一次，几个月的工程完成之后，没想到"大柜上"（地主士绅总包工处）的人全跑光了，李发全一分工钱都没得到。工人们整日催着要工钱，万般无奈的情况下，李发全告到县衙门，希望官府能帮着追回工款，以给工人分发工钱。但是，衙门里办事的和"大柜上"的包工头串通一气，最后只得把自己几年来辛苦赚下的积蓄赔光。没办法，李顺达又回到了老家，原本计划靠父亲的工钱来维持家里的生活，但是母亲和弟妹们还是每天饿肚子，生活备受煎熬。

1930年，李顺达为了分担家里的困难，独自一人到山西平顺县路家口村找到了自己的二舅郭双龙，央求他在当地说合着租几亩地种。第二年春天，李顺达的母亲对儿子在外不放心，遂到平顺找到李顺达，母子二人通过二舅做中介人租种了地主郭召孩五亩二分坡地，渴求有点收入，维持一家人的生活。但是，租额太重，勉强收十石粮食，出租就得九大石，另加五布袋地蔓（土豆），还有五斗杏仁。一年到头来，还是吃不饱、穿不暖。逐渐懂事的李顺达心里愈加难过。

　　后来，住在路家口的外婆看着大外孙李顺达小小年纪，就要担当一家六七口人的吃穿，租地主的地又难以维持，但不种地又不行，便叮嘱他说："你要好好地造地，争争这口气，不要叫你娘和二舅作难。"[①] 因此，李顺达和母亲郭玉芝抱着一线希望又流落到西沟，再次过起了受苦受难的租地生活。到西沟的第一年，母子俩一春天开了二三亩荒地，但烧荒时，因李顺达没有经验，结果荒没烧好，打的粮食很少。等地主来搜刮地租时，母子俩希望少收点，下年收成好些了再补齐，但地主一瞪眼睛说："说好多少就是多少，不管收成好不好，种一年清一年，咱不记账。"[②] 结果，眼睁睁地看着地主把大部分粮食搜刮走了，只剩下一小缸的粮食。在西沟的前几年，李顺达及家人生活异常艰辛。更加不幸的是，1936年西沟灾荒歉收，家里收的粮食全部交了租子还欠下一大笔债。于是全家人盼望在晋城打工的父亲能捎些钱来，久盼无音，李顺达便沿路乞讨到晋城去找父亲，得到的消息却是父亲因讨工钱被打，早在该年6月气病身亡了。无奈，李顺达只好空手回到西沟，与母亲和弟妹们过着忍饥挨饿的生活。

　　也许是绝处逢生，或是时势造英雄，1938年对李顺达来说是充满希望的一年，因为共产党领导的八路军来到了太行山区，并建立了抗日根据地政府。为了团结山区群众进行抗日，根据地政府实行合理负担，颁布了"五一"减租法令，即贫农向地主交租每五斗减一斗，借贷年息超过一分半的全部减掉超出部分。[③] 减租减息政策很快就传到了西沟，这对

---

　　① 山西省档案馆档案：21—G1—260，《劳动英雄：李顺达的翻身故事》，太行二专署，1945年。
　　② 同上。
　　③ 张松斌、周建红主编：《西沟村志》，中华书局2002年版，第40页。

于李顺达来说，无疑是一次翻身的机遇。因此，李顺达决心要按照政府法令减租，并带头在西沟村进行了减租。等秋后地主来他家收租时，李顺达按法令交了七石二斗（原来要交九石租，五一减租后，便少出一石八斗）。地主看了看他，也没吭声，悄悄地回去了。但是，没过几天地主又要李顺达将租子补齐，李顺达说："抗日政府叫五一减租，已经给够你了。"地主还像往年一样威胁李顺达说："有讨便宜时，也有吃亏时，东西河（路家口是西河，池底是东河）还不是一个天下，那里没有减，你就不能先减。"① 僵持了一天，地主什么也没得到，只得回去了。不过，地主还是不甘心该交的租子说减就减了，于是又叫上李顺达的二舅郭双龙去催要，并说："你好好想想吧，你们刚来西沟时，还是小孩子，现在长大了就没良心了？好歹你们一家是靠我的地过活的。"②

地主试图拿"良心"来说服李顺达将租子补齐，但李顺达就是不给，说自己是按政策行事，现在有共产党给穷人撑腰了，时代不一样了。最后，在二舅的说合下，李顺达才勉强地给了地主十八元钱了事。1939年，抗日政府再次颁布了减租法令，规定"四一"减租，即每四斗租减一斗，借贷年息超出一分的部分减掉，而且平顺县农会还决定各村要大斗改小斗。③ 李顺达从内心觉得穷人的好日子一天天地明朗起来，从减租减息来看，就是活生生的事实，而且收入确实比以前增多了。于是，李顺达又按"四一"减租条例细细地算了算账，自己该交小斗六石七斗五即可，想着去年减租减的不彻底，便决心这次非得斗争到底不可。到秋后，李顺达见地主来收租，径直地说："今年是四一减租，大斗改小斗了，给你多少就是多少，不行，你想去哪去哪，随你便。"④ 地主没办法，只好拿着走人了。

同时，李顺达还发动了西沟村18户佃农向地主展开了减租斗争。李顺达领导西沟农民取得减租胜利极大地鼓舞了周围各村农民进行减租运

---

① 山西省档案馆档案：21—G1—260，《劳动英雄：李顺达的翻身故事》，太行二专署，1945年。

② 同上。

③ 张松斌、周建红主编：《西沟村志》，第40页。

④ 山西省档案馆档案：21—G1—260，《劳动英雄：李顺达的翻身故事》，太行二专署，1945年。

动的信心。各村群众在农会的组织下，发动青年、民兵、妇女等广泛地进行了减租减息斗争。因李顺达在"双减"运动中表现出色，勇敢能干，斗争性强，阶级觉悟高，经西沟地下党组织成员张魁仁介绍，李于1938年7月加入了中国共产党。从此，李顺达的一生便与共和国的革命和建设紧密地连在了一起。之后，李顺达更加积极地帮助西沟的佃户与地主作斗争，实行减租，并且对收租的地主说："边区政府有法令不能不减，你们要觉得不行，也有政府，可以去告。"① 令所有佃户高兴的是，1939年根据地查减运动使西沟村佃户获得了倒租23石②，死契地23亩，全西沟没有一户再租地主的地了。这在一定程度上削弱了西沟村地主的势力，增强了佃农阶层的经济实力。李顺达因减租运动成功，家里也有了粮食，于1939年从路家口村娶得了一个媳妇。

通过减租运动，李顺达明白了一个事理：共产党帮助穷人翻了身，不用再整日挨饿了，生活有了改善，于是决定跟上共产党干革命，求解放，对西沟村各项工作表现要积极，凡事都带头干，一定会过上好日子。李顺达积极响应根据地政府的号召，一面带领群众发展生产，一面组织民兵配合八路军抗击日军。比如1939年西沟村组建了民兵自卫队，李顺达任自卫队队长。李带领西沟民兵一手拿枪，一手拿锄，坚持劳武结合，前后十七次参加战斗，有力地协助了当地八路军对日军的"反扫荡"行动。而李顺达本人也由此在整个西沟村域范围渐渐有了威信和模范作用。

## 二 互助生产

1941年至1943年，中国人民的抗日战争陷入了极端困难时期，山西各抗日根据地的政治、经济、军事形势也面临着极为严重的困难局面。1943年春天，太行根据地政府宣传"吴满有方向"③，这给李顺达指出了努力的前景，一心要跟吴满有学习，并说："人家能富，我也能富！"是

---

① 山西省档案馆档案：21—G1—260，《劳动英雄：李顺达的翻身故事》，太行二专署，1945年。
② "倒租"，指按照减租法令，将地主多征收的租子还给佃户。
③ 吴满有是1942年陕甘宁边区政府树立的劳动英雄，宣传和学习吴满有方向极大地促进了整个抗日根据地的生产与建设。

年2月6日,李顺达响应边区政府"组织起来,生产自救"的号召,在临时季节性帮工互助的基础上,组织了李达才、路文全等5户贫农成立了全国较早的农业生产组织——李顺达互助组。对于牲畜、农具、种子等生产资料分散、缺乏的贫苦农民而言,互助组有着决定性意义。它将零散的资源集中使用,共享利益,其优越性相对于生产低下的个体经济是显而易见的。李顺达在组建互助组时说:"互助起来,人多好做活,既红火又省工,一个人做一会儿就想歇歇,大家到一块比着干,就都有劲。过去给地主受苦,一年到头吃不饱,现在多打一颗粮食,都是自己的。"[①]

抱着对"组织起来"的朴素理解,李顺达互助组成立后的首要任务即是互助生产,自救度荒。李顺达首先把自家仅有的五斗余粮和一石多谷糠全部分送给组里的断粮户。在他的带领下,组员之间开展了"我有半口汤,不能让你饿得慌"的相互救助活动,互济互助,共度春荒。并且制订了开荒30亩的生产计划,组织组员以计工的方式开荒种菜,以菜充粮,以菜接粮。其他村民见李顺达互助组开荒种菜,便纷纷要求参加,不到一个月时间,互助组由原来的6户发展到16户,并改为互助拨工大队,李顺达任大队长。因为互助生产积极性高,收益好,到1944年,全村20户中就有19户参加了互助生产,下设3个互助小组,1个纺织小组。此外,互助组还把西沟村的妇女也组织起来,专门成立了纺织、喂猪小组,李顺达的母亲郭玉芝被选为小组长,因为她是一个出色的纺织能手。从此,李顺达母子二人成为大伙心目中的带头人。

互助合作第一年,生产就获得了大丰收。全西沟20户,96人,共有平地130亩,坡地63亩。一收完秋,李顺达带领大家算了算,共打粮食二百五十多石,每家平均十一石多,开荒35亩,每家平均就有1.5亩,每家还刨地蔓二十多布袋,菜也有十多担。单荒地生产的就够吃三个多月。李顺达家也丰收不少,收粮四十六石二斗,全家七口人,每人平均六石五斗,地蔓刨了九十多布袋,每人平均十三布袋,还有三十多担菜,够全家吃两年多。为了使生活过得再好一些,李顺达又雇了人,成了富

---

① 山西省档案馆档案:21—G1—57—2,《新富贵图:李顺达翻身发家故事》,太岳新华书店,1946年11月。

裕中农。① 组织起来的巨大收获使得西沟人肯定了李顺达响应政府号召带动大家发家致富的道路，也从中看到了自家生活富裕的前景。不过，西沟自"组织起来"后，李顺达互助组的意义就不仅仅是丰衣足食，发家致富了，它不仅从具体的生产实践中证实了共产党互助合作生产政策的正确性和可行性，而且使李顺达互助组成了根据地农村建设的经验和模范。对此，我们可以从李顺达互助组与边区政府间的关系中略见一斑。

首先是1943年秋后，李顺达和他母亲郭玉芝在平顺县召开的劳英会上均获得了头名"状元"，县里还奖励了李顺达一头大黄牛，郭玉芝一架纺织机。随后，李顺达又参加了全边区组织的头等劳动英雄大会，荣获第五名，共产党北方局邓小平同志等亲自奖励他一头大黄牛，以资鼓励，好好生产，多作贡献。参加县区两次劳英会，奖励两头大黄牛，对于李顺达互助组而言，一方面肯定了他们互助生产的成绩；另一方面则增强了互助组的生产能力，以求更大的发展。李顺达的表达则清晰地展现了个人与共产党领导的抗日根据地政府间的密切关联，他说："不是共产党，我哪有今天？想想过去，比比现在，跟着共产党，才有好日子过。奖励了我两头大黄牛，其实是大家互助生产的结果，今后咱们一起使用，努力生产，发家致富，多作贡献。"② 其次，李顺达在1944年、1946年冬季太行边区两届群英会上分别被评为"生产互助一等英雄""合作劳动一等英雄"，并奖励了一头大黄牛。再者，李顺达在群英会期间开阔了眼界，比如选择优良品种，提高生产技术等，促使他认识到互助组有继续向前发展的潜力。群英会后，李顺达回到西沟就大力提倡改种"金皇后"玉茭新品种，并实行温汤浸种、拌种，结果既提高了产量，又减少了病虫害，当年全村多打玉茭七十多石。这些都成了李顺达互助组巩固和发展的资本，也使李顺达个人生活史成为在社会主义革命和建设中的独特时代象征。

李顺达互助组在西沟村的发展，引发了其他村庄学习"组织起来"、

---

① 山西省档案馆档案：21—G1—260，《劳动英雄：李顺达的翻身故事》，太行二专署，1945年。

② 山西省档案馆档案：21—G1—260，《劳动英雄：李顺达的翻身故事》，太行二专署，1945年；A1—12—14—1《劳动英雄：李顺达同志小传》，平顺联合办公室，1947年。

"发家致富"的生产经验,掀起了平顺县区互助生产发展的高潮。到1947年7月,全县共成立互助组427个。而且,互助组织也向多样化发展,出现了包工、合犋、打拔、合伙、记工、变工等多种互助形式,保证了战时农业生产正常进行,支持了前线战事,也使得灾民们顺利度过了饥荒。更加起到表率作用的是,李顺达1946年制订的五年发家计划提前两年顺利实现,不仅在组内赢得了赞誉,而且得到了县区党委的高度重视和奖励。1948年11月,中共平顺县委在李顺达家中召开了庆功会,中共太行区党委赠送了写有"平顺人民的方向"的锦旗,太行行署赠送了写着"革命时代,人民英雄"的奖旗。是年底,为再次表彰李顺达互助组"英雄发家,全村致富"所取得的成绩,中共太行区委、太行行署又授予李锦旗一面,上面写着"翻身农民的道路"。①

可以说,李顺达和他的互助组在响应"组织起来,生产自救"和"组织起来,由穷变富"的号召下,度过了灾荒,丰衣足食、发家致富也成了现实。对于已经翻身的西沟人来说,共产党的领导起到了关键作用,而且西沟村的巨变已被证实;对于边区政府而言,李顺达互助组不仅改变了每一个组员的穷困生活,穷山沟变得富裕起来,更为重要的是他们通过生产实践支持了革命事业,支持了根据地的建设,为太行区的经济建设做出了榜样,使得"组织起来"、互助生产作为"翻身农民的道路"的决策有了广泛的群众基础和经验。因此,李顺达及其互助组被作为模范和典型来引领新中国成立后社会主义革命和建设,备受关注,既有其内在因素,也有国家的作用。

1949年新中国的诞生,标志着一个旧时代的终结,一个新时代的开启。李顺达互助组也在历史风云变幻中以太行山上的一面旗帜走过了六个多年头,其意义巨大,毋庸置疑。随着革命战争在全国的基本结束,塑造模范,为土改后中国广大农民生产和发展提供榜样成为中央领导层考虑的重要问题,李顺达互助组此时顺理成章地成为国家的理想典型。一方面因为他组织西沟农民战胜了灾荒,支持了革命,更重要的是1949年李顺达互助组开始广泛地将互助合作与提高生产技术结合起来,将西沟村的生产推向了一个新的阶段。到1950年秋收,全村21户,107人,

---

① 张松斌、周建红主编:《西沟村志》,第4页。

房屋106间，土地212亩，每亩产量二石二斗七升，共产粮食四百八十二石六斗，超过了战前一倍以上。而且，李顺达十分强调组内学习政治文化的重要性，经常通过阅读报纸杂志等来提高自己和组员的政治觉悟和文化水准。① 此外，我们从李顺达互助组在新中国成立后所受到的"特殊待遇"中也可以看出国家在引领中国农民走向集体化道路时的付出和努力。比如1949年、1950年和1951年李顺达先后三次受到毛泽东同志的接见，并鼓励他"要好好建设山区，绿化山区，将来把山区建设成社会主义新农村"。其中，1950年，李顺达出席新中国成立后第一次全国工农兵劳动模范大会，获得了全国劳模的光荣称号。

对于一个普通的农民，享有如此高的荣誉，李顺达的身份、角色，李顺达的家庭，李顺达领导的互助组，很快地被提升到了国家的层次。他的生产实践已不仅限于发家致富，解决温饱，互助组的发展经验成了全国农民"组织起来"、互助生产的样本。因此，李顺达和他领导的互助组在很大程度上被国家化了，上至党政机关报刊，下至地方报纸，以及广播、电视、戏剧等，大力地宣传李顺达经验，政府部门还专门派遣了新华社记者和工作组长期进驻西沟村，将李顺达互助组的日常生活和生产情况反映到上层部门，介绍到广大农村的每一个角落。这在李顺达个人生活史上是一个极为重要的转折点。

从新华社山西分社1951年5月25日关于李顺达互助组的生产情况和思想情况向上级部门的报告中，可以清晰地发现李顺达及其领导的互助组被国家化的经历。该报告从李顺达家庭、互助组、向全国挑战情况、李顺达的搬家问题和如何帮助李顺达等多个方面进行了详细的调查汇报。比如互助组在向全国发出挑战以后，由于土地、居处都很分散，统一安排生产较为困难；而且有的组员表现落后，路河山为避免四个孩子参军，将其分散到林县等地种庄稼，在组内不愿意积极互助生产；还有一些组员因私人问题出现了不团结现象。尽管李顺达基本上解决了组内出现的新问题，但是驻村工作组仍然认为组员的思想与李顺达的先进思想存在较大距离，因此如何加强全组的政治思想教育，继续激发组员的生产积极性成为工作组在西沟村工作的一个重心。

---

① 山西省档案馆档案：C54—2003—30—14,《李顺达劳动模范历史事迹》，1951年。

再如李顺达的搬家问题。平顺、潞城和长治地委部分干部认为西沟的地理条件限制了将来新式农具（如大型拖拉机）的使用，怕影响李顺达互助组的发展。于是，地委特向省委征求意见，李顺达可否搬迁到耕种条件较好的村庄，而李顺达本人也非常同意地委的意见。此外，李顺达每天都很忙，主要原因是参加各种会议、展览会、报告会等，还有全村的生产和支部工作，尤其是向全国各地劳模发出挑战后收到了大量的挑战书和材料，而自己又没有时间去答复。"这亦是李顺达感到和积极要求搬家的原因，现在地委已决定给他配备一个秘书，他听到这个消息非常兴奋。"① 而山西省委在1951年4月5日发给长治地委的一份关于加强对西沟村工作领导的指示中，对李顺达互助组在国家与村庄间的重要性表达的更为直接："劳动模范李顺达成为全国农业生产中的旗帜，西沟村爱国生产的态度和先进经验均为全国各地所重视。为了把西沟工作做得更好，除省委另派专门工作组前往外，地委必须十分重视西沟工作，经常注意了解情况，总结经验，发现问题，同时随着西沟工作展开，平顺要争取成为模范县。望能加强领导，并把情况和经验经常报告给我们。"②

## 三　农业合作社

早在1943年冬，毛泽东在陕甘宁边区劳动英雄大会上就已指出："在农民群众方面，几千年来都是个体经济，一家一户就是一个生产单位，这种分散的个体生产，就是封建统治的经济基础，而使农民自己陷于永远的穷苦。克服这种状况的唯一办法，就是逐渐地集体化；而达到集体化的唯一道路，依据列宁所说，就是经过合作社。"③ 为了推动新中国农业合作化运动，1951年12月15日中共中央颁布了《关于农业生产互助合作的决议》。决议指出，农民在土改基础上发展了个体经济和互助合作的两种积极性，一方面不能忽视和粗暴地挫折农民个体经济的积极

---

① 山西省档案馆档案：C54—2003—30—8，《关于李顺达互助组生产情况和思想情况的报告》，1951年5月25日。
② 山西省档案馆档案：C54—2003—30—2，《加强对西沟村的工作领导》。
③ 毛泽东：《组织起来》（1943年11月29日），《毛泽东选集》第3卷，人民出版社1968年版，第885页。

性；另一方面必须提倡"组织起来"，按照自愿互利的原则，发展农民互助合作的积极性，其发展前途就是农业集体化或社会主义化。该决议也标志着中国农业社会主义集体化道路的起步。

我们知道，山西作为革命老区，其互助组基础深厚，历史较长，李顺达互助组即是典型。尤其是随着农村经济的恢复和发展，战争时期所面临的诸多问题都已基本解决，一部分农民已达到富裕中农的水准，而李顺达在1947年就已是新富农成分了。因此，山西省委便有了"把老区互助组织提高一步"的战略构想。可以说，中共长治地委在创办农业生产合作社的道路上在全国都是领先的。当然，这主要得益于革命老区有着较为丰富的互助生产经验，也是为了克服在"组织起来与提高技术相结合"的发展中互助组出现富农方向、自由发展、单干涣散等现象。[①] 这即是李顺达互助组走向合作社的历史条件。

但是，李顺达领导的互助组在迈向合作社时并不顺利。作为全国劳模，李顺达积极响应试办合作社的政策，而地方政府又不得不对李顺达所冒的"风险"进行慎重考虑，因为此种选择从根本上涉及一个劳模形象的塑造问题。1951年3月27日，长治地委召开了互助组代表大会，正式提出试办农业生产合作社的意见。李顺达等参会的互助组代表都要求试办合作社。但大会上，李顺达第一个被地委否定，理由并非李的互助组没有能力走向合作社，而是因为"李顺达互助组影响大，还是更慎重些好，加之他们刚向全国发出爱国丰产竞赛倡议，不要再因试办合作社分心"[②]。此外，西沟地域内的各村庄较分散，以合作社的形式统一生产和分配也面临着诸多客观条件的限制。所以，李顺达试办合作社的要求未得到上级的批准。时隔半年之后，即1951年9月，李顺达参加了由平顺县委组织的郭玉恩试办川底村农业生产合作社观摩会。对于一个全国劳模而言，李未能在农业合作化的道路上起到带头作用，其无奈的心情自不待言。因此，观摩会后，李顺达便主动在互助组内初步筹建了初级农业生产合作社。不过，对李顺达积极创办合作社还有一个极为重要的因素，那就是李于1951年10月底到北京出席中国人民政治协商会议期间

---

① 《农业集体化重要文件汇编》（上册），中共中央党校出版社1981年版，第34—35页。
② 张松斌、周建红主编：《西沟村志》，第40页。

受到毛泽东的第三次亲切接见,毛泽东对李顺达提出了努力建设山区的期望,更进一步地增强了李创办合作社的决心。是年 12 月 10 日,李顺达克服了一些"特殊待遇"的限制,在原有互助组的基础上宣告西沟初级农业生产合作社正式成立。全村 51 户,入社的 26 户,占到 51%,李顺达被选为社长,申纪兰被选为副社长,并制定了合作社章程。1952 年秋后,李顺达为了突出山区建设的特点,将合作社改名为"西沟农林牧生产合作社"①。

合作社时期,有几件事情对于我们理解李顺达个人生活史至关重要。首先,李顺达在 1952 年爱国丰产运动结束后,获得了中央人民政府农业部颁发的唯一的一次全国最高奖项"爱国丰产金星奖章"。这主要得益于李顺达互助组在西沟村近十年的巨大发展,以及在支持国家建设中所发挥的模范带头作用。尤其是 1951 年李顺达带领互助组积极响应中国人民抗美援朝总会关于开展捐献运动和爱国丰产运动,在捐献"爱国丰产号"和"新中国农民号"飞机的竞赛运动中,李顺达互助组共捐献了 51.2 万元,李顺达本人两次带头捐献了 15 万元;② 在 1951 年的爱国丰产运动中,李顺达互助组共 23 户,耕地 224 亩,每亩平均产量 382 斤,较战前增产 109.9%,该组被誉为"全国丰产模范互助组",并获得爱国丰产奖状 1 份,奖金 500 万元,李顺达也获得爱国丰产奖章 1 枚。③

其次,李顺达作为中国农民代表团的一员于 1952 年 4 月 27 日至 8 月 25 日到苏联参观学习的经验,使他坚信要实现山区社会主义新农村的光辉前景,必须农林牧全面发展。而李顺达回国后在山西省、市、县等党政机关、工厂、学校和农村进行的数十场访问苏联报告会,及大量媒体的报道,都为李的个人生活史增添了具有国家象征的重要筹码。李顺达再次将西沟农林牧生产合作社易名为"金星农林牧生产合作社"。而且,李顺达看到苏联山区建设得有声有色,"经济集体化,生活电气化",使

---

① 张松斌、周建红主编:《西沟村志》,第 9 页。
② 《李顺达互助组向山西全省农民建议开展捐献"爱国丰产号"和"新中国农民号"飞机的活动》,《山西日报》1951 年 6 月 13 日第 1 版。
③ 《农业部向李顺达互助组等颁发爱国丰产奖状,向李顺达等颁发爱国丰产奖章》,《人民日报》1952 年 3 月 18 日第 2 版。

其"搬家"想法一笔勾销了，并制订了详细的三年至五年建设计划。①

再者，李顺达领导的西沟金星农林牧生产合作社经验即《勤俭办社，建设山区》一文得到毛泽东的高度赞扬，并亲自编写了按语后收入《中国农村的社会主义高潮》一书中。按语中指出：

> 这个合作社办了三年，变成了一个包括二百八十三户的大社。由于大家的努力，三年工夫，已经开始改变了面貌。劳动力的利用率，比抗日以前的个体劳动时期提高了百分之一百一十点六，比建社以前的互助组时期也提高了百分之七十四。合作社的公共积累已经由第一年的一百二十元，增加到了一万一千多元。一九五五年，社员每人平均收粮食八百八十四斤，比抗日以前增加了百分之七十七，比建社以前增加了百分之二十五点一。这个合作社的经验告诉我们，如果自然条件较差的地方能够大量增产，为什么自然条件较好的地方不能够更加大量地增产呢？②

之后，李顺达便于1955年12月24日将西沟金星农林牧生产合作社转为西沟乡金星农林牧高级生产合作社，这一模范带头的举动与毛泽东对其创办大社的肯定直接相关。

当然，李顺达领导的合作社也曾面临上述赞誉和鼓励之外的问题，即合作社出现了畜牧亏损、多报产量、"砍社"风波等问题。1953年7月5日，长治地委向山西省农村工作部递交了一份"关于李顺达社存在的畜牧亏损和去年多报产量的问题"的报告。该报告首先指出了合作社在牲畜方面严重亏损的问题：李顺达社自1952年9月将牲畜以作价入社、分期偿价的办法集中起来后，由于饲养管理不好，出现了牲畜变瘦、死亡现象，对此社员不满，干部发愁，问题相当严重。迫不得已，又于1953年6月17日将牲口退归原主，放下包袱，并适当作了赔偿。

---

① 《李顺达运用苏联先进经验改进自己的农林牧生产合作社》，《山西日报》1952年12月3日第2版。

② 中共中央办公厅编：《中国农村的社会主义高潮》（上册），人民出版社1956年版，第101页。

分散那天，社员情绪是一方面埋怨牲口集中后把牲口养瘦了；另一方面感到自己牲口回来了很高兴。南沟小山庄一户社员在牲口走进家门时，全家迎接，用手抚摸，没有进圈，就牵到山上放青草了。他们反映说"不用两个月，牲口就会胖起来"。只有三户因为入社将牲口调整卖掉了，很不高兴，反映"灾荒年我还没卖牲口，今天入了社，没想到会没牲口喂！"分散后几天，由于李顺达搬到前村，地方狭窄，又没有草料，他一共四个牲口，留下一马，将其余二牛一驴卖给这三户各一头，大家才又高兴起来。①

同时，社内羊群因草源缺乏，加之冬雪天气，也出现了瘦死问题，最后也作了分散处理。加上牲畜方面的贷款、杂项等开支，是年李顺达领导的合作社至少亏损近四千万元。因此，长治地委的意见是请求省委设法解决这个问题，否则该社势必垮台。

对于多报产量问题，通过深入调查，报告认为该社1952年向上报奖数字为每亩平均四百四十二斤，经检查每亩实际平均三百七十二斤二两，与原报数相差六十九斤八两。长治地委认为，应由驻社干部陈杰负责。因为李顺达去年四月至十月到苏联参观学习，回来后没住几天（当时正开始收秋），便到各县做访苏报告，而且省里开劳模会他也没回到社里，就直接从各县到省里，之后又到各县做报告，具体数字全是驻社干部给他提供的。

报奖时，由于当地气候冷收割较晚，加之会计水准太低，当时确实未弄清；但当省劳模会后，粮食已分完，本应及时声明，但经陈杰等几人暗中商量，不但没有向上级反映，连社员也不知道究竟打了多少粮食。今春扩干会进行反假报告时，他们也未报告。五月份中央农业部派人来检查，他们害怕从账上查出漏洞，经陈杰等人征得李顺达同意，另外写了一个假分配单，七拼八凑勉强地弄够亩均四百四十二斤，把中农部几个同志哄走了。后来李顺达觉着不妥，

---

① 山西省档案馆档案：C54—2005—69，《关于李顺达社的畜牧亏损问题和去年多报产量的问题》，1953年。

想向县委说明，有一次到县委会可巧很多人在场，他没有说，又返村了。直到这次修订增产计划，在澄清去年基础时，发现有问题，李顺达怕基础弄不好，以后更没办法，才叫驻社干部和会计把底细谈出来。①

最后，地委报告认为多报产量问题说明地委和县委存在着严重的官僚主义，需作深刻检查，李顺达本人虽然事前不知道，但当了解底细后不但没有及时向党反映，而且还同意了陈杰等人的隐瞒行为，应给予批评教育。而陈杰不但没有正确贯彻培养劳模政策，反而虚报产量，隐瞒真相，捏造假账，欺哄上级，应由该县给予适当处分。会计张来全等人，虽不做主，也应给以深刻教育。

省委农村工作部对李顺达合作社问题的处理意见与长治地委基本一致，只是重新强调了两点：一是针对该社近四千万元的损失，请求省委帮助解决一部分，否则影响合作社的巩固和发展；二是对于多报产量问题，李顺达本人应做检讨，对于驻社干部应给予处分，因仍够"一等丰产模范农业生产合作社"的标准，李顺达的劳动模范等级不变。由此可以看出，李顺达在村庄与国家之间扮演的劳模角色使得其合作社具有存在同类问题的其他合作社所没有的实践特征，这无疑会增进我们对集体化时代国家与社会的理解和阐释。不过，在此还需对长治地委报告补充一点说明，即其报告原有五个部分，除亏损和多报问题之外，另有关李顺达合作社1953年生产计划及分配问题三个方面，但省委农村工作部在将长治地委报告呈报省委时把生产计划部分删掉了，只将前两个问题上报给了省委。这其实凸显了省委和地委在李顺达合作社问题上所产生的张力。对李顺达合作社生产计划的否定可能直接起因于其牲畜亏损和多报产量问题，也暗含了整顿合作社的意图，但是，李顺达具有全国劳模的身份，无形中又促使他提前进行生产分配规划，其实是发挥模范作用的重要一环。

办社的第一年，虽然出了一些问题，但是李顺达合作社农业增产，

---

① 山西省档案馆档案：C54—2005—69，《关于李顺达社的畜牧亏损问题和去年多报产量的问题》，1953年。

副业增收，社员收入明显地好于单干户。因此，到1952年年底没有入社的农户要求入社，结果合作社扩大到了47户。1953年8月，李顺达又将西沟村域内的沙地栈、南寨和池底三个自然村合并为一个村，入社农民达到203户。随着李顺达合作社不断扩大，在生产过程中也出现了一些矛盾和问题。比如1954年，西沟村大搞治山治沟，摊子铺得太大，用工太多，投资也过大，到年底人均收益虽有提高，但公共积累比上年减少了50%多，工分值从8角多降为3.6角。一些社员认为在合作社里吃了亏。作为社领导，李顺达、申纪兰等人则教育社员要把合作社这种生产体制和创办合作社过程中出现的问题区别开来，要坚信合作社的集体化道路没有错，要相信通过不断完善合作社管理和生产组织，可以解决社内出现的诸多问题。①

事实上，李顺达合作社问题的产生有一个背景，即1953年夏天华北地区在农业生产互助合作运动中出现了急躁冒进的势头，对此，华北局还专门向中央汇报了有关情况。1955年1月，中共中央发出了整顿和巩固农业合作社的通知，要求凡是基本上完成或超过了原定发展计划的地方，应该停止发展，全力转向巩固。同年5月，邓子恢也指出了合作社发展的一个重要原则就是一般的停止发展，以巩固为主；而且社内户数的扩大以增加四分之一到三分之一为限，如30户的社再扩大七八户，20户的社再扩大五六户，否则，盲目扩大的太多，就不容易"消化"。② 而李顺达合作社自1951年12月成立时的26户，次年年底便扩大到47户，1953年夏社内户数则达到203户，所以1954年出现社员用工过多，分配比往年减少一倍多的问题似乎难以避免。

因此，在全国农业合作社急躁冒进及对其进行整顿巩固（即所谓的"砍社"风波）的大背景之下，李顺达合作社再次受到山西省委政府的"特殊待遇"顺理成章，因为李是全国劳模，他领导合作社的发展状况对其他地区办社意义重大。1955年6月，中共山西省委第三书记杨士杰专程到西沟村检查指导工作。杨认为李顺达合作社办得大了，办得早了，遂指示将西沟金星农林牧生产合作社再分散为南寨、西沟、池底三个小

---

① 张松斌、周建红主编：《西沟村志》，第10页。
② 《农业集体化重要文件汇编》（上册），中共中央党校出版社1981年版，第279、339页。

社。很显然，杨士杰在贯彻党中央关于整顿农业合作社的指示，试图对李顺达合作社做出调整，但也忽略了李顺达领导西沟村进行互助合作的历史基础和所取得的辉煌成就。结果，李顺达等社干部带领西沟社员顶住了省委的"砍社"风，并说："社大规模大，地界山界麻烦少，便于同一个山系水系综合治理。而且入社是社员自愿的，办合作社是党的号召，走回头路行不通。"① 结果，李顺达合作社非但没有分为三个小社，而且两三个月后又将老灰沟的"黎明社"兼并到本社中。这样，李顺达合作社便由原来的 203 户又增至 283 户，入社农户占到了全村总户数的97%。之后，又于1955年12月24日将西沟金星农林牧生产合作社转为西沟乡金星农林牧高级生产合作社。可以看出，尽管李顺达在组建合作社时有些"落后"，但是其合作社发展的冒进倾向则与李追求模范带头的心理直接相关。

## 四 金星人民公社

1958 年 8 月，河南省遂平县卫星人民公社的成立标志着一种高度集权的、计划的社会经济体制在新中国大地上的崛起，随后在"人民公社好"的赞誉和响应中，全国上下掀起了一场史无前例的人民公社化运动。同年的 8 月 19 日，以西沟金星农林牧高级生产合作社为基础成立了西沟金星人民公社，李顺达任社长。全社包括西沟村域内的 1207 户，4996 人，总面积 10 万亩，耕地面积 7000 亩，牲口 500 头，羊 3500 只。不过，在西沟金星公社的各项工作还没有就绪的情况下，平顺县委又于 10 月 7 日将原西沟、龙镇和杨威 3 个乡的 25 个高级社合并为一个大公社，社址设在龙镇，社名仍为西沟金星人民公社，李顺达仍担任社长。全社农户增至 3680 户，14862 人，总面积 282500 余亩，耕地面积 24300 亩，牲口 2192 头，羊 8411 只。李顺达所在的西沟村则成了大公社的一个管理区，辖 14 个生产队，林业队、副业队和畜牧队各 1 个，而且李顺达和申纪兰二人均为不脱产的公社干部，主要集中领导西沟管区的生产发展。但是，李顺达担任金星公社社长的"虚位"则使得西沟人在"大跃进""共产

---

① 张松斌、周建红主编：《西沟村志》，第 10 页。

风""浮夸风"等极端化的人民公社运动中受损较小起到了重要的作用。

比如，大公社一成立，在组织军事化、行动战斗化、生产集体化的口号下，抽调大批劳动力组成营、连、排、班，放着成熟的庄稼不收，却分别到白家沟和壶关大炼钢铁，到百里滩修水库。此外，还把各户的粮食统统收集到公共食堂，吃"大锅饭"。而且，原来25个高级社的公共财产无偿地归公社所有，取消了社员的自留地。社员的成片林子和零星树木名为作价入社，计入了往来账，实际上等于无偿归公社所有。各高级社与社员之间的债权债务也统一到公社处理。公社还统一确定了分配扣留比例，实行全社统一分配，并规定大公社所有收益40%作为社员分配，60%归公社作为公共积累。社员的具体分配则再次分为"供给制"与"工资制"两种，各占50%。最后，还从省里请来专家设计金星公社的共产主义蓝图，即搞办公大楼和"三宫"（文化宫、养老宫、少年宫）、"六院"（幼儿园、敬老院、电影院、剧院、医院、疗养院），实行一平二调三收款。

后来经过反"五风"调查核实，这一系列的所谓公社化运动造成全公社减产减收，比1957年减产31%，减收24%，却浮夸虚报全社亩产1000公斤，人均收入比1957年提高了80%。而以李顺达为首的西沟管区则因李长期坚持在农林牧生产的第一线，区域内的庄稼并没有因出现混乱而遭受大的损失。相反，西沟的粮食生产在公社化运动中亩产达到了227公斤，比1957年每亩增产15公斤，社内总收入增长17%，人均分配收入也增加了11元，提高了16.8%。[①] 可以说，李顺达带领西沟人能取得这样的成绩在各地狂热的公社化运动中是不多见的，而且确保了社员的个人利益和集体利益的实现。

尽管李顺达实事求是地为金星公社不断努力，但众多社员仍旧忧心忡忡，担心"五风"终将会使西沟村的生产遭到严重破坏。就在大公社的人们还沉浸于"大跃进"的美梦中尚未惊醒过来时，一场连续三年的灾害让狂热中的人们经历了饥饿、疾病和死亡带来的恐惧。面对罕见的灾害，西沟村也遭受了损失，生产力在一定程度上受到了破坏。据统计，1961年，每亩产量减为200公斤，总产量减少了4.5万公斤，社员口粮

---

① 张松斌、周建红主编：《西沟村志》，第54—56页。

也由原来的191.5公斤降为142公斤，减少了49.5公斤，荒山造林三年期间仅有1000亩。但是，令西沟社员群众感到欣慰的是，李顺达等大队干部和社员代表带头商议了战胜灾害的一些措施，如在经营管理上，主张立即恢复生产队的"四定"（定土地、定劳力、定牲口、定农具）、"三包"（包工、包产、包财务）、"一奖惩"（超奖减惩）的责任制，从而突出了生产队的局限；规定社员每人留5厘菜地，补偿食堂饭菜之不足；还对小井脑等4个历年产量很低的小山庄，将土地下放到户，实行"名誉社员"；此外，还专门对社员进行社会主义教育，依靠集体渡过难关。

在一个由"两条道路的斗争"主宰着农民社会日常生活、生产实践的时代，李顺达等人的"措施"是要冒极大风险的。而这样一次"历险"则与李对社会主义前景实事求是、因地制宜的理解和判断紧密关联，即"坚持社会主义的目标不能变，但如何奔向社会主义可以有不同的起点。西沟地域辽阔，40多个村庄，只能有的以队干，有少数以户干"①。之后，随着"农业十二条""农业六十条"的相继出台，以及反"五风"和落实"调整、巩固、充实、提高"八字方针等，李顺达领导西沟大队实行的"四定""三包"与"一奖惩"责任制更加完善，还允许社员发展家庭副业，每户还可以私养1—2头牲口，并于1962年春解散了公共食堂，将自留地由5厘增加到7厘，从而促进了西沟的生产发展，顺利地度过了三年困难时期。

当然，李顺达领导西沟大队因地制宜的生产实践也经历了诸多波折，但是凭借其全国劳模的身份，在处理村庄与国家关系的问题上，李则以相当大的自主性保障了群众利益，顶住了"歪风"对西沟人的冲击。正如李顺达所言：

> 一次，上边有人说要割资本主义尾巴，把社员房前屋后的树木归公，不这样做，就是一个态度问题。我翻开六十条一看，允许社员在房前屋后栽树。我又分析了西沟的具体情况，共有土地29000多亩，1800多口人，住在40多个村庄，有几十户一个山庄的，也有几

---

① 张松斌、周建红主编：《西沟村志》，第57页。

户或一两户一个山庄的,他们房前屋后空地方大得很,我想社员种了树总比荒了好。社员有几棵树,他自己管,还能得点利,要没收归队,谁去管?因为这儿三棵,那儿两棵,派专人管,也不好办,对社员、集体都不利。我们住在深山里,社员吃个梨呀、苹果呀,很不方便。于是我们党总支开会决定,不仅不没收社员的树,还要帮助社员发展果树,提供树苗、农药,传授技术,帮社员代销果品。①

有的社员担心李顺达的劳模形象会受到影响,多次告诫他:"老李,你这是硬碰硬,你多想想。"而李却说:"这是实事求是。我们西沟有西沟的情况,不要紧吧。"由于李顺达讲了真话,从西沟的实际情况出发安排大队生产,较好地实现了个体利益、集体利益和国家利益之间的平衡,从而在社员群众中更加巩固了其全国劳模的形象和威望。

但是,在那个政治狂热充斥于每一个角落的时代,讲真话、办实事很难,也很危险。而李顺达坚持"共产党员一定要讲真话"的信条就使得其在自己的劳模生活史上遭遇了一次挫折和打击。1964年,全国上下开始了"农业学大寨运动"。尤其到了"文化大革命"时期,学大寨运动逐渐演变为一场充满意识形态之争的"政治大革命",以普及单一的生产模式为标志的运动极端地在广大农村蔓延了十余年。李顺达在公社时期的不幸遭遇主要起始于农业学大寨运动。李顺达领导的西沟村早在1963年年初便开始向大寨学习经验了,这在全国学大寨运动中是较早的,而李顺达也是全国第一个学习大寨的劳模。之后,李顺达又曾多次带队到大寨参观学习,并在西沟大队推行了大寨的自报公议生产劳动分值记分法,生产中实行"三深"耕作方法等。到"文化大革命"后期,随着将大寨"堵不住资本主义的路,就迈不开社会主义的步"的割资本主义尾巴的政治经验在全国农村推广,使得李顺达对盲从地学习大寨经验提出了质疑,这也许是一个劳模凭借几十年革命和生产实践做出实事求是的本能反应。

但是,李顺达却因此遭到了诬陷和批判,被冠之以晋东南"反大寨

---

① 《共产党员一定要讲真话——西沟大队党总支书记李顺达的广播谈话》,参见马明主编《太行劲松——全国劳模李顺达》,山西人民出版社2002年版,第342—345页。

势力"总后台的罪名。李顺达在后来的一次谈话中指出,上边大张旗鼓推行"一心为公劳动,自报公议工分"的记工法,他说这不适合西沟的情况,但也不敢硬碰,只是摆出了一个事实:西沟大队社员居住分散,有好多一两户的山庄,社员多是一个人或一家人作业,要实行自报公议,很难。最后,西沟大队仍实行"定额记工"的老办法。随后,长治地委在一次大会上专门批评了李顺达的做法,说:"割资本主义尾巴,你不割;先进记工法,你不推广;生产队越划越小,把12个生产队划成17个队,别人大踏步前进,你是大踏步后退。"① 倘若如此,我们相信西沟一千多的社员群众也不会对李顺达的选择唯命是从的。但是,历史却从相反的方向证明了一个全国劳模为了群众利益,为了集体利益,为了国家利益,经受了巨大的挫折和不幸。

实际上,李顺达领导的西沟大队没有盲从大寨经验,因为他们从学习中汲取了教训。在一份有关为李顺达平反的材料中,我们发现了西沟村学大寨的具体情况:

学大寨,收了社员的自留地,在1969年至1978年,仅有一年给社员分过三十斤自留地粮,其余九年全由集体耕种;学大寨,不惜工本搞人造小平原,1973年动用机械、炸药,用长达四个月的时间,把二十多块的九亩八分地搞成了一块小平原,增地仅一亩二分,开支达四万元,干部还鼓励社员"学大寨不能算经济账,要算政治账";学大寨,造小梯田,为了整齐好看,垒石堰,用了三个冬春的时间,投工三万个,开支三万元,吃粮三万斤,结果只增了二亩地;学大寨,想新的干大的,投工三万个,花钱一万六千元,修涵洞五百米,增地只有15亩;学大寨,推广大寨评工记分法,但又推广不开,实际上还是以产计酬,对外都不敢明说,表面上还讲大寨那一套;学大寨,粮食分配搞自报公议,结果报得多,粮食少,行不通;学大寨,片面执行"以粮为纲"的方针,修大寨田砍掉六百六十多棵核桃树,每年至少减产七千斤核桃;学大寨,大批资本主义(一是砍了党参,1969年党参总产一万斤,收入一万五千元,到1976年只产千斤左右,1977年就不种了;二是砍了麻籽,过去总

---

① 《共产党员一定要讲真话——西沟大队党总支书记李顺达的广播谈话》,参见马明主编《太行劲松——全国劳模李顺达》,第342—345页。

产麻籽二万二千斤，社员吃油二斤多，后来地边不种了，社员吃油很困难；三是停了拖拉机、汽车运输，过去运输副业收入一万五千元，因为认为方向偏了，后来就不敢搞副业了）；学大寨，建设新农村，先后拆了二百间房子和窑洞，盖新房二百七十间，花钱十三万多元，为了建设新农村，还把能住的房子也拆掉了；西沟学大寨十多年，储备粮由原来的六十万斤，减少到现在的三十万斤。社员们说，认真学大寨，不但受了害，还被当作反大寨的势力受了批判。①

尽管如此，李顺达在1977年的"揭批清"运动中被戴上晋东南反大寨总后台的帽子，并给其总结出了所谓的"十二条"罪状，反大寨便是其一。不过，面对突如其来的灾难，李顺达并没丧失一个共产党员的基本立场，而是坚决捍卫了自己的劳模尊严和形象。比如，李顺达坚决否认自己的"十二条"罪状，尽管省委的一些领导多次动员他哪怕只承认一条，就可以当选十一大党代表。而李顺达则说：

> 我已经活了60多岁，从没向党撒过谎，今天叫我昧着良心说谎话，还给个十一大代表当。过去我当过党代表，也当过全国人大代表，但不是这个当法。现在叫我欺骗党，欺骗人民，骗取个人荣誉，当党代表，我不当！②

结果，省委以莫须有的罪名剥夺了李顺达参加中共十一大代表的资格。

不过，让李顺达最痛心的还是西沟的生产因自己被批判而受到了重大摧残。1978年夏天，李顺达带病从中央党校毕业回到西沟村时，晋东南地委专门派来工作组特意把高音喇叭架在金星公社大门外，居高临下地正对着李顺达的家，整天播放他的"罪状"和批判他的文章。同时，工作组还组织人在西沟大砍树木。可以说，正是凭借勤劳致富的信念，

---

① 山西省档案馆档案：C54—2032—31，《西沟大队和李顺达同志"反大寨"的问题应当澄清》，《中共山西省委常委（扩大）会议演示文稿（晋东南、长治市组）》，1980年8月13日。
② 《共产党员一定要讲真话——西沟大队党总支书记李顺达的广播谈话》，参见马明主编《太行劲松——全国劳模李顺达》，第342—345页。

李顺达带领西沟人把一个石厚土薄的穷山沟变成了绿树成荫、瓜果满地的富山沟，他怎能无视西沟遭到的"虐待"。当他眼睁睁看着工作组将多年经营起来的六百多棵核桃树砍光时，便气愤地在院子里跺着脚大喊："我犯了错误，树也犯了错误？我受批判，树也得砍光？"① 一个普通的中国农民，一个没有多少文化的农民，一个享有至高荣誉的农民，以自己最真实的语言道出了一个充满政治狂热年代的荒诞和无奈。

幸运的是，这场由山西省委主要领导人发动的批判李顺达的错误运动，在晋东南地区遭到了广大社员群众的抵制，特别是在西沟，诬蔑李顺达的一切"罪状"没人相信，也没人响应，因此对李的批判很难展开。在运动中，李顺达的省委常委、革委副主任、晋东南地委书记、平顺县委书记等职务全被撤销。当有人试图要撤去李的西沟村党支部书记一职时，西沟的群众和党员则说："老李的总支书记是全体党员选出来的，要撤也得我们同意。"② 所以，在李顺达遭受挫折的几年中，保留下来的唯一的职务即村总支书记。而且我们相信这也是李顺达在挫折中感到最欣慰的一点，其劳模旗帜不倒，是因为他代表了群众的利益，赢得了群众的支持。直到1981年5月，通过中共中央、国务院的介入，山西省委才不得不停止对李顺达的批判，并为李顺达及受株连的干部、群众、劳模、家属、子女、亲友等彻底地平了反。

## 结 语

李顺达的人生经历展现了个体、村庄与国家三者关系的生成过程，从中我们可以看出李顺达在村庄与国家间所扮演的角色和具有的作用。从李顺达对"组织起来"的朴实理解中就能看出，作为农民个体，追求生存保障是第一位的；但是，作为政治符号，又促使其必须将个体生活的满足与国家革命和生产紧密地衔接起来。而这样一种关系的出现也使我们理解了塑造一个劳模典型所具有的时代意义。在对李顺达冷静客观的历史评价中，我们至少可以得到如下几点启示：

---

① 张松斌、周建红主编：《西沟村志》，第222—223页。
② 同上书，第223页。

首先，就最初参加互助合作的李顺达等几户农民而言，其最直接的动因是灾害和饥荒。互助合作发展生产，是这些贫困农民除了逃荒讨饭之外，摆脱饥饿与死亡威胁的唯一理性选择。而当地中共政权各级干部对李顺达合作社的扶持与资助，尽管初衷带有教条主义的色彩，但也都清楚地意识到农民的利益，注意迎合农民的愿望。历史的实践表明，李顺达领导下的西沟村互助合作并不完全是教条主义的产物，农民自身巨大的能动力量完全可能达成进步的政治目标。

其次，李顺达作为一个"政治标本"，在新体制建立和巩固的过程中所表现出的坚韧毅力、牺牲精神和典型的农民式的生存智慧，令人感佩。没有文化的农民政治家的视野毕竟有限，同时，在以阶级斗争为纲的时代背景中，李顺达这样的农民政治家既能成就空前绝后的辉煌，也可能遭遇前所未有的灾难。改革开放以后，党的意识形态的基点由"以阶级斗争为纲"转向"以经济建设为中心"，强调政治忠诚和政治表现的"新德治政体"开始向以效率原则为轴心原则的"绩效体制"转变，但政治忠诚和政治现象仍是一条很重要的价值标准，政治地位也仍然是一个很重要的社会分层维度，所以，李顺达这样的标本仍在不断地被树立起来。

当然，"树立标本"是任何一个政党延伸政治权力和政治文化的一种重要方式。它能够抓取群众在日常生活中非常熟悉的组织、个人、行为和话语，将其升华为党的意识形态符号，用以表达各项方针政策的内涵和期望。这样，它就非常巧妙地在两种政治文化之间搭上了桥梁，将党的意识形态与群众的日常生活有机地联系起来，既增加了精英文化在群众日常生活中的"能见度"，又将精英话语灌注到日常生活之中，在不知不觉中改变普通大众的价值取向和解释框架。

# 山西大学校史三题

山西大学是我国最早成立的近代新型大学之一。2002年,这所与时俱进的高等学府将迎来它的百年华诞。

百年校庆之际,作为山西大学的一名历史学教师,笔者愿就校史议及三题,成此小文。权当敬献母校百岁诞辰的心香荼礼。

## 一 校庆日考略

一所学校的校庆日,犹如一个人的生日,都有他确切的年、月、日。山西大学百年校庆在即,其"身世之谜"不得不考。

校庆日的考订采取由近及远的回溯办法可能最为便利。

1992年90周年校庆时,山西高校联合出版社曾出版《群星璀璨话摇篮》一书,内载马兆丰先生《怀念师友忆往事 几度校庆见兴衰》一文。据马老回忆,他曾亲身经历过3次校庆,一为1947年5月举行的45周年校庆;一为1982年10月举行的80周年校庆;一为1992年9月举行90周年校庆。后两次校庆笔者都曾有幸作为山西大学的一员参加,其规模、盛况、各种大型活动至今记忆犹新,惟庆典活动的标志——由省府官员及各方来宾参加的大会,90周年在9月10日,80周年则在10月26日。9月10日为国家规定的教师节,校庆日与教师节同庆尚可理解,10月26日则不得其解。

值得注意的是,45周年校庆在5月举行,征询马老确切日期在5月1日。此次校庆在老校址侯家巷举行,"校庆十分简陋,连个会标都没有,只是举行了一个报告会,参加师生稀稀疏疏,没有什么庆祝气氛(上揭马兆丰文)"。但5月1日却是"身世之谜"的一个重要日期。

查民国三十六年（1947）编《国立山西大学一览》后附《国立山西大学三十六学年度学校历》，其"说明"中明确记曰："五月一日，校庆纪念放假。"同年，由国立山西大学文学院和法学院合编的《山西大学报·创刊号》也于 5 月 1 日出版。校长徐士瑚在"创刊词"中写道：本学报"能于五月一日，本校四十五周年校庆纪念日出刊，是一件令人兴奋的事"。

将 5 月 1 日作为山西大学校庆日，在山大校史上可能是沿用最长的一个日期。查民国三十二年（1943）创刊的《国立山西大学校刊》，直至民国三十六年（1947），每年校庆该刊均有庆祝活动的记载。其中 42 周年由全校师生员工参加的庆祝大会上，教务长严开元、法学院院长张之杰、训导长薛耀庭、经济系主任侯锦绂等人均发表讲演（校长徐士瑚因赴克难坡未在校）。尤其是侯锦绂的讲演，不仅将山西大学与北京大学比较而论，而且颇为推崇 1922 年以前"外人办理"时期的山西大学：

> 山大是次于北大而为全国最早的第二个学校，但北大前身只是译学馆，论课程完备、灌输欧美文化最早的学校，还要以山大为第一。山大之始，创办于英国驻上海总领事李提摩太之手，当时欲以欧西文化解救我们的一些缺点，但其弊在欧化过深，矫枉过正，后来也同时注重我国文化，遂又有进步。首次由李氏选派留洋的学生，毕业归国多在本校授课，大半成一时学术精深的名士，所以在民国十一年以前，就是外人办理的时期，本校是颇负盛誉的。

北大自有北大的优势，山大也有自己的长处，当然不好简单地比附。但侯锦绂先生这番"气壮如牛"的话，恐怕今日吾等晚辈就难以出口了。

再往前溯。查 5 月 1 日作为校庆日，早在 20 世纪 30 年代初年即已确定。1930 年 5 月 1 日《山西日报》载："山西大学校王录勋校长，以今日（5 月 1 日）为该校成立二十八周年纪念日，特于昨日牌示放假一日，以表示庆祝，其牌示云：'查本年 5 月 1 日为本校成立二十八周年纪念日，照章放假一日，以示庆祝，而志不忘，仰各科诸生一体知照，此布'云云。"按王录勋校长牌示"照章放假一日"，确定 5 月 1 日作为校庆日当还在此前，借现存资料已无从稽考。

另一种代表性的说法是将 6 月 26 日作为校庆日。老校长徐士瑚在《李提摩太与山西大学堂西学专斋》一文中即持此说。① 其实，1902 年 5 月 26 日（光绪二十七年五月二十四日）是西斋正式开学上课的日期，此时山西大学堂已宣告成立。

问题是，为什么在三四十年代将 5 月 1 日作为校庆日？查遍有关山西大学现有校史资料，对此没有任何明确记载。笔者在此作一大胆推测：查光绪二十八年五月初二（1902 年 6 月 7 日），《中西大学堂改为山西大学堂西学专斋合同》二十三条由巡抚衙门盖印，中方代表山西布政使吴廷斌、山西大学堂总理谷如墉等，外国代表上海广学会总办李提摩太、山西大学堂西学专斋总教习敦崇礼双方在太原府签字。从此，经过一年多的交涉，双方终于在此日就李提摩太筹办之中西大学堂"归并"山西大学堂办理，同时就成立中斋西斋达成一致协议，随后才有 6 月 26 日的西斋开学典礼。时人或据塑望月取农历每月初一为朔日，定五月初一为校庆日。又，民国以后阴历改阳历，民间仍是"阳阴合历，你过你的年，我过我的年"，又将阴历五月一日沿用为阳历 5 月 1 日，或者干脆懒得去改，径直以阳历 5 月 1 日作为校庆日。以此"蛛丝马迹"推测延续数十年的校庆日，不禁惶然。确否，尚待史料的发现和高明者指正。

那么，究竟山西大学的校庆日为何月何日？吾意应在 1902 年 5 月 8 日。

查光绪二十七年八月二日（1901 年 9 月 14 日）清政府下诏复命"除京师大学堂切实整顿外，著各省所有书院于省城均设大学堂"②。翌年正月，山西巡抚岑春煊向朝廷上奏《设立晋省大学堂谨拟暂行试办章程》共 6 条，其中第二条"建学舍"云：

> 省城旧有晋阳令德两书院，令德逼近衙署，局势褊狭，晋阳在城东南隅，旁多隙地，现已就晋阳基址，派员详加勘估需用工料银两，就地实无从筹划，应请恩准作正开销。惟学堂工竣需时，刻下所调各属生徒陆续至省，未便令其久候，拟先借贡院略加修葺，即

---

① 徐士瑚：《李提摩太与山西大学堂西学专斋》，《山西大学学报》1984 年第 3 期。
② 朱寿朋：《光绪朝东华录》卷 169，中华书局 1984 年版。

于四月初一日开办。俟学堂落成，再令迁入。

岑巡抚此折上奏后，光绪帝朱批曰："选举一条，著管学大臣议奏，余著照所拟办理。"① 如此，岑春煊委派山西候补道姚文栋为督办、谷如墉为总理、高燮增为总教习，以文瀛湖南乡试贡院为临时校址，于四月初一日如期开学。

查光绪二十八年四月初一为阳历1902年5月8日。5月8日即是山西大学校庆日。

话说3月30日李提摩太、敦崇礼、新常富一行由上海出发，途经北京、塘沽、正定、怀鹿、平定等地，辗转整整一个月时间于4月30日到达太原。时，山西大学堂已遵旨拟定开学上课，双方又经一个多月的磋商讨论，终于达成中西大学堂"归并"山西大学堂并分设中斋、西斋的最后协议，山西大学堂西学专斋遂于6月26日开学。此是后话。

## 二　译书院及译书考

语言是交往的媒介，也是知识传播的工具。晚清学堂兴办之初，译介西方各类自然科学和人文科学的教科书成为迫在眉睫之事，正如时任清廷管学大臣、京师大堂督办张百熙所言："译书一事，实与学堂相辅而行。"

光绪二十八年（1902）山西大学堂成立之初，时任山西巡抚的岑春煊即对译编教科书擘画在胸。岑氏在"晋省拟将耶稣教案赔款另立学堂归并大学堂，作为西学专斋，以收主权而宏教育"的奏折中，曾列举归并办理"数利"，其中一利即为："今日译编新出者尚属寥寥，旧出者已成陈迹。虽设学堂，读西书，苦无课本。若归并办理，则西学专斋所译之新书，皆系大学堂之课本。"《二十三条》签订后，西学专斋首任总理李提摩太特从西斋每年经费中拨出一万两白银，在上海设立了山西大学堂译书院。

山西大学堂译书院初设于上海西华德路，后迁至江西路福慧里210

---

① 《清实录·德宗实录》卷498，民国二十八年日本缩印大清历朝实录本。

号。最初，译书院由李曼教授负责，后又聘英人窦乐安（John Dorroch）博士主持。其英、日译员及校阅者前后十余人：张在新（上海人）、许家惺（浙江上虞人）、朱葆琛（山东高密人）、范熙泽（上海人）、黄鼎（湖北同安人）、梁澜勋（广东三水人）、许家庆（浙江上虞人）、夏曾佑（江西钱塘人）、叶青（上海吴县人）、郭凤翰（山东蓬莱人）、苏本铫（上海人）、西师意（日本人）。其中夏曾佑、许家惺、朱葆琛均为翻译界名流。

译书院之所以设在上海，除李提摩太在上海主持广学会，便于就近指导外，恐怕另一个原因就是经费紧张。用有限的经费尽可能翻译出版更多的教科书，上海可能是当时最佳的选择。1902年年初，管学大臣张百熙在"奏请设立译书局与分局"中即明确指出：

> 惟欲随时采买西书，刷印译文，更宜设分局于上海，则风气既易流通，办理亦较妥便。又翻译东文，费省而效速，上海就近招集译才，所费不多，而成功甚易，南中纸张工匠，比京师尤贱，拟将东文一项，在上海随译随印，可省经费之半。①

译书院成立后，李提摩太曾于1903年5月间到日本访问考察，收集了大量日本翻译的西方国家大、中、小学教本，所以译书院译教本中有许多都是从日文转译而来，日文翻译西师意即为李氏此次访问所聘，甚至有些教科书干脆由日本博文馆印刷所（位于今东京市日本桥区本町三丁目）或福音印刷合资会社（位于今横滨市山下町八十一番地）制版印行。

山西大学译书院自1902年设立至1908年因经费紧张停办，6年时间共翻译印行多少种教科书？各种说法并不一致。1911年，梁善济撰《山西大学堂设立西学专斋》云"成书二十余种"；李提摩太在《留华四十五年记》中列举十数种；老校长徐士瑚在《李提摩太传略》中列举14种；《山西大学史稿》则笼统称为"数十种"。笔者现据译书院印行《俄国近史》《最新天文图志》《世界名人传略》等书附录"山西大学堂译书院出

---

① 朱寿朋：《光绪朝东华录》卷170，中华书局1984年版。

版新书目录",参照山西大学校史研究室所有译书院书目原本及复制本共得以下22种,虽有些书目至今不得一见,然存目备考,确有必要。

A. 高等学堂用书

《天文图志》1册,[美]迈尔著,黄鼎、张在新译述。

《地文图志》1册,[英]冀崎著,叶青译,夏曾佑阅、朱葆琛、许家惺校阅。

《迈尔通史》1册,[美]迈尔著,黄鼎、张在新译述。

《俄国近史》1册,[法]兰波著,苏本铫译述,夏曾佑、许家惺校阅。

《世界商业史》1册,[英]器宾著,许家惺、许家庆译述。

《克洛特天演学》1册,[英]克洛特著,黄鼎、范熙泽译述。

《美国法律学》1册,不详。

B. 师范学堂用书

《应用教授学》1册,[日]神保小虎著,[日]西师意译述。

C. 中学堂用书

《藤泽算术教科书》2册,[日]藤泽利喜太郎著,[日]西师意译。

《植物学教科书》1册,[日]大渡忠太郎著,[日]西师意、许家惺译述。

《动物学教科书》1册,[日]丘浅博士著,[日]西师意、许家惺译述。

《矿物学教科书》1册,[日]神保小虎著,[日]西师意、许家惺译述。

《物理学教科书》1册,[日]西师意、朱葆琛译述。

《生理学教科书》1册,[日]丘浅次郎著,[日]西师意、许家惺译述。

《地文学教科书》1册,[日]横山又次郎著,[日]西师意译。

《十九周新学史》1册,[英]华丽士著,梁澜勋译述,许家惺纂辑。

《代数学教科书》2册,不详。

D. 参考书

《世界名人传》1册,[英]张伯尔著,窦乐安、张在新、黄鼎、郭凤翰译述,许家惺校阅。

《中西合历年志》1 册，黄鼎辑。

《世界轶事》1 册，不详。

《万国纪略》1 册，不详。

《插图惊奇轶事》1 册，不详。

以上所辑译书院译书共 22 种 24 册，证诸梁善济 1911 年所记"成书二十余种"最为接近。也许尚有遗漏者，惟愿有心人留意。

应当肯定的是，译书院的设立倾注了山西大学堂创办人岑春煊和李提摩太的心血，译书院所取得的成就与 10 余名中外译述、校阅人员呕心沥血的辛勤工作更是直接相关。译述人员熔铸中外，融汇古今，"成书二十余种，足供师范高等学校之用"，确实做了一件利于学术文化的大事。就译书院印行的各类教科书和工具书而言，有许多即为欧美当时出版的新书，如《迈尔通史》为 1900 年美国新版书，1902 年即译出发行。《天文图志》1903 年英文版出版，1906 年即出中文译本。还应注意的是，译书院的一些译本，民国以后，甚至到 20 世纪 40 年代仍为同类图书中的佼佼者。1998 年，著名学者李学勤曾撰文《记山西大学堂译书院版〈天文图志〉》，[①] 对该书仍然推崇有加：

> 《天文图志》是我少年时期最喜爱的一本科普读物。
> 
> 《天文图志》不仅使我在天文学知识方面得到启蒙，而且是我好读科学书籍的开端。

在《天文图志》出版之后，很长时间，再没出版过类似水平的天文图谱，这就是 1942 年前后像这样的小孩子还要读 1903 年出原本、1906 年出译本的图谱的原因。今天，我们的科普工作当然绝非那时所能同日而语的，可是在书店想买一本精致的天文图谱仍非易事。

山西大学堂译书院所译各类教科书，为当时许多大、中学堂所采用，对解决学堂燃眉之急的缺乏教科书问题确实起到了相当重要的作用，也为中西文化的交流作出了积极贡献。从译书院当时的"寄售所"也可看出其广泛的影响。据载，除上海广学会外，寄售所尚包括群学社、四

---

① 李学勤：《记山西大学堂译书院版天文图志》，《山西大学学报》1998 年第 3 期。

川成都广学会、美华书馆、科学书局等机构。1902年山西大学新共和学会出版的《新共和》刊物，其"发刊宣言"中称译书院"颇有贡献于当时的社会国家"确非虚语。

往事如烟。百年前山西大学译书院对国家社会颇有贡献，百年后许多高等院校，尤其是综合性大学拥有自己的出版社，高校出版社已成为中国出版业一支不可小视的生力军，其服务教学、科研，贡献民众、社会之功能有目共睹。惜百年前已拥有专门出版机构的山西大学，今日却在群社如林中没有一席之地。忆记20世纪80年代，曾有"山西高校联合出版社"，不知何故也已销声匿迹。笔端至此，能不令人浩叹！

## 三 新共和学会及《新共和》

1911年的辛亥革命以推翻帝制和建立共和而彪炳史册，但革命的果实很快被袁世凯窃取。以孙中山为代表的革命派以10余年的奋斗，用鲜血和头颅创建了民主共和制，但成为民国元首的却是反对革命的袁世凯，民主成为袁世凯掌中的玩物，共和只有一张空招牌，民初社会陷于"山重水复疑无路"的境地，一代先进的中国人在疑虑、彷徨、徘徊中奋争。"五四"新文化运动高擎科学和民主的旗帜；一面对中国几千年历史凝结而成的文化传统进行总体性的理性批判，一面为建设真正的"西洋式的社会"而苦苦追求。一时间，组织学会、兴办报刊蔚然成风，各色各样的"主义"蜂拥而入中国。山西大学的新共和学会及《新共和》刊物，就是此种社会潮流中的一波。

山西大学新共和学会成立于1920年4月13日。是日，由10余名教职员工、20余名学生会员参加的成立大会，通过了学会章程17条。章程规定：本会以交换知识、研究学术为宗旨；本会设干事股、书报股、出版股；学会会议三种：常会每星期一次；临时会遇有特别事由干事股主任招集，学术演讲会临时规定；寻常会凡不属于书报、出版二股者一律由干事股负责，会员研究学术除常会择题讨论外，应每两星期提交本会一份报告书。

新共和学会成立后，按章程每星期开常会，每两星期会员均交学术报告书，不久又规定会员要"分门研究学术，计分哲学、文学、社会学、伦理学、论理学、教育学、心理学、政治法、法律学、经济学十门"。学会还组织了图书室，除会员寄存的书刊及全国各大学赠阅的图书杂志外，又从山西省图书馆借来部分书刊进行学术研究，书报股亦曾代售各种新思潮书籍，但这些工作进展都不很快，甚至有些会员对此"冷淡得很"。在此情况下，新共和学会召开特别会议，大家认为："欲发扬一个学会的精神，必少不了出版品，出版品也是学人与学会应有的出产品。"遂决定出版《新共和》杂志。

《新共和》创刊号于1921年12月10日出版。"发刊宣言"标明此刊宗旨是："研究学术，宣传文化"；目的是："欲本学术上种种方面的研究，文化上种种方面的进行，以期创造新人生、新社会、新共和出来。"刊物由太原范华制版印刷厂印刷，编辑发行和总发行所为山西大学新共和学会，代派处有太原晋华书社、国货商店、北京大学出版部、保定育德中学贩卖部、济南齐鲁书社、上海中华书局、武昌时中书社、长沙文化书社、贵阳振武书社等，名重一时的《新青年》刊物曾为《新共和》赠登广告，可见发行的范围还是相当广泛的。

现在看到的是《新共和》第1卷1、2、3、4号，第2号出版于1922年5月15日；第3号出版于1922年12月24日，第4号出版于1923年7月20日。《五四时期期刊介绍》（生活·读书·新知三联书店1979年版）曾收录前3号目录而不知有第4号。为保存史料计，现将第4号目录抄录如下：

张仁《联省自治论》

冯福臻《论我国民法不宜采法典编撰主义》

谢焕文《认识论之历史的背景及晚近解决的办法》

彭基相《告意大利的工人阶级》

马天启《评无政府共产主义》

A. N.《科学的法家韩非》

张雪崖《淮南子哲学》

杨冰《从昆曲到皮簧》

薛凤仪《国家政治之目的》

高邦隆《学说与历史进化的关系》

A. N.《关于中国哲学史的观点及时间的一点意见》

张养德《这么一首诗》

常裕仁《晋矿公有之意义及其价值》

马奋秋《学校花园的一夕》。

又，据1923年毕业的山西大学英文学系学生续约斋《旧事偶拾》[①]的回忆，《新共和》共出版6期后被迫停刊，惜后两期刊物笔者至今未得一见。也可能因为马老年事已高，回忆有误，他在同一篇文章中写道："乃至1923年文三班、政一班毕业后，同学大都星散，学会也随之解体结束。"《新共和》第4期出版于1923年7月20日，此时该会已"解体结束"，又出两期是否可能？以此存疑。

《新共和》杂志是一个进步的刊物。它的主要撰稿人来自山西大学的学生，他们虽然站在改良主义的立场上想逃避推翻私有制的武装革命，对社会主义、共产主义的认识也是"雾里看花"，但绝大多数人认为社会主义是好的，肯定社会主义制度的优越性。《新共和》还发表了许多评论山西教育、"矿产公有"、文化、"模范村"等时政性的文章，大多实事求是，较为公允，"这对于当时一般不了解山西和对阎锡山抱有幻想的人们是有一定作用的"。[②]

《新共和》刊物的创办在山西大学校史上应占有相当地位，这是因为："五四"新文化运动后，广大知识分子思想得到了解放，组织学会、创办刊物似雨后春笋，社会主义、共产主义、无政府主义、工团主义、基尔特社会主义等通过学会和刊物传播开来，一代中国人正是通过如饥似渴地介绍、学习、鉴别、认识，才最终选择了马克思主义。山西大学的师生不甘人后，顺应了时代发展的潮流。另一方面，自20世纪初山西大学创办以来，合中西之璧，从事学术研究，传播中西文化，就成为本大学的发展目标。《新共和》的创办实质上是继承本校研究学术的传统，这一点在《新共和》的"发刊宣言"中即有明确表述：

---

[①] 续约斋：《旧事偶拾》，《群星璀璨话摇篮——山西大学建校九十周年校友回忆文集》，山西高校联合出版社1992年版。

[②] 中共中央马克思恩格斯列宁斯大林著作编译与研究室：《五四时期期刊介绍》第二集，上册，生活·读书·新知三联书店1978年版，第236页。

> 山西大学的生命，二十年于兹，本会之生命，亦二年于兹，而学报的刊行，要以此为开始！向者，山西大学设立译书局，成书二十余种，颇有贡献于当时的社会国家，后译书局停办，而大学只有印讲义课本诸任务，几成为灌输固定知识的机关，不成为"发展智慧，研究学理"的机关，其他传播文化的工具，亦绝无仅有。敝会同人不敏，发刊本志，对内则提起大学研究的精神，对外则发表同人研究的结果而已。

新共和学会及《新共和》得到了上至校长在内的教师们的鼓励和支持。校长王录勋、教师冀贡泉、王宪、苏体仁、王允清、冯纶、李镜蓉、柯璜、马鹤天、池庄、孙晋淇、江瀚、张勃仁、柯璜、安得文及外籍教师麻波斯均欣然担任名誉会员，并多次应邀进行演讲。在1923年6月9日下午新共和学会召开的欢迎新名誉会员大会上，校长王录勋明确表态："我对于本会的意见，只要在学校的计划以内，无论人力经济，皆可以帮助，只要能为大家想法，没有放弃不管的。并且《新共和》杂志上面，等到我们这些名誉会员有了空闲，亦可写出与大家研究。"1949年后第一位出任山西大学校长、时在山西法政专科学校任教的邓初民对新共和学会更是给予高度评价：

> 山西大学是最高之学府，新共和学会又是此最高学府中纯粹研究学术之人所组织，我相信山西大学必能任社会改造之事业！我极相信新共和学会，必能作此社会改造之前驱！

# 抗战中的山西大学

学校的发展与国家的命运息息相关，在烽火连天的数年抗战岁月中，山西大学虽漂泊不定、历经磨难，但广大师生艰苦奋斗弦歌不辍，在黄土高原奏响了一曲复兴民族文化的乐章。数年的时光对山西大学这所百十老校看似不长，但战火纷飞中锤炼的"精研苦学"校风却历久弥新。

## 一 三原复课

1902 年创办的山西大学，到抗日战争前已经是一所很有实力的综合性大学。据 1936 年 11 月通过的《修正山西大学组织大纲》载：此时本校设文学院、理学院、法学院、教育学院、工学院；文学院设中国文学系、外国文学系、史学系；理学院设物理学系、数学系；法学院设法律学系、政治学系、经济学系；教育学院设中国文学系；工学院设土木工程学系、机械工程学系、采矿学系、冶金学系、电气工程学系，共计 5 院 14 系。抗战前教育部督学在视察山西教育后的报告中称："该校历史悠久，人才辈出，历届毕业生之在本省各方面任事者，成绩颇有可观。""各科教员之资望学识，大都均有足取。"[①] 事实上，自 1931 年日本侵占东北的九一八事变以来，山西大学校园内就高涨着抗日救国的声浪。1931 年 10 月，以"抗日救国"为宗旨的山西大学抗日救国运动委员会成立，山西大学学生义勇军、《山大义勇奋斗歌》《抗日专刊》、通电宣言、游行示威，形形色色，桩桩件件，都在宣示着这所老校与国家同呼吸共命运的爱国精神。

---

① 山西大学纪事编纂委员会编：《山西大学百年纪事》，中华书局 2002 年版，第 136 页。

1937年7月7日"卢沟桥事变"后,抗日战争全面爆发。8月初,日本侵略者不断袭击同蒲路北段及省城太原,山西省政府命令山西大学及省城各大专院校迁往晋南。山西大学所属法学院迁平遥,文学院迁运城,校部及理工两院迁临汾。因战事吃紧,至9月中旬各院系虽陆续开学上课,但到校学生尚不足半数。11月8日,太原沦陷,省府下令大专院校暂时停办,所有文书、图书、仪器等移交当地政府保管。1938年春,晋南各县相继沦陷,一切文件图书仪器遗失一空,全校师生数百人流散四方。校长王录勋先至汉口,后转香港,终到北平。法学院院长张嘉琳、文学院院长张籁等回到太原。工学院院长王宪、土木系主任兰锡魁、采矿系主任常克勋、教授赵宜斋等人则到了重庆。1902年成立,至此已有35年办学历史的山西大学在侵略者炮火的袭击下被迫停办。

1939年年底,山西大学停顿两年后在陕西三原复课,其中经过了颇多周折。先是1939年初夏,时任第二战区长官部政治部主任的梁化之前去重庆出差,得知前山西大学工学院院长王宪、教授常克勋、兰锡魁等向行政院院长孔祥熙提出恢复山西大学的建议并得到赞同。梁化之将此消息立即电告阎锡山。阎锡山认为,山大复校由王宪等人负责,恐日后难以控制,遂于8月1日在《阵中日报》①刊出成立山西大学复课筹备委员会及省政府通过的简章十一条。内称"为抗战期间继续推进人才教育起见",特设复课筹备委员会负责复课事宜,省政府主席阎锡山兼任委员长,关于校址设备之筹办,院系课程及人员之设置调整,校款之预算审核,学生之召集招考等均在筹备委员会职权之内。②

其实,后来主持复校的徐士瑚对此早有认识。徐氏在1936年5月从欧洲留学回省后,曾给阎锡山当过两个月的英文秘书,后徐氏"弃官从文",到山西大学文学院担任英文系主任,此事使阎颇为不悦。1937年11月山西大学解散后,徐氏两次到临汾面见阎锡山,提出合并山大院系,暂迁陕西续办的建议。阎锡山非但没有接受徐氏建议,反而让徐氏到正在筹办的非正规大学——民族革命大学教务处工作,徐氏此次又不留情

---

① 抗战初期,国民政府要求各大战区创办《阵中日报》。阎锡山统治的第二战区《阵中日报》创刊于1938年1月1日,停刊于1945年9月25日。

② 郎永杰主编:《历史的见证——新闻媒体中的山西大学》,中国社会出版社2012年版。

面地去了陕西城固西北联合大学,应当说,阎、徐之间已有相当隔阂。

徐士瑚毕竟是一个文化人。《阵中日报》关于山西大学复校的消息刊出后,时任阎锡山长官部少将参事的五台同乡方闻及建设厅参事徐士琪立刻将消息电告徐士瑚,促其北上陕西宜川县秋林镇(按:秋林镇时为第二战区长官司令部及山西省政府驻地),进行联系恢复山大的工作。徐氏认为机会已到,便到秋林面见阎锡山,结果将近一个月也未得到阎的明确表态,无奈之下又"败兴而去"。8月底,徐士瑚回到城固,百余名前来考取国立大专院校的晋籍高中毕业生,纷纷要求他电请省府设法解决"上学无门,生活无着"的问题。也许是学生们的真情打动了这位文化人,他在对阎锡山及复校事"不抱任何幻想"的心绪下,分电阎锡山及省主席赵戴文,再次呼吁恢复山西大学。真是"无心插柳柳成荫"。9月中旬,山西省政府给徐士瑚汇款1.5万元,电令其招新生、请教授、购图书、买仪器,尽快恢复山西大学。

徐士瑚接到省府电令后,便很快投入复校工作。他首先从自己供职的西北联合大学聘请王燕生为社会学教授、郑文华为物理教授、杨峻山为法律教授、康石庵为机械教授,薄兰萃、窦子锦为助教,又从国立七中调用职员8人。9月底,经过入学考试,录取百余人为一年级新生。10月底,全体师生员工到达三原县城。本来,省府命令北上宜川县秋林镇开学上课,因前方军情突然紧张,乃改令师生在三原就地觅处上课。徐士瑚又通过陕西省教育厅长王捷三,借得三原南城原三原女中全部校舍,作为办公、上课的场所,及文、法两院的学生宿舍,后又租到山西街一大货栈作为工学院学生食宿之地。同时,又从各地聘请了朱启寰、庞廷璋、陈超、郭丕文、郝逢绣、邢润雨等为各科正副教授,并在西安、汉中等地购置大批中外文教本、图书和仪器。1939年12月23日,停顿两年的山西大学又正式开学上课。①

开课不久,省府关于山西大学编制与人事的命令下达三原:阎锡山兼校长,冯纶为校务主任,下设教务、训育、总务、文书、会计、图书

---

① 徐士瑚在《十九自述》中写道:"一切布置就绪后,学校便于1939年12月1日在三原城开课,挂出了山西大学的牌子。"然20世纪40年代后,校方多以12月23日为三原复校日。此处存疑。见徐士瑚《徐士瑚著译续集》,出版社、发行时间均不详,疑为2000年印行。

学科，徐士瑚被委任为英文系主任，对于设置何种院系并未说明。徐氏认为此种编制不符合部颁组织法，再次北上秋林面见阎锡山，提出改制意见。在教育厅主持下，徐氏建议被阎采纳。改组后的山西大学设工学、法学、文学三院，机电、土木、法律、经济、历史、英文六系及训导、教务、总务三处，徐士瑚被任命为教务长。此种编制奠定了日后山大发展的基础。

三原复课是在山西大学停顿两年、条件极为艰苦的战火岁月中实现的。难能可贵的是，从四面八方集结起来的山大师生，以维护中华文化为志，艰苦创业、吃苦耐劳、深思苦读，"故复校不数月，而声誉激增，一跃而为西北学术之中心"。1940年5月15日，《阵中日报》发表文章；一面历数山大经费之困难，一面赞扬师生之苦学精神：

> 图书的增购方面，以限于经费，已感到不少困难。一个设置有四院一科的大学，而全年经费不过法币###万元，除了教授、职工的薪金和学生的贷金之外，那还有什么余款？据该校另一负责人谈，山大经费的短少，在全国各公立大学中比较起来，当数第一！
>
> 该校师生，大都服务抗战甚久，且设在战区……所以深思苦学，自由研究学术的风气极浓。各种课程，除四五种发印讲义外，余均作笔记。这倒是踏实求学的一种良法。
>
> 办公厅、教室、宿舍都是租佃的民房，大的教室有一个，可容纳五六十人，小的有四个，每室可容十来人。斗室讲学，颇有绛帐遗风。①

三原复课在山西大学校史上占有重要地位，它不仅使这所最早成立的国立大学得以薪火相传，而且此种环境中孕育的吃苦耐劳、精研苦学的精神成为山西大学日后发展的推动力。20世纪40年代后，12月23日被校方规定为三原复课纪念日，照例全校放假一日，并举行各种纪念会及文体活动，以示纪念。1948年，时任校长徐士瑚在此日举行的三原复

---

① 郎永杰主编：《历史的见证——新闻媒体中的山西大学》，中国社会出版社2012年版，第194—195页。

课纪念会上，追溯三原复校以来之悲壮史并特别强调三原复校之意义："学校在此八年的漂泊无定中，其所以能冲破无数次的难关，渡过无数次的艰苦，而有今日的收获者，是皆由我全体师生抗战期间获来一种大无畏吃苦耐劳、精研苦学的精神与奋斗的毅力所致。今天我们纪念复课，也就是要把这种精神与毅力继续保持下来，并且要使它扩而大之，使我们山西的思想、学术与人才一天比一天地更为发达起来，才不失我们今天纪念复课的意义。"

## 二　从虎啸沟到克难坡

持续数年的抗战岁月，实为山西大学的多难之秋。1939 年 12 月 23 日三原复校后，本校又因"国立风潮"迁至宜川县秋林镇虎啸沟，后又因伤寒流行再次返迁克难坡，直到 1946 年 4 月重返太原侯家巷校园，真可谓漂流不定。炮火声中锤炼出了山西大学不折不挠的精神，亦成为本校日后进一步发展的宝贵财富。

1941 年 7 月发生的"国立风潮"是迁址虎啸沟的直接原因。三原复校后，胡宗南所辖陕西地区三青团即准备与本校建立关系，1941 年 3 月进一步提出在学校建立三青团总团部的要求，"政治阅历浅，社会经验少，又书生气十足"（徐士瑚语）的徐士瑚便让时任文学院院长兼训导长的周传儒处理此事。7 月，周与胡宗南十六军政治部联系后，率学校三青团员与部分教师掀起了改省立山西大学为国立的风潮，实则是在反对阎锡山。周在十六军支持下占领学校，并将部分行政人员赶出学校，后又变卖校产，投身胡宗南部。在三原已无法正常上课的情况下，山西省政府亟电教务长徐士瑚将学校迁至宜川县秋林镇虎啸沟，"即使无一教授，无一学生北迁，也要将省立山大的牌子扛回来"[①]。10 月底，师生 200 余人在总务长王友兰的带领下，乘骡车分批离开三原，北迁秋林镇虎啸沟，12 月初恢复上课。

秋林镇位于陕西宜川县城东 30 里，有居民百余户，该镇东距黄河渡口小船窝 60 里，北上 5 里，便是山西吉县克难坡。镇北两条大沟，阎锡

---

[①]《山西文史资料》1981 年第 17 辑。

山名之为"龙吟"和"虎啸"。虎啸沟长五六里，沟之东西两侧，有黄土窑洞百余孔，除20余孔为儿童教养院和山西科学馆占用外，其余全部归山西大学用作校舍。清一色的土窑洞，无门牌，无标记，外人到此，很难分清宿舍、教室和办公室。沟之东侧的原有空地，经师生整修后可作为操场和会场。无校门，无校牌，师生及来往行人均多着大兵服，似一座兵营，怎么也想象不出这里是一所正规的大学。

虎啸沟内的学生大多为山西流亡青年，教师多为山西学者名流。在烽火连天、家乡沦陷的战争岁月，这里管吃、管住，甚至管穿，文化在这里得以绵延，心灵在这里得到锤炼。学生无不刻苦学习，奋发向上，教师无不循循善诱，诲人不倦。半个世纪后，时为经济系学生的柴作梓对此学习生活仍深表怀恋：

> 这里的领导和教师，大部分是山西的学校名流。天下兴亡匹夫有责，能为桑梓教书育人，无比光荣，吃苦耐劳，心甘情愿，名利地位，置之度外。无不循循善诱，诲人不倦。没有成文的校训、校纪和校规，一切以教育部的规章为依据，条条照办，款款落实。条件确实太差，困难确实太多，但是这里的教师严教，这里的学生善学，教学质量基本上达到了应有的水平。这绝不是"假大空"，1943年有一批学生转学别的大学插班就读，没有发现差等生，有西北大学的，有武汉大学的，有复旦大学的，有东北大学的，有西北农学院的，这是事实。①

1942年，虎啸沟内斑疹伤寒的流行在校内引起极大惊恐。是年春末，儿童教养院首先发生斑疹伤寒，随即逐渐蔓延到秋林各地。校内教师康石庵、李经甫及法学院院长杨峻山等数人因患时疫相继病逝，虎啸沟内人心惶惶，谈瘟色变。至暑期，外省籍教师马非百等数人纷纷借故辞职。年底，20余名学生又因故逃离虎啸沟。在如此人心浮动的情况下，1943年1月学校又奉命全部迁至克难坡。

克难坡位于黄河东岸，时为第二战区长官司令部及山西省政府驻地，

---

① 柴作梓回忆文章，现存山西大学档案馆。

在紧靠黄河边上的大小山头上,一个个土窑洞坐落其间,山西大学的临时校舍就安排在克难坡四新沟的窑洞里。兼任校长阎锡山就近"治理",惯例便是每周在克难坡的洪炉台对师生训话一次,内容无非是中庸之道和阎氏哲学。克难坡上课的同时,学校加紧改善虎啸沟的环境卫生,并修建了简易平房数十间,至1943年10月底,全校教职员工又分批西渡黄河,迁回陕西秋林虎啸沟。

虎啸沟、克难坡时期,是山西大学办学条件极为困难的时期,也是一个艰苦奋斗、锤炼校风的时期。师生员工不畏困苦,弦歌不辍,在黄土沟壑中劲奏着民族文化的乐曲。1943年1月,"以发扬文化,继承传统为己任"的《山西大学校刊》创刊;5月,《山西大学考试规则》经校务会议通过公布;1944年1月,被教务长徐士瑚称之为"山西大学学术研究第一声"的《虓啸》月刊创刊;5月,全校教职员工举行校庆42周年大会;9月,九一八纪念活动在全校展开,自立自强,收复失地,雪此国耻成为校内主旋律;1945年2月,抗日青年远征军数十人离校出发;5月,国立山西大学学生自治会成立;9月,庆祝抗战胜利,公祭抗战阵亡将士与死难同胞……

春到人间草木知。1945年9月,抗日战争胜利的消息传至虎啸沟山西大学校园内。1946年春季,全校师生员工东渡黄河,辗转陕西韩城,重新回到阔别9年的太原侯家巷校园。

## 三 炮火声中作弦歌

风雨如晦,鸡鸣不已。在烽火连天的抗战岁月中,山西大学从离散、复校、搬迁到重返,从山西南部到陕西三原,再到虎啸沟、克难坡,最终回到太原侯家巷,可谓南北播迁,历经风雨。难能可贵的是,就是在如此离乱聚合的环境下,广大师生仍身在沟壑,心系文化,教研不断,弦歌不辍。

三原复校的功臣莫过于老校长徐士瑚。这位曾经在清华大学前后读书5年,在英国和德国留学6年的山西五台高才生,1936年6月即被聘为山西大学英文系教授兼系主任。1939年年底,山西大学在三原复校,是徐氏艰苦努力多方斡旋的结果,也是他对山西大学最大的贡献。复校之后，在校舍、师资、设备等极端不足的条件下，徐氏竭力从各处聘请教师，争取经费，"学校行政管理、课程安排与教师待遇，一改老山大民国以来35年的那一套，尽量按照教育部的规定办理"。"各院系四年的课程，凡是教育部规定的必修课尽可能开齐。选修课则根据实情酌量开设。对于各教师讲课内容，我仿照北大、清华自由讲学的优良传统，从未干预过。"① 之后经历的"国立风潮"、虎啸沟斑疹伤寒，均在徐氏的主持下有惊无险地度过。

学校的行政和教学管理工作，并没有因为条件艰苦而松懈。从《山西大学百年纪事》的记载中，我们可以看到，抗战期间虽然历尽漂泊，但校方仍在坚持严格治校，不断会有适时的校务会议和制度决定出台。如《校务会议规程修订案》《本校员生损坏及遗失公物赔偿办法》《职员考绩计分》《山西大学考试规则》《国立山西大学伯川奖学金办法》《国立山西大学学生学术团体经费补助办法》《学生学业竞赛办法》《学生讲演竞赛办法》《国立山西大学图书出纳规则》《阅报室规则》《阅览室规则》《旁听生入学办法》等。克难坡时期，学校为适应战时需要，甚至规定了具体的夏季作息时间：早晨5时起床；6时30分到7时30分早自习；上午8时到12时上课；下午2时到6时上课；晚8时30分就寝。晚上八点半即要求就寝，目的在于节省灯油，甚至规定了专门的《国立山西大学灯油支配办法》。

有6年留学经历的徐士瑚校长对学生的英语学习极为重视。1944年11月，为提高学生的英语水平，尤其是学生的英语会话水平，学校专门开设了英文高级班讲座，听讲学生30人，徐士瑚亲自讲授英文宣读，教务长严开元讲授英文会话。1945年寒假期间，学校开设两个英文补习班，主要讲授英文会话和应用写作。徐士瑚主持大学部高级班，朱启寰主持医学专修部初级班，教材多取自英美各大日报和期刊。1945年5月19日，英文会曾举行首次英文茶话会，校长徐士瑚及著名教授朱启寰、杜任之、侯锦绂及全体英文会会员参加此次茶话会。教师们用流利的英文讲形势、讲故事，各个神采飞扬，情绪饱满，学生深有感触地写道，教授们"纯正的思想，使整个会场上泛起了光芒。这一道光芒正象征着山

---

① 徐士瑚：《徐士瑚著译续集》，第180页。

西大学日日向前进步，日日向前飞跃！"①

炮火不息，弦歌不辍。尽管条件极其艰苦，但教师们认真教书，同学们认真读书却是一以贯之的。1942年《学生之友》第4卷第4期曾刊登署名杨端《山西大学一瞥》的文章，道出了三原复校后山大学子的精神风貌：

> 在山大很容易看到的是同学间彼此亲爱的如同兄弟，也许由于大家来自战区，被迫着离开了家乡，饱尝到人间艰苦的流亡滋味，所以都不约而同地互相亲爱，互相砥砺。山大同学唯一的目的便是读书。在这里读书的空气太浓厚了。早上还没有响起床号，但是念书的声音就能传到你的耳朵里，教室、操场完全是同学们在读书。晚上，自习室更是热闹，每个教室里充满了人，书桌上一盏小油灯，照耀在读书同学们的脸上，静悄悄地只能听到翻书的动作和沙沙地写字的声音。②

1945年4月成立的国立山西大学学生自治会是抗战胜利前夕最为活跃的学生组织。据载，4月4日，学生自治会筹备会召集220余人在学校大礼堂举行成立大会，徐士瑚、杜任之、严开元等著名教授和各系主任均出席指导。大会通过了自治会规则，选举了理事和候补理事，自治会各部均聘有关教师作为指导员。4月17日，自治会学术部召集各学会报社联席会议，拟在学校开展43周年校庆壁报竞赛，极大地推动了各种学生社团的发展。之后正式公布实施的《国立山西大学学生自治会纲领》《国立山西大学学生自治会公约暨纪律》《国立山西大学学生自治会办事细则》等条例，均有声有色，井井有条"自管互管、自学互学、自爱互爱、自励互励、以促成集体进步"③，成为校园学生活动的主调。

虎啸沟、克难坡时期虽是办学条件极为艰苦的时期，又是学生学术

---

① 山西大学纪事编纂委员会编：《山西大学百年纪事》，中华书局2002年版，第194页。
② 郎永杰主编：《历史的见证——新闻媒体中的山西大学》，中国社会出版社2012年版，第202—203页。
③ 同上书，第190—194页。

和文体活动甚为活跃的时期。物劳学会、历史学会、外文学会、经济学会、文艺研究会、医学研究会、国学研究会、法学研究会等旨在探求学术的各类学会纷纷组建成立，各学会或者定期邀请教授讲座，或定期就某一问题展开讨论，学术探讨的空气不可谓不浓。晋南剧社、回声歌咏队、篮球队等文体团队的活动，更给校园增添了多彩的色调。据载，1945年5月43周年校庆时，4天之内学生文艺社团共演出话剧、京剧、晋省各路梆子戏20多种，每晚观众都在三四千人。校长办公室、图书馆、教员休息室，甚至教室的土墙上都出现了数十家社团展出的壁报，同学们满怀信心地讲道，在这样一种气息中，"我们似乎能够看到山西大学正在生长着的影子"。

抗日战争时期，山西大学漂泊无定流徙办学，一面是战火纷飞中的图书设备散失、骡车步行迁徙、沟壑窑洞教学、山野油灯读书；一面是弦歌不辍风景、师生团结氛围、"精研苦学"校风、艰苦奋斗精神。这是山西大学百十年办学历史中豪饮风雨的时期，也是承前启后、自强报国的一个悲壮时期。